Kai Hirschmann
Europa zwischen Abbruch und Aufbruch

Schriftenreihe Band 10471

Kai Hirschmann

Europa zwischen Abbruch und Aufbruch

Die Europäische Union vor existenziellen Herausforderungen

Bundeszentrale für politische Bildung

Dr. Kai Hirschmann, geboren 1965, ist Politikwissenschaftler am Zentrum Innere Führung der Bundeswehr in Koblenz. Darüber hinaus ist er Hochschullehrer am Institut für Politische Wissenschaft und Soziologie der Universität Bonn und stellvertretender Direktor des Instituts für Terrorismusforschung und Sicherheitspolitik (IFTUS) in Essen. Zu seinen wissenschaftlichen Schwerpunkten zählen die Erforschung von staatlichen Fragilitätsprozessen, die Krisen- und Konfliktforschung sowie die Terrorismus- und Extremismusforschung.

Bonn 2020

Projektkoordination: Dr. Birgitta Gruber-Corr, bpb
Lektorat und Redaktion: Christiane Filius-Jehne, Dresden
Redaktionsschluss: 31. März 2020

Umschlaggestaltung: Michael Rechl, Kassel
Umschlagfoto: © Prisma/Iosif Szasz-Fabian/Panther Media
Karten in der vorderen und hinteren inneren Umschlagseite: © mr-kartographie, Gotha
Satzherstellung: Naumilkat – Agentur für Kommunikation und Design, Düsseldorf
Druck: Druck- und Verlagshaus Zarbock GmbH & Co. KG, Frankfurt/Main

ISBN: 978-3-7425-0471-5

www.bpb.de

Inhalt

Vorwort

Politische Fragilitäten und Schwächeprozesse können auf drei Ebenen untersucht werden: auf der Ebene der Gesellschaften sowie der Staaten und internationalen Organisationen. Dabei bestehen natürlich Interdependenzen zwischen diesen Mikro-, Mezzo- und Makroebenen. Gestartet ist mein Forschungs- und Publikationsprojekt mit der »Mezzoebene« fragiler Staatlichkeit und dem Buch »Wie Staaten schwach werden« (Bundeszentrale für politische Bildung, Bonn 2016, Schriftenreihe Band 1747). Fortgesetzt wurde es Ende 2017 mit der Untersuchung jüngster polarisierender Gesellschaftsentwicklungen als »Mikroebene«. Dieses Buch mit dem Titel »Der Aufstieg des Nationalpopulismus« ist als Band 10150 ebenfalls in der Schriftenreihe der Bundeszentrale für politische Bildung erschienen.

Abgeschlossen wird die »Fragilitätstrilogie« nunmehr mit dem dritten Band und der Betrachtung einer supranationalen Organisation als »Makroebene«: der Europäischen Union. Die EU steht derzeit vor wegweisenden, manche behaupten existenziellen Herausforderungen. Es geht um nichts weniger als »Aufbruch« oder »Abbruch« im Rahmen der europäischen Integration. Die jetzige »Sandwich-Position« zwischen diesen beiden Zukunftsoptionen wird die EU nicht mehr lange beibehalten können.

Um zu einem kritischen Diskurs über die Analysen in diesem Buch anzuregen, mache ich gerne den ersten Schritt. Das Buch ist weder neutral noch ausgewogen noch umfassend. Als Wissenschaftler habe ich mich zwar um die Darstellung aller Positionen bemüht, aber ich bin und bleibe überzeugter Europäer und Befürworter einer möglichst starken Europäischen Union. Insofern werden zwar die Gefahren eines »Abbruchs« detailliert dargestellt, aber meine persönliche Aufmerksamkeit gilt deutlich dem »Aufbruch«. Nationalisten und Populisten, aber auch andere Kritiker der EU, werden das naturgemäß völlig anders sehen.

Ich danke meinen Studierenden an der Universität Bonn für die wertvollen kontroversen Diskussionen über »staatliche und gesellschaftliche Fragilität« auf verschiedenen Ebenen. Einen herzlichen Dank auch an die Bundeszentrale für politische Bildung für die freundliche Unterstützung des Projektes, besonders durch Dr. Hans-Georg Golz, Dr. Birgitta Gruber-Corr und Benjamin Weiß. Besonders dankbare Erwähnung soll auch Hildegard Bremer von der Bundeszentrale für politische Bildung erfahren, die stets hilfreiche Koordinatorin und Ratgeberin war. Leider konnte sie die Fertigstellung dieses Buches nicht mehr erleben.

Was der Autor eigentlich sagen wollte, wurde erneut durch das exzellente und bewundernswert geduldige Lektorat von Christiane Filius-Jehne besser verständlich.

In Dankbarkeit gewidmet ist das Buch meiner Familie, der ich ein Versprechen geben musste: Anders als bei Douglas Adams »Per Anhalter durch die Galaxis« (die einzige Trilogie, die fünf Bände hat) soll »meine Trilogie« tatsächlich nur drei Bände umfassen. Noch bin ich einsichtig, aber warten wir ab, was die Zukunft bringt.

Bonn, im März 2020
Kai Hirschmann

1 Die Europäische Union: ein Integrationsprojekt in der Krise

»Für den, der nicht weiß, welchen Hafen er anfahren soll, ist kein Wind der richtige.«[1]

1.1 Der europäische Integrationsprozess am Scheideweg

Das Europa, wie wir es heute kennen, ist Ergebnis einer Neuordnung nach verheerenden Kriegen. In einem einmaligen historischen Prozess ist die Europäische Union (EU) über eine Ansammlung von Nationalstaaten hinaus zu einer Wertegemeinschaft gewachsen. In jüngster Zeit steht sie allerdings vor zahlreichen Herausforderungen und der Frage, wie die Entwicklungen und der Wandel begleitet werden sollen.

Die Zielsetzung des europäischen Zusammenschlusses ging von Anbeginn weit über die Ökonomie hinaus. Der europäische Integrationsprozess begann auf der Wirtschaftsebene, zielte aber auch auf die Ebene des politischen Systems und speziell auf die Justiz- und Innenpolitik sowie auf eine gemeinsame Außen- und Sicherheitspolitik. Die Europäische Union soll nach dem Willen ihrer Gründer zur Wahrung des Friedens und zur Stärkung von Demokratie und Rechtsstaatlichkeit zentrale Aufgaben für ihre Mitglieder übernehmen: die »Förderung des wirtschaftlichen und sozialen Fortschritts«, die Schaffung eines gemeinsamen »Raumes der Sicherheit, der Freiheit und des Rechts« ebenso wie eine gemeinsame »Identität auf internationaler Ebene durch eine gemeinsame Außen- und Sicherheitspolitik«.

Die EU ist das am weitesten fortgeschrittene Beispiel für eine regionale Integration. Die europäische Zusammenarbeit ist allerdings nicht gleichmäßig verlaufen. Es gab beachtliche Schübe im europäischen Einigungsprozess, bei denen die Integration stark vorangetrieben wurde, aber auch Phasen des Stillstands. Mittlerweile können aber auch Rückschritte nicht mehr ausgeschlossen werden. Diese Entwicklung ist neu.

Meist wird die Europäische Union nicht nur als eine Wirtschaftsorganisation, sondern auch als ein politisches Konzept und eine europäische Idee gesehen. Aber ist sie das wirklich? Die EU ist das größte und erfolgreichste Friedensprojekt der Erde, aber reichen Stabilität und Abwesenheit von Gewalt als Basis für die europäische politische Integration? Gibt es gemeinsame europäische Werte und politische Grundüberzeugungen, die über die Nationalstaatlichkeit hinausragen? Und wie krisenfest sind sie? Wirft man einen Blick auf die aktuellen fundamentalen Problemstellungen, vor denen die Europäische Union steht, sind Zweifel angebracht.

Die EU sieht sich existenziellen Herausforderungen gegenübergestellt, die den Kern der europäischen Integration berühren und tiefer gehen als Meinungsverschiedenheiten über politische Sachfragen. Diese Herausforderungen haben einen inneren Zusammenhang. Auf der »europäischen Bühne« handeln nicht abstrakte Staaten, sondern von den Bevölkerungen gewählte Regierungen. Gerade in schwierigen Zeiten scheint der europäische Gedanke in den Köpfen vieler Politiker hinter die Idee einer Geborgenheit in der nationalstaatlichen Heimat zurückzutreten. Ist der europäische Einigungsprozess also nur auf Sonnenscheinzeiten ausgerichtet, während bei schlechtem Wetter die »nationalen Regenschirme« aufgespannt werden? Hängt das mit Konstruktionsfehlern während des Integrationsprozesses und von Beginn an grundlegend auseinanderlaufenden Interessen der Mitgliedstaaten zusammen?

Abb. 1: Ebenen der Fragilitätsbetrachtung

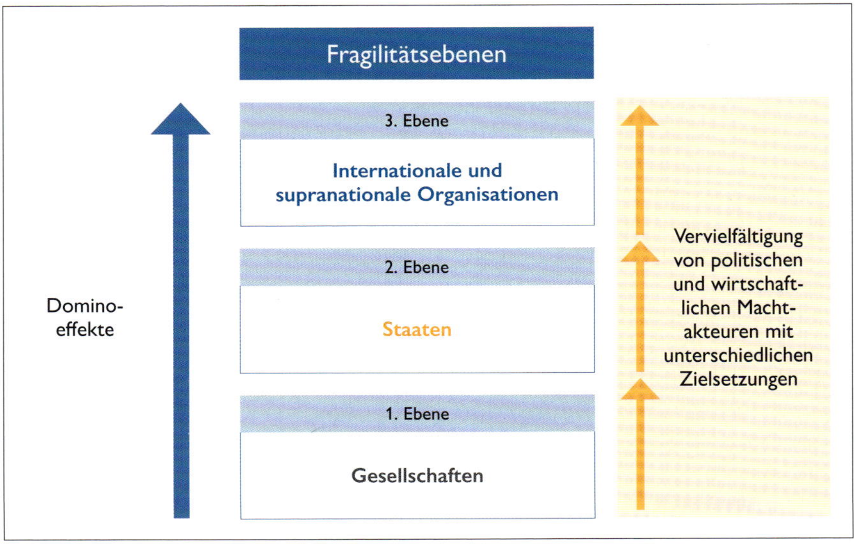

Schwächeprozesse können grundsätzlich auf drei Ebenen betrachtet werden, wobei zwischen den Ebenen aufsteigende Dominoeffekte festzustellen sind (Abb. 1). Fragilitäten kommen dann zustande, wenn es zu einer relevanten Vervielfältigung politischer und wirtschaftlicher Machtakteure mit unterschiedlichen Zielsetzungen und damit Polarisierungen kommt. Diese Zusammenhänge habe ich im zweiten Band meiner »Fragilitäts-Trilogie« auf der gesellschaftlichen Ebene anhand der ansteigenden politischen Relevanz des Nationalpopulismus nachgewiesen.[2] Da in Staaten die Gewinnung und Ausübung politischer Macht immer auch an gesellschaftliche Entwicklungen und Tendenzen gebunden sind, werden sich gesellschaftliche Polarisierungen auch auf staatlicher Ebene zeigen. Durch die Vervielfältigung von Machtakteuren werden auch die Staaten schwächer, wie ich neben anderem in Band 1 meiner »Fragilitäts-Trilogie« mit dem Titel »Wie Staaten schwach werden – Fragilität von Staaten als internationale Herausforderung« analysiert habe.[3] Sind solche Staaten mit polarisierten Gesellschaften und stark konträren politischen Positionen innerhalb des Staates Mitglied einer internationalen oder supranationalen Organisation, setzt sich die Fragilität als Dominoeffekt dorthin fort. Dies wird u. a. in diesem dritten Band der »Fragilitäts-Trilogie« thematisiert.

Das bedeutet auch, dass die Frage, wie sich die Europäische Union entwickelt, untrennbar damit verbunden ist, wie sich deren Mitgliedstaaten und in ihnen die Gesellschaften entwickeln. Ebenso ist die Problematik der Verfasstheit der EU zugleich eine abgeleitete Frage aus dem Zustand der Mitgliedstaaten und deren Bevölkerungen. Ein kurzes Beispiel: Man mag den Aufstieg nationalpopulistischer Parteien auf europäischer Ebene und die zumindest eingeschränkte Handlungsfähigkeit der EU in der Migrations- und Asylpolitik beklagenswert finden, beides hat seinen Ursprung allerdings nicht auf Ebene der EU. Der Nationalpopulismus ist zunächst ein nationalstaatliches Phänomen, das Gesellschaften und Politik im jeweiligen Land zutiefst polarisiert. Gewinnen derartige Bewegungen und Parteien politische Macht oder stehen sie gar in einigen Mitgliedstaaten in Regierungsverantwortung, kommt es zwangsläufig aufgrund der diametral unterschiedlichen Positionen bezüglich der »etablierten Politik« anderer Länder zu keiner gemeinsamen Linie auf EU-Ebene mehr. Demzufolge sind auch erhebliche Auseinandersetzungen mit wenig Kompromisspotenzial z. B. in der Migrations- und Asylpolitik der EU zu erwarten. Daher reicht es nicht aus, einen möglichen »Aufbruch« oder »Abbruch« der EU zu analysieren, sondern es müssen die Wirkungszusammenhänge »Gesellschaften – Mitgliedstaaten – EU« einbezogen werden.

Die politische und wirtschaftliche Integration in der Europäischen Union hat entscheidend dazu beigetragen, dass der Kontinent nach dem Zweiten Weltkrieg Frieden und Wohlstand erlebt hat. Auch bei der Überwindung des Ost-West-Konflikts und der Transformation der Staaten Mittel- und Osteuropas haben EU-Institutionen eine wichtige Rolle gespielt. Trotz dieser Erfolge ist der europäische Integrationsprozess in tiefe Schwierigkeiten geraten. Die Finanzkrise und ihre Folgen haben die EU vor eine Zerreißprobe gestellt. Das starke Anwachsen der Migration hat die Spannungen verstärkt. Die »Geflüchtetenkrise« hat Befürchtungen vor einer Überlastung der Sozialsysteme, steigender Arbeitslosigkeit und Überfremdung wachsen lassen. Dazu gesellt sich eine durch Ängste geschürte Skepsis gegenüber Globalisierung und Freihandel. All dies hat populistische Strömungen stark werden lassen, die das Heil in Abgrenzung und einer auf den nationalen Vorteil fokussierten Machtpolitik zu finden glauben.[4] In vielen europäischen Ländern nehmen daher Nationalismus und Populismus zu. In der »Geflüchtetenfrage« der Jahre 2015 und folgende haben die EU-Staaten nicht kooperiert, denn die Differenzen in der Migrationspolitik scheinen unüberbrückbar. Zudem hat Großbritannien nach einem schmerzhaften und für beide Seiten kräftezehrenden Brexit-Prozess die Gemeinschaft verlassen. Als krisenbedingte Veränderungen, die die Handlungsfähigkeit der EU einschränken, sind zudem die ungleiche ökonomische Entwicklung der Mitgliedstaaten zu nennen, die deren Interessendivergenzen weiter akzentuiert, und darüber hinaus die zunehmende Politisierung von EU-Themen in den Mitgliedstaaten und damit die verstärkte Rückbindung der Regierungen an die nationale Politikarena.[5] Die Handlungsfähigkeit der europäischen Staaten in der EU ist grundsätzlich eingeschränkt, weil die Entscheidungen der Regierungsvertreter an die jeweilige nationale Politikarena rückgebunden sind. Diese Situation hat sich im Zuge eines Strudels aufeinanderfolgender Krisen (Finanz-, Schulden-, Euro- und Flüchtlingskrise) verschärft.[6] Während früher nationale Minister und Regierungschefs relativ frei und von der Öffentlichkeit kaum beachtet entscheiden und damit auch _gesamteuropäische Interessen berücksichtigen konnten, sind sie nun angesichts der Krisen einer in Europafragen zunehmend politisierten und skeptischen nationalen Öffentlichkeit ausgesetzt.[7]

In den Mitgliedstaaten der EU ist es zunehmend Standard geworden, die eigene politische Ideen- und Konzeptlosigkeit vor den Wählern mit dem scheinbar amorphen, schwer zu fassenden Konstrukt »Europäische Union« zu entschuldigen. Gern wird die europäische Integration in ihrer Gesamtheit als grundlegende Fehlentwicklung dargestellt und die Rückkehr zur ausschließlich nationalen Souveränität propagiert. Daher verwundert es kaum, dass immer mehr Menschen in der europäischen Integration eine ominöse, nicht zu kontrollierende Macht sehen, die keine Krisen löst, sondern selbst der Grund der Krise ist.[8] Die EU gilt manchen offenbar nicht mehr als Integrationssystem, das nützt und schützt, also Unsicherheit absorbiert und Sicherheit schafft.[9] Dem Moloch »Brüssel« unterstellen nationale Politiker in der öffentlichen Diskussion häufig ein Demokratiedefizit, ausufernde Bürokratie oder Bürgerferne. Zweifelsohne steckt hierin ein wahrer, diskussionswürdiger Kern, doch das Grundproblem, das besprochen werden muss, ist ein anderes, kann man es doch als ausgesprochen sinnfrei einstufen, wenn ein Bäcker sich gegenüber seinen Kunden darüber beklagt, dass seinen Brötchen die Rosinen fehlen.

Die EU erfüllt Staatsaufgaben, ist aber kein Staat, sondern präsentiert sich als ein unabgeschlossenes und zieloffenes transnationales Gemeinwesen, das den EU-Bürgerinnen und -bürgern multiple Loyalitäten abverlangt. Das wirft auf europäischer Ebene stärker als auf der nationalen die Frage nach dem Zusammenhalt auf.[10] Die nationalstaatsorientierten Politiker und Parteien hätten nicht so viel Zulauf, wären die Befürworter der europäischen Integration Grundsatzfragen wie der nach der Zukunft der Nationen und der Nationalstaaten in einem vereinten Europa und damit nach der Finalität des Einigungsprozesses nicht seit Langem beharrlich ausgewichen.[11] Es wurden zwar immer wieder Integrationsschritte zur wirtschaftlichen und politischen Vertiefung der EU unternommen (Kap. 2), aber vieles bei diesem »Schritt-für-Schritt«-Vorgehen erinnert an Häuserbau irgendwo in sich entwickelnden Ländern. Auf ein Haus mit durchaus tragfähigem Fundament und zwei Etagen werden nach und nach ohne Architekten und Statiker weitere Stockwerke aufgesetzt, bis das Gesamtgebilde unter der Last zusammenbricht. So weit ist die EU natürlich noch nicht, aber auch nicht mehr so weit davon entfernt, wie man es sich wünschen würde: Längst hat die Krise der EU nicht nur Nervosität ausgelöst, sondern Sorge um ihren Bestand. Politiker konzentrieren sich auf Feuerwehraktionen gegen Störungs- und Verfallsgefahren, sodass jene hehren Ziele kaum mehr vor Augen stehen, um derentwillen die Einigungspolitik begonnen und noch jahrzehntelang weitergeführt wurde, wenn auch nicht mehr unangefochten und eindeutig.[12]

1.2 Staatenbund, Bundesstaat und die Frage nach der europäischen Identität

> »Die Europäer leben meistenteils mit einem Mythos, eigentlich sogar mit einem doppelten Mythos. Der eine Mythos sagt: Wir waren einst Nationalstaaten. Der andere Mythos lautet: Die Nationalstaaten haben ihre Lektion aus der Vergangenheit gelernt und deshalb begonnen zu kooperieren. Aber das ist nicht, was wirklich geschehen ist. Was passierte, war etwas Anderes: Eine Reihe von europäischen Imperien ist im Laufe des 20. Jahrhunderts zerfallen – ob es sich dabei um territoriale oder maritime Imperien, das ›Dritte Reich‹ der Nazis oder die Sowjetunion gehandelt hat. Und was von diesen Imperien übrigblieb, das fand seinen Weg zunächst in die Handelszonen und dann in die europäischen politischen Institutionen.«[13]

Der Begriff »Nation« ist in der Wissenschaft umstritten und bezeichnet näherungsweise größere Gruppen von Menschen, denen gemeinsame Merkmale wie Sprache, Tradition, Sitten, Bräuche oder Abstammung zugeschrieben werden. Nationalismus liegt dann vor, wenn die Nation die gesellschaftliche Großgruppe ist, der sich die Einzelnen zuerst zugehörig fühlen, und wenn die emotionale Bindung an die Nation und die Loyalität ihr gegenüber oben steht.[14]

Der »Nationalstaat« hingegen ist ein Staatsmodell, das auf der Idee und Souveränität der Nation beruht. Er gilt bei politischen Eliten als Auslaufmodell und bei Wissenschaftlern als Konstrukt. Im Begriff »Nationalstaat« fällt das Staatsgebilde mit dem Begriff der Nation zusammen. Nationalstaaten sind aber keine Voraussetzung für die Existenz von Nationen. Es gibt zahlreiche historische Beispiele für multinationale Staaten. Meist sind Nationalstaaten das Ergebnis eines bewusst nationalistischen Programms.[15] Das Ordnungsmodell »eine Nation, ein Staat« wurde im 19. Jahrhundert zum politischen Credo der europäischen Nationalbewegungen, obwohl kaum einer der modernen Nationalstaaten diesem nationalen Homogenitätsanspruch genügte.[16] Nach dem Ersten Weltkrieg zerbrachen 1918 vier Vielvölkerreiche: das Osmanische Reich, die österreichisch-ungarische Doppelmonarchie, das zaristische Russland und das deutsche Kaiserreich. An ihre Stelle traten mehr als ein Dutzend Nationalstaaten, die zum Großteil nie zuvor Eigenstaatlichkeit erlebt hatten. »Jede Nation ein Staat!«, hatte US-Präsident Woodrow Wilson als neues Ordnungsprinzip vorgegeben.[17] Zudem beschreibt der Begriff »Nationalstaat« die Kongruenz von Nation und Staatsvolk im juristischen Sinne, was in der Realität nicht selbstverständlich ist und sogar ein Grund für Fragilität und Zerfall von Staaten sein kann.[18]

Die Begriffe »Staat« und »Nation« werden im Sprachgebrauch oft synonym verwandt. Deutlich wird das z. B. bei der Bezeichnung inter*national*, wenn eigentlich inter*staatlich* gemeint ist oder wenn nach der »Nationalität« gefragt wird, man aber eigentlich die »Staatsangehörigkeit« wissen will. In den Gremien der Vereinten Nationen *(United Nations)* sitzen auch keine Vertreter der Nationen, sondern der Nationalstaaten.

Das Bekenntnis zur Nation wurde in den Lebenswelten, den Leitbildern und Verhaltensnormen der Menschen verankert. Diese Nationalisierung von Werten und Lebensformen begleitete den Prozess der Nationsbildung und war mit der Begründung von Nationalstaaten nicht abgeschlossen.[19] Aber auch die »Nationen ohne Staat« haben, selbst wenn sie keinen Nationalstaat, sondern nur eine nationale Autonomie innerhalb eines multinationalen Staates erstrebten, oder auch wenn sie gar nicht die Macht besaßen, einen eigenen Staat zu gründen, stets versucht, Kristallisationskerne institutioneller Nationsbildung zu schaffen. Dazu dienten Vereine, Kirchen oder Parlamente ebenso wie die Bestrebungen, mit Grammatiken oder Sprachakademien nationale Ersatzinstitutionen zu schaffen.[20] Hier liegt der Kern des heutigen Bewusstseins der Regionen in Europa, das sich weitgehend eigenständig entwickelt und in seiner Bedeutung zunimmt.

> »Fest steht, dass der europäische Nationalstaat in einer ziemlichen Sandwichposition ist. Was eine Nation *ist* und zugleich was sie *darf*, verschwimmt zunehmend. Die Nation wird heute zwischen europäischer und regionaler Ebene zerrieben. (…) Das subjektive Bekenntnis der Bürger zum nationalen Staat wurde das einigende Kriterium, nicht etwa Sprache, Volksgeist oder Nationalcharakter. Nation war in erster Linie Staatsbürgergemeinschaft.«[21]

Europa hängt in einer »Sandwich-Position« auch zwischen Staatenbund und Bundesstaat fest. Ein »Staatenbund« ist ein Zusammenschluss souveräner Nationalstaaten mit eigener Organisation auf Bundesebene. Als »Bundesstaat« wird ein Staat bezeichnet, der aus mehreren Teil- oder Gliedstaaten zusammengesetzt ist. Ein Bundesstaat ist demnach eine staatsrechtliche Verbindung von (nichtsouveränen) Staaten zu einem (souveränen) Gesamtstaat.

Die Alternative einer Koexistenz souveräner Nationalstaaten (»Europa der Vaterländer«) oder ihrer Auflösung in einem europäischen Staat (»Vaterland Europa«) ist irreführend. Der souveräne Nationalstaat alten

Typs gehört unwiderruflich der Vergangenheit an. Die reale Entwicklung ist über ihn hinweggegangen, und ständig verliert er weiter an Substanz, indem die Mitgliedstaaten der EU Rechte abgeben. Weil die EU mit der Vergemeinschaftung diverser Politikfelder mehr darstellt als einen »Staatenbund«, hat das Bundesverfassungsgericht dafür 1993 den Terminus »Staatenverbund« geprägt.[22] Die EU ist daher heute ein »Staatenverbund« postklassischer Nationalstaaten. Postklassische Nationalstaaten unterscheiden sich von den älteren, klassischen, voll souveränen Nationalstaaten dadurch, dass sie einige ihrer Hoheitsrechte gemeinsam ausüben und andere auf supranationale Einrichtungen übertragen haben.[23] Und dennoch wäre es abwegig zu erwarten, dass sich die Nationalstaaten Europas als soziale und mentale Entitäten auflösen. Sie haben weiterhin Aufgaben zu erfüllen, für die bislang keine anderen Einheiten zur Verfügung stehen.[24] Die Nationalstaaten sind nicht bereit, ihre Souveränität weiter auf die Ebene der Europäischen Union zu verlagern, denn die nationalen Interessen haben nach wie vor Vorrang vor dem Gemeinschaftsinteresse.[25] Die »Sandwich-Position« der EU ist auch ein Ergebnis der politischen Vereinigung über die reine wirtschaftliche Union hinaus. Diese politische Integration blieb aufgrund nationaler Befindlichkeiten »auf halbem Wege« stehen. Verantwortlich hierfür ist insbesondere der Vertrag von Lissabon 2007 als »Verfassungsvertrag light« und seine Vorgeschichte (Kap. 2).

Der Vertrag von Lissabon war bereits der vierte Versuch einer institutionellen Reform der EU. Weder durch den Vertrag von Amsterdam 1999 noch durch den Vertrag von Nizza 2003 oder den Verfassungsvertrag 2005 war diese geglückt (Kap. 2). Immer wieder scheiterten Reformen am Veto einiger Mitgliedstaaten. Was sich insbesondere als problematisch herausstellte, war die halbherzige Demokratisierung der EU und die Abkehr vom Einstimmigkeitsprinzip. Anstelle des Einstimmigkeitszwanges sollte es mehr Mehrheitsentscheidungen geben. Prinzipiell war das keine schlechte Idee, aber in der Folge bedeutete dies auch, dass Mitgliedstaaten bei für sie wichtigen Fragen überstimmt werden konnten. Hier liegt auch die Saat für die Brexit-Entwicklungen eine Dekade später (Kap. 4).

Die fatale »Sandwich-Position«, in der sich die EU derzeit befindet, machen zwei Positionen deutlich:

> »Das Verhältnis zwischen Nationalstaaten und Europäischer Union wird auch dann heikel bleiben, wenn es gelingen sollte, die ›Gemeinschaft der Staaten‹ durch eine weitergehende Mitwirkung der Völker bzw. Bürger Europas zu ergänzen. Der demokratische Nationalstaat in Europa konnte deswegen im 19. und 20. Jahrhundert bestimmend

werden, weil er sich über positive Integration und über institutionalisierte Teilnahme des Volkes, des *Demos*, eine historisch neuartige und grundlegende Legitimität verschaffen konnte. (...) Die für die moderne Demokratie unverzichtbaren partizipativen Einrichtungen im staatlich-politischen, sozialen und kulturellen Feld, namentlich die der politischen Öffentlichkeit, von Parteien und Gewerkschaften (wie auch anderen Interessenorganisationen), verharren bisher ganz überwiegend auf der nationalen Ebene.«[26]

Abb. 2: Staatenbund und Bundesstaat

Staatenbund	Bundesstaat
Völkerrechtlich anerkannte Gemeinschaft von Staaten	Staatsrechtlich fundierte Gemeinschaftsform von Gliederungseinheiten eines Staates
Gliedstaaten sind weiterhin souverän.	Der Bund ist Inhaber staatlicher Souveränität.
Beschlüsse, die alle betreffen und binden, werden nach Maßgabe eines Vertrages der Mitglieder des Staatenbundes getroffen.	Die Gliedstaaten wirken bei der politischen Willensbildung des Bundes auf unterschiedliche Art und Weise mit.
Gesetzgebungshoheit liegt bei den Gliedstaaten, soweit sie nicht an Gemeinschaftsorgane per Vertrag übertragen ist.	Teilung der Staatsgewalt zwischen Bund und Gliedstaaten (Funktionentrennung, vertikale Gewaltenteilung)
Beispiele • Schweizerische Eidgenossenschaft 1803–1868 • Deutscher Bund 1815–1866 • USA – Konföderationszeit 1778–1787 • Benelux-Union (seit 1944)	Beispiele • Schweiz ab 1848 • Österreich • Bundesrepublik Deutschland seit 1949 • USA ab 1787

Quelle: www.teachsam.de/politik/.

Andererseits:

> »Wir denken tatsächlich, wir könnten zurückkehren zum Nationalstaat. Aber wir können nicht zurückkehren zu etwas, das nicht stattgefunden hat. Nehmen wir als Beispiel Großbritannien: In der modernen Zeit gab es niemals einen Nationalstaat. Es gab nur das Imperium – und das Projekt der Integration in Europa. Im Falle Polens und Ungarns gab es zwar einen Nationalstaat, aber dieser Nationalstaat existierte nur sehr kurze Zeit – und wirkte im Übrigen auch nicht ermutigend. Der Trick, der hier angewandt wird, funktioniert, indem den Europäern erzählt wird: Lasst uns zurückkehren zu dieser bequemen Vergangenheit.«[27]

Abb. 3: Vorstellungen über die Zukunft der EU

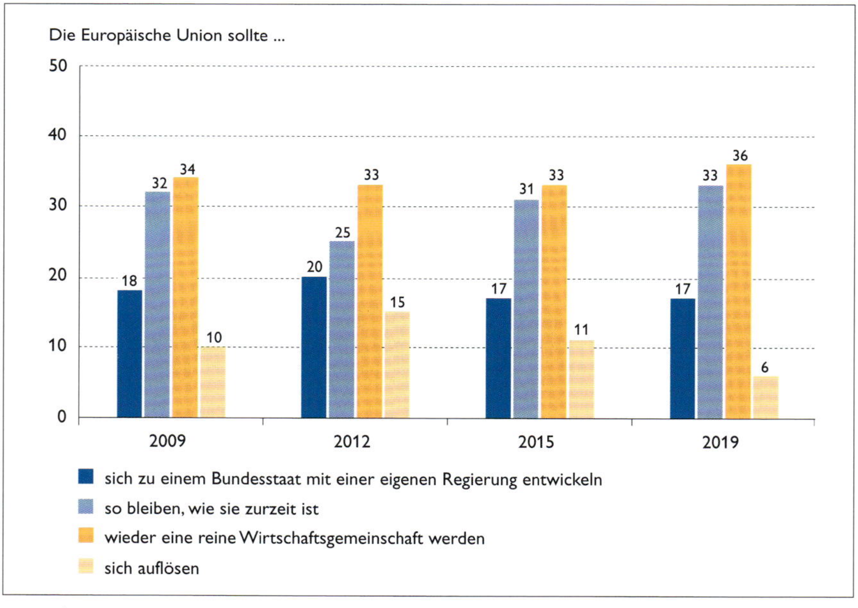

Datenbasis: 1001 Befragte in Deutschland, Erhebungszeitraum: 2. bis 3. April 2019
Quelle: https://zeitschrift-ip.dgap.org/de/ip-die-zeitschrift/archiv/jahrgang-2019/mai-juni-2019/ip-forsa-frage-032019.

Wohin Europa steuern will, ist und bleibt unklar, denn die Frage nach seiner Zweckbestimmtheit wird seit Jahrzehnten verschoben. Auf der einen Seite gibt es Stimmen, die dafür plädieren, jeweils pragmatische Lösungen für einzelne Probleme zu suchen und die Finalitätsfrage hintenanzustellen. Das Eintreten für pragmatische Lösungen einzelner Probleme scheint angesichts der unterschiedlichen Vorstellungen zwischen den verbleibenden 27 EU-Mitgliedstaaten der kurzfristig einfachere und risikoärmere Weg zu sein. Doch Konfliktvermeidung und Verdrängung der Frage, wohin es letztendlich gehen soll, lösen die immer stärker zutage tretenden Probleme nicht. Auf der anderen Seite gibt es Stimmen, die die zügige Umsetzung einer politischen Union einfordern. Das Problem bei diesen Entwürfen ist, dass sie die Realität ignorieren und dieser ein simples Wunschbild entgegensetzen.[28]

Doch auch bei den Menschen selbst herrscht Uneinigkeit über die Finalität der EU (Abb. 3). In einer repräsentativen Umfrage spricht sich die Hälfte der deutschen Befragten für den Erhalt der EU in ihrer jetzigen Form (33%) bzw. eine weitere Integration und Übertragung von Kompetenzen auf die europäische Ebene aus (17%). Während die Zahl der Unterstützer einer noch stärker zusammengeschlossenen EU gegenüber 2015 stagniert und im Vergleich zu früheren Jahren fällt, wächst die Zustimmung zum Status quo mit 33% (gegenüber 31% 2015 und 25% 2012).

Abb. 4: Mehr oder weniger gemeinsame EU-Politik?

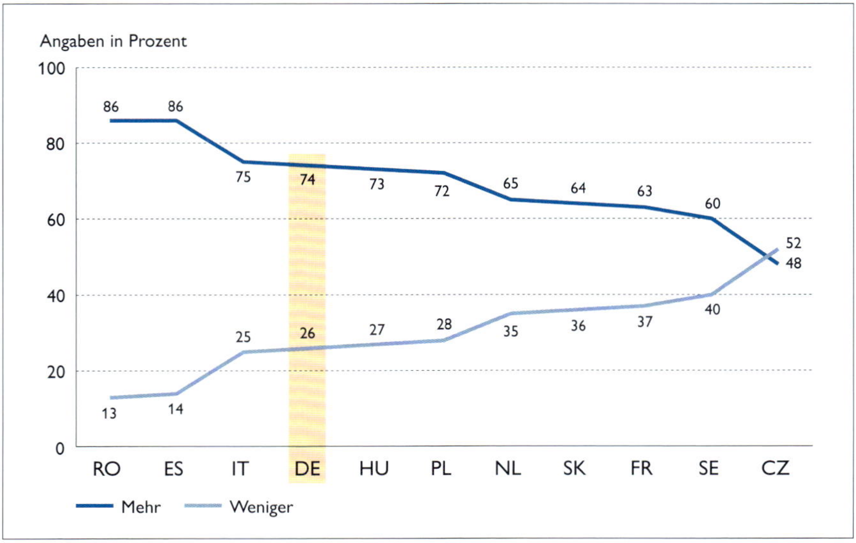

Quelle: Richard Hilmer/Tomislav Maršić, Einige Risse, aber kein Bruch – Einstellungen zur EU in elf Ländern, Friedrich-Ebert-Stiftung, Berlin 2019, S. 6.

Die Bevölkerungen der EU-Staaten wünschen 2019 grundsätzlich mehr gemeinsame EU-Politik (Abb.4). Die Befragten in zehn von elf Staaten unterstützen eine verstärkte Kooperation mit großen Mehrheiten zwischen 60 % und 86 %. Besonders ausgeprägt ist das Bestreben dazu in Rumänien, Spanien (beide 86 %), Italien (75 %) und Deutschland (74 %). Dass die nationalpopulistischen Regierungen Polens und Ungarns bei dem Wunsch, ihre Länder von gemeinsamen demokratischen Standards zu befreien, ihre Bevölkerungen nicht auf ihrer Seite haben, zeigt sich dadurch, dass in beiden Ländern ca. drei Viertel ein Mehr an Zusammenarbeit unterstützen. Selbst in Schweden als einem Land mit traditioneller Distanz zu einer vertieften europäischen Integration sprechen sich immerhin 60 % für eine Ausweitung des gemeinsamen Handelns aus. Einzig in Tschechien gibt es mit 52 % sogar eine knappe Mehrheit für weniger Kooperation innerhalb der EU.[29]

Insgesamt hat sich das Image der EU gegenüber 2015 deutlich verbessert und ist nach wie vor ausgesprochen positiv. Für rund zwei Drittel der Bürgerinnen und Bürger steht die EU ungebrochen für Frieden, Freiheit und Demokratie. Auch in wirtschaftlicher Hinsicht genießt die EU wieder das im Zuge der Finanz- und Wirtschaftskrise einst arg beschädigte Vertrauen einer Mehrheit. 60 % assoziieren mit dem Staatenbund einen Anstieg des wirtschaftlichen Wohlstands. Das positive öffentliche Bild wird abgerundet durch die Ansicht, die EU stehe weit eher für Zusammenhalt als für nationale Egoismen. Ambivalent fällt die Wahrnehmung der EU nur im Hinblick auf soziale Erwartungen aus. Zwar gilt die Union als soziale Institution, strittig ist aber, ob sie auch für Gerechtigkeit steht.[30] Die Entscheidung der Briten, die Europäische Union zu verlassen, trägt darüber hinaus offenbar eher zur Stärkung des Zusammenhalts der verbleibenden Partner bei. Sechs von zehn Befragten sprechen sich länderübergreifend für eine Verstärkung der Zusammenarbeit der EU-Staaten aus, in Deutschland votieren sogar acht von zehn dafür.[31]

Einer der zentralen Streitpunkte in der Europäischen Union betrifft die Kompetenzverteilung zwischen der EU bzw. ihren Institutionen und den Mitgliedstaaten. In insgesamt acht von 13 Politikfeldern halten die Bürger mehrheitlich eher eine Gestaltung und Regelung auf europäischer denn auf nationaler Ebene für sinnvoll. Dabei werden vor allem solche Aufgaben im Zuständigkeitsbereich der EU angesiedelt, die internationalen Charakter haben. Dies gilt etwa für den Schutz der Außengrenzen, die Besteuerung internationaler Unternehmen, die Handelsbeziehungen mit den USA, den Datenschutz und die gemeinsame Außen- und Sicherheitspolitik der Union. Immer noch mehrheitlich Europa zugeordnet, jedoch in weniger hohem Ausmaß, werden Fragen des Verbraucherschutzes, der Energieerzeugung und der Zuwanderung. In fast allen Bereichen ist die Forderung nach gemeinschaftlicher statt nationaler Zuständigkeit sogar stärker geworden. Auf drei Feldern dominiert dagegen unverändert die Ansicht, dass man diese Aufgaben eher in der Verantwortung des jeweils eigenen Staates belassen solle. Dies gilt für die Haushaltspolitik, die Festlegung der Arbeitslosenbezüge sowie die Renten.[32]

Die Identifikation mit Nationalstaaten ist bei den meisten Menschen aber immer noch relativ stark und wird mit Eigenschaften verbunden. Rund 90% aller EU-Bürger fühlen sich primär ihren Nationalstaaten zugehörig. Der Anteil der Bürgerinnen und Bürger, die von einer rein nationalen Identität sprechen, hat in den Jahren der Wirtschafts- und Finanzkrise zugenommen, ist seitdem aber wieder gefallen. Der Anteil derer, die sich als Angehörige ihrer Nationalstaaten, aber auch als Europäer sehen, ist in den Jahren nach der Finanzkrise stetig gestiegen. Heute liegt er bei über 50%. Werden diejenigen hinzugerechnet, die sich zuerst als Europäer und erst nachrangig als den Nationalstaaten zugehörig sehen, und die kleine Gruppe, die sich ausschließlich europäisch fühlt, dann ergibt sich eine deutliche Mehrheit an Bürgern, bei denen (auch) davon gesprochen werden kann, dass sie eine europäische Identität haben.[33]

Ob Menschen sich als Europäer fühlen und ob sie der Meinung sind, dass die EU-Mitgliedschaft ihres Heimatlandes eine gute oder schlechte Sache sei, hängt von einer Vielzahl von Faktoren ab. Dazu gehören spezifische Eigenschaften, aber auch das individuelle soziale und institutionelle Umfeld sowie Entwicklungen auf nationaler und europäischer Ebene. Die vielfältigen Faktoren, die als für eine europäische Identität relevant identifiziert werden können, zeigt Abbildung 5.

Es muss aber auch festgestellt werden, dass weiterhin nationale Identitäten dominieren. Solche Identitäten gab es nicht immer. Die Nationalstaaten, wie sie die Menschen heute kennen und denen sie sich zurechnen, sind aus der geschichtlichen Perspektive heraus selbst erst vor relativ kurzer Zeit entstanden. Ihnen liegt ein langer Prozess der Staatswerdung zugrunde, in dem die Menschen überzeugt werden mussten, dass sie etwa »Deutsche« oder »Franzosen« sind. Auch die Identifikation mit Nationalstaaten war nicht immer so selbstverständlich, wie sie heute erscheinen mag. Genauso steht heute die EU vor der Aufgabe, die Menschen an sich zu binden und eine »Europäische Identität« zu schaffen.[34]

Identität, verstanden als das Bewusstsein bzw. die Empfindung wesentlicher Gemeinsamkeiten, entsteht in einem Prozess der Vergemeinschaftung durch Kommunikation, politisch-gesellschaftliche Erfahrungen und

Abb. 5: Determinanten europäischer Identität

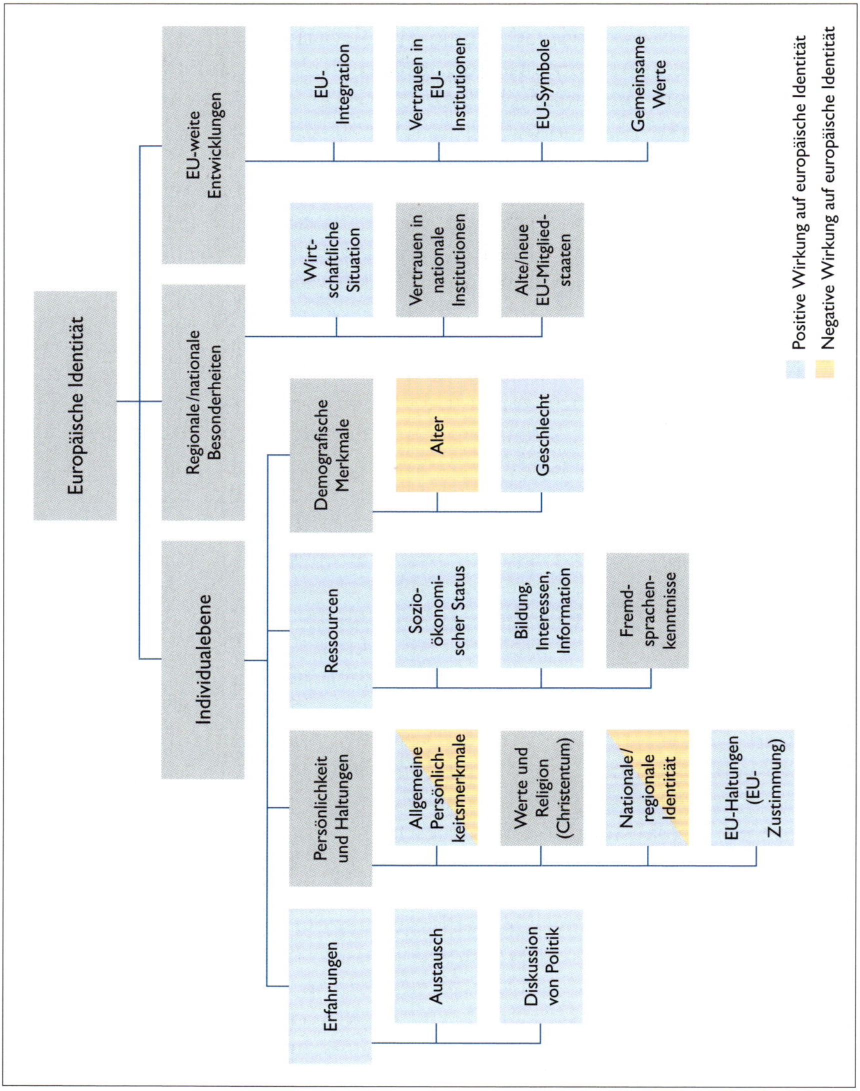

Quelle: Sarah Ciaglia/Clemens Fuest/Friedrich Heinemangen, Deutsche, Franzosen, Italiener – und Europäer? Zur Entwicklung europäischer Identität, European Network of Economic and Fiscal Policy Research, München 2018, S. 11.

Erinnerungen.[35] Dabei spielen Narrative als sinnstiftende Erzählungen eine wichtige Rolle. Sie haben Einfluss auf die Art, wie die Umwelt wahrgenommen wird, transportieren Werte und Emotionen, sind auf bestimmte Kulturkreise bezogen und unterliegen dem zeitlichen Wandel.

Wie für jedes andere politische System oder Gemeinwesen stellt sich auch für die Europäische Union die grundsätzliche Frage nach einer gemeinsamen »Identität« als Bedingung sowohl für die Legitimität des politischen Handelns wie auch für den politischen und gesellschaftlichen Zusammenhalt. Besonders unter den Vorzeichen einer Krise des Integrationsprojekts gewinnt die Frage, wie sich im EU-Integrationsverbund »Zugehörigkeit«, »Zusammengehörigkeit«, »Identitäten« und »Identifikationen« entwickeln, erheblich an Bedeutung.[36]

Bei der Europäischen Union wie bei den Nationalstaaten handelt es sich um kulturelle wie um politische Phänomene, die Ergebnisse von Integrations- und Einigungsprozessen sind. Während jedoch die nationalen Prozesse weit fortgeschritten oder abgeschlossen sind, bleiben der Status der EU und damit ihre Identität prekär. Über ihre Zielrichtung herrscht Unklarheit.[37] Eine erfolgreiche gemeinschaftliche Gesellschaft aber muss ein Verständnis von sozialer Zugehörigkeit erzeugen. Diese basiert auf zwischenmenschlichen Beziehungen und rührt vom gemeinsamen Verständnis einer gemeinschaftlichen Vergangenheit und einer kollektiven Zukunft her.[38]

Hinsichtlich der Entstehung und Ausprägung einer europäischen Identität liegen folgende Erkenntnisse vor[39]:

- Europäische Identität ist primär ein politisch-rationales Konstrukt, das eng an die EU als einem erfolgreichen »Problemlösungsverbund« gekoppelt ist, während eine emotionale oder kulturelle Fundierung, z. B. durch ein starkes gemeinsam geteiltes Narrativ, nur schwach ausgeprägt ist.
- In der sozialen Konstruktion einer Identität der EU spielen nationale Kontexte und national gefilterte Erfahrungen eine zentrale Rolle, wobei es kein generelles, EU-weites Muster der Beziehungen zwischen nationalen und EU-bezogenen Identifikationen und Einstellungen gibt. Vielmehr bestehen beträchtliche Unterschiede in den nationalen Identifikationsgraden mit der EU.
- Die Identität der EU wird durch die Art und Weise beeinflusst, wie Krisenursachen und -folgen national und transnational kommuniziert werden. Mit den Krisendiskursen verändern sich gleichermaßen die Identifikationsmuster mit der EU wie der Legitimitätsglaube.

Im Rahmen der europäischen Integration zeigen allerdings Lebensstile und Alltagshabitus, wie z. B. Essgewohnheiten, Wohnformen oder Freizeitverhalten, Anzeichen einer Identitätsvermischung als »hybrider Europäisierung«. Zugleich werden vielfach nationale staatliche Horizonte regional und lokal aufgeweicht, ohne dass sich daraus die politische Perspektive eines postnational föderierten Europas der Regionen ableiten ließe.[40]

Die EU entstand als Wirtschaftsgemeinschaft, nicht als gemeinsamer Staat und auch nicht als politische Union. Jahrzehntelang war die europäische Integration Projekt und Entwicklungsprozess der Regierungen zugleich. Deren Konsens schwindet. Eine bürgerliche europäische Identität und eine europäische Öffentlichkeit, die die Integrationsrichtung final beeinflussen könnten, existieren zwar in Ansätzen, sind aber noch nicht stark genug.[41]

1.3 Die heutige Europäische Union: zwischen Abbruch und Aufbruch

Die Europäische Union ist heute zerrissen zwischen »Revolution« im Sinne einer mutigen Weiterentwicklung und »Restauration« im Sinne der Herstellung der alten nationalstaatlichen Ordnungen. Diese Entwicklung ist aus der europäischen Geschichte durchaus bekannt, wie das folgende Beispiel zeigt.

Die Französische Revolution von 1789 bis 1799 gehört zu den wichtigsten Ereignissen der europäischen Geschichte. Die Abschaffung des feudal-absolutistischen Ständestaats sowie die Propagierung und Umsetzung grundlegender Werte (z. B. Menschenrechte) und Ideen der Aufklärung als Ziele der Revolution waren mitverantwortlich für tief greifende macht- und gesellschaftspolitische Veränderungen in Europa und haben das moderne Demokratieverständnis entscheidend beeinflusst. Am Vorabend der Französischen Revolution war das Heilige Römische Reich Deutscher Nation ein Zusammenschluss von über 1000 verschiedenen Territorien – darunter die beiden Großmächte Österreich-Ungarn und Preußen. Die Zergliederung und die Wirkungslosigkeit der zentralen Organe hatten das Reich als politische Institution de facto bedeutungslos gemacht.

Die Französische Republik, in der seit 1799 Napoleon herrschte, führte mehrere Kriege mit dem Ziel der Expansion und der Verbreitung revolutionärer Ideen. Die *Grande Armee* besiegte Österreich und Preußen. Im Ergebnis der darauf erfolgenden Gebiets- und Herrschaftsreformen blieben 30 Territorien auf dem Gebiet des Reiches übrig. Diese Veränderung der politischen Landkarte sowie weitere Änderungen der Reichsverfassung leiteten das Ende des Heiligen Römischen Reiches Deutscher Nation ein.

Nach dem Sieg über Napoleon bei Waterloo 1815 wollten die europäischen Fürsten auf dem Wiener Kongress möglichst den alten Zustand wiederherstellen, um Frieden und Einheit dauerhaft zu sichern. Eine weitere Gewaltherrschaft sollte verhindert werden. Beim Wiener Kongress 1814/15 versuchten deshalb europäische Fürsten, unter der Vorherrschaft des österreichischen Staatskanzlers Fürst Clemens von Metternich, weitgehend die alte Ordnung, die vor der Napoleonischen Herrschaft bestanden hatte, wieder zu rekonstruieren und die alten Grenzen wieder einzurichten (Restauration). Die reaktionären Kräfte Europas fanden sich im Bündnis der Heiligen Allianz (1815), dem Zusammenschluss Alexanders I. von Russland, Franz' I. von Österreich und Friedrich Wilhelms III. von Preußen zusammen. Ihr Ziel nach innen war die Wiederherstellung der absolutistisch-patriarchalischen und christlichen Staatsordnung und die Zurückdrängung der revolutionären Kräfte der Zeit, der bürgerlich-liberalen ebenso wie der in ersten Anfängen sich entwickelnden sozialistischen und nationalen.[42] Die Nationalstaatsbewegung, die den Obrigkeitsstaat abzulösen versuchte, barg das Potenzial, die Staatenordnung radikal umzuformen. Der Begriff »Restauration« bedeutet in diesem Zusammenhang die Rückkehr zum *Ancien Régime*, also die Wiederherstellung des Zustands vor der Französischen Revolution. Die politische Entscheidungsgewalt sollte wieder ausschließlich bei den Fürsten liegen. Mithin führte die Restauration zur Wiederherstellung bzw. Festigung der Monarchien. Nur diejenigen Regierungen sollten als rechtmäßig anerkannt werden, welche sich auf ein historisches Recht stützen konnten.

Dem stand ein wachsendes liberales Bürgertum entgegen, das im sogenannten Vormärz einen deutschen Nationalstaat mit Verfassung forderte. Der Begriff »Vormärz« bezeichnet die Epoche der deutschen Geschichte zwischen der Julirevolution von 1830 und der Märzrevolution von 1848/1849. In politischer Hinsicht war der Vormärz durch das Aufkommen von Nationalismus, Liberalismus und Sozialismus geprägt sowie durch die dagegen gerichtete restaurative Politik der Verfolgung und Unterdrückung. Als Protest gegen die Restauration gründeten Studenten von 1815 an Burschenschaften. Auf dem Wartburgfest 1817 kam es zur ersten politischen Massenkundgebung. Die Fürsten reagierten auf die liberalen und nationalen Bewegungen mit den Karlsbader Beschlüssen. Diese beinhalteten ein Verbot der öffentlichen schriftlichen Meinungsfreiheit und der Burschenschaften, die Überwachung der Universitäten, die Schließung der Turnplätze, die Zensur der Presse sowie die Entlassung liberal und national gesinnter Professoren, die gleichzeitig mit einem Berufsverbot belegt wurden. Weitere »Etappen« des Vormärz waren das Hambacher Fest 1832, auf dem nationale Einheit, Freiheit und Volkssouveränität gefordert wurden, der Frankfurter Wachensturm 1833 (der gescheiterte Versuch von etwa 100 Aufständischen, durch einen Überfall auf die Hauptwache und die Konstablerwache in Frankfurt am Main eine allgemeine Revolution in Deutschland auszulösen) sowie der Protest der Göttinger Sieben (einer Gruppe von Göttinger Professoren, die 1837 gegen die Aufhebung der 1833 eingeführten liberalen Verfassung im Königreich Hannover protestierten). Die Zeit des Vormärz mündete 1848 in der Deutschen Revolution. Die damit verbundenen Ereignisse waren Teil der liberalen, bürgerlich-demokratischen und nationalen Einheits- und Unabhängigkeitserhebungen gegen die Restaurationsbestrebungen.

Die Entwicklungen in der heutigen Europäischen Union sind methodisch-strukturell vergleichbar mit der Geschichte der ersten Hälfte des 19. Jahrhunderts. Die grundsätzliche Botschaft lautet: Auf jede »Revolution« im Sinne einer mutigen Weiterentwicklung (z. B. der EU) folgt eine »Restauration« im Sinne der Herstellung der alten (z. B. nationalstaatlichen) Ordnungen und umgekehrt. Die Fürsten von damals sind dabei die Nationalstaaten von heute. Eine Weiterentwicklung der EU in Richtung politischer Union (»Europäische Integrationsrevolution«) steht in Zeiten fundamentaler globaler Herausforderungen in scharfem Gegensatz zu dem von populistischen Kräften propagierten Rückzug auf die Nationalstaatlichkeit (»Restauration«). Die Integration der Mitgliedstaaten in eine EU ist ausgehend von einer ökonomischen Gemeinschaft immer weiter in Richtung einer supranationalen Organisation vorangeschritten, die durch den Vertrag von Lissabon 2007 inzwischen Elemente einer politischen Union aufweist (Kap. 2). Insofern hat die EU einen stetigen Bedeutungsgewinn erfahren (Abb. 6).

Während die Makroebene der EU als supranationale Organisation insbesondere im vergangenen Jahrzehnt ähnlich wie die Mikroebene der (grenzüberschreitenden) Regionen einen erheblichen Bedeutungszuwachs erlebt hat, ist die Bedeutung des Nationalstaates als Zwischenebene (Mezzoebene) immer weiter zurückgegangen (Abb. 6). Nationalstaatlich angelegte Politik ist angesichts internationaler Entwicklungen und Herausforderungen über weite Strecken unmöglich geworden. Sie wird supranational übergangen und ethnisch-regionalistisch unterlaufen.[43] Die Internationalisierung wirtschaftlicher und sozialer Entwicklungen beeinträchtigt auch die nationale Handlungs- und Steuerungsfähigkeit. Kein europäischer Nationalstaat kann mehr aus eigener Kraft »Volk und Land« schützen. Ebenso wenig ist er in der Lage, angesichts der internationalen Wirtschaftsverflechtungen und der Macht großer Konzerne eine autonome Wirtschaftspolitik zu betreiben.[44] Der Schriftsteller Robert Menasse stellt fest: »Die Nationalstaaten werden sterben. Das kann dereinst als historische Rache der Habsburger interpretiert werden.«[45] Dies passt zum zuvor gewählten Geschichtsbeispiel.

Abb. 6: Auswirkungen fortschreitender EU-Integration

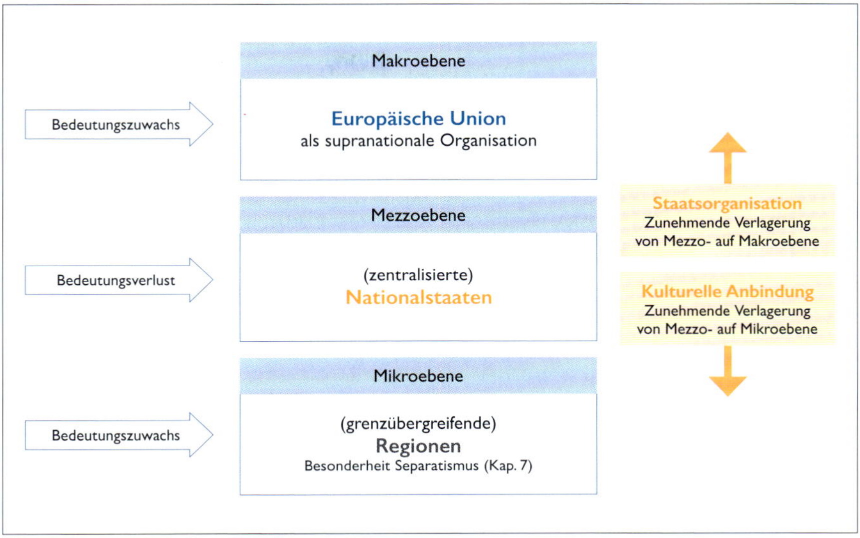

Andererseits werden auch die Grenzen, die nationale Gesellschaften jahrhundertelang voneinander trennten, immer poröser. Victor Hugo schrieb bereits 1850 in seinem Essay »Sur l'Europe«, dass die französische Nation nichts anderes sei als die Zusammenfassung verschiedener Provinzen unter dem Dach einer Republik, dies aber nicht das Ende der Geschichte bedeuten könne. Die Folge könne nur die Zusammenfassung aller europäischen Provinzen in einer europäischen Bruderschaft sein, einer europäischen Republik.[46] Es wird häufig verdrängt, dass sich Nationalstaaten im Grunde aus regionalen Einheiten zusammensetzen. Die Region als »Entität der Heimat« ist zudem eine wesentlich traditionsstiftendere Bezugsgröße für Menschen als die infolge der Französischen Revolution ab Mitte des 19. Jahrhunderts entstandenen Nationalstaaten, denn die europäischen Regionen sind viel älter als die aus ihnen oft erst durch Kriege zusammengefügten Nationen. In den Regionen lebt ein europäischer Geist, der älter ist als die mehr oder weniger künstlich und oft gewaltsam erzwungene nationale Identität.[47] Die europäischen Nationalstaaten sind durchweg ein Elitenprojekt, während die Bürger sich regional verorten: in der eigenen Stadt, im eigenen Landkreis. Nationalismen wurden erst aktiv, nachdem die politischen und kulturellen Eliten die Idee nationaler Identität populär gemacht hatten.[48] Die Politikwissenschaftlerin Ulrike Guérot stellt überspitzt, aber nicht unzutreffend fest, das Nationale sei im Falle Deutschlands im 19. Jahrhundert im Wesentlichen durch das Wahlrecht und die allgemeine Krankenversicherung gestiftet worden. Das sei es, was Rheinländer und Sachsen zunächst verbunden habe.[49]

Regionen hingegen hatten und haben immer eine besondere Funktion für die Bildung von Identität im Sinne eines »Wir-Gefühls«. Einfache Beispiele verdeutlichen dies auch grenzüberschreitend: Mit wem fühlen sich Menschen in Aachen verbundener? Mit ihren holländischen und belgischen Nachbarn unmittelbar hinter der Grenze oder mit Menschen aus Berchtesgaden oder Garmisch-Partenkirchen? Und mit wem fühlen sich wiederum Menschen aus Berchtesgaden oder Garmisch-Partenkirchen verbundener? Mit ihren österreichischen Nachbarn oder mit Menschen aus Ostfriesland?

Die Lebensgewohnheiten und Alltagskulturen der Gesellschaften in der EU haben sich weitgehend angenähert. Wenn neben den verschiedenen Sprachen und Dialekten noch etwas als unterschiedlich heraussticht, so sind dies lokale und regionale kulturelle Gewohnheiten wie z. B. Bräuche, Essgepflogenheiten oder Handwerkskunst. Insofern ist die Frage berechtigt, ob es eine typisch nationale Kultur überhaupt noch gibt oder ob sie von Nationalisten nur beschworen wird? In Wahrheit ist die Region für die Menschen mentalitätsprägend und identitätsstiftend.[50] Heute pochen Teile von Staaten ebenso auf vermehrte Autonomie, wie es regionale Unabhängigkeits- oder Dezentralisierungsbestrebungen gibt. Die regionale Mikroebene hat neben der europäischen Makroebene ebenfalls einen erheblichen Bedeutungszuwachs erfahren. Damit proportional einher geht der Bedeutungsverlust der Mezzoebene »Nationalstaat« (Abb. 6). Es wundert daher nicht, dass nationalistische Kräfte eine Restauration anstreben.

In der politischen Debatte wird dieses Phänomen mit dem Begriff »Glokalisierung« beschrieben und lässt sich an folgenden Entwicklungen beobachten: Nationalstaaten geben ihre Kompetenzen in immer größerem Maße ab, und zwar nicht nur »nach oben« an Organisationen wie die EU, sondern auch nach unten an die Gliedstaaten eines Nationalstaats bzw. die verschiedenen Regionen (Subsidiarität).

Die Globalisierung und Digitalisierung sind heute verantwortlich für tief greifende macht- und gesellschaftspolitische Veränderungen in Europa. Dabei auftretende Verwerfungen in Form internationaler krisenhafter Entwicklungen wie der Finanz- und Währungskrise 2008 ff. und der Geflüchtetenkrise 2015 ff. (Kap. 5) versuchen nationalpopulistische Parteien in den Mitgliedstaaten für eine fundamentale Restauration zu nutzen (Kap. 3). Zu jedem Nationalismus gehört immer auch die Abgrenzung vom Nationsfremden. Der Nationalstaat als Partizipationsgemeinschaft hat seine Identität stets auch in der Abgrenzung gegenüber dem als fremd Empfundenen erzeugt.[51] Auch der Brexit als Folge einer nationalpopulistischen Kampagne in Großbritannien ist unter »Restauration« einzuordnen (Kap. 4).

Die »Weiterentwickler« versuchen nunmehr, den restaurativen Tendenzen entgegenzuwirken und eine Antwort darauf zu finden. So einzuordnen ist z.B. die Rede des französischen Staatspräsidenten Emmanuel Macron am 26. September 2017 an der Pariser *Sorbonne*-Universität mit dem Titel »Initiative für Europa«. Auch hier ist die historische Parallele offensichtlich.

> »Das im Entstehen begriffene europäische Projekt bestand für einige Wenige in der Aufgabe, einen zerrissenen Kontinent durch die Überwindung populistischer Leidenschaften wieder zusammenzuführen. Das vitale Interesse besteht noch immer. Doch die Dämme, hinter denen sich Europa entfalten konnte, sind verschwunden. Hier ist es nun, geschwächt den Stürmen der Globalisierung ausgesetzt, und was ohne Zweifel noch schlimmer ist, Ideen ausgesetzt, die sich als bessere Lösungen präsentieren. Diese Ideen haben einen Namen: Nationalismus, Identitarismus, Protektionismus und Souveränismus durch Abschottung. Diese Ideen, die so oft die Flammen entfacht haben, in denen Europa hätte untergehen können, treten in jüngster Zeit im neuen Gewand in Erscheinung. Sie nennen sich legitim, weil sie die Angst der Bevölkerung zynisch ausnutzen. Zu lange haben wir ihre Macht ignoriert. (…) Es liegt an uns und an euch, den einzigen Weg, der unsere Zukunft sichert, zu ebnen, und davon möchte ich heute sprechen. Es ist die Neubegründung eines souveränen, geeinten und demokratischen Europa«.[52]

So lauteten die Kernbotschaften Macrons. Bei all den bevorstehen Herausforderungen, von der Klimaerwärmung über den digitalen Wandel und die Migration bis zum internationalen Terrorismus globalen Zuschnitts, könnten Nationalstaaten allein im Umgang damit wenig ausrichten. Macron entwickelt Vorschläge, wie die Europäische Union ihre Handlungsfähigkeit und Wirkungsmacht sowohl wirtschaftlich als auch kulturell in Zukunft besser zur Geltung bringen sollte.[53]

Die Europäische Union scheint sich also nicht nur in einer momentanen »Sandwich-Position«, sondern in einer grundlegenden Phase zwischen »Revolution« und »Restauration« zu befinden, oder, wie es der Titel dieses Buches etwas vorsichtiger nahelegt, zwischen »Abbruch« und »Aufbruch«. Restaurative Tendenzen können sich vor allem als Ergebnis folgender grundlegender Herausforderungen[54] beschreiben lassen:

- *Das Erbe der Eurokrise:* Die Phase der akuten Eurozonenkrise ist vorüber. Geblieben sind jedoch das politische Vermächtnis der Rettungspakete und wirtschaftlichen Sparmaßnahmen, die Differenzen, die dadurch zwischen den Mitgliedern der »Schuldner-« und »Gläubiger«-Länder der Eurozone entstanden sind, anhaltende Unterschiede in der wirtschaftlichen Entwicklung, Sorgen um die hohe Verschuldung und die Stabilität des Bankensektors in einigen Ländern.
- *Die Geflüchtetenkrise:* Sie hat seit 2015 erhebliche und ungleichmäßige Auswirkungen auf die EU-Mitgliedstaaten, führt zu Uneinigkeit über die richtige Vorgehensweise, untergräbt Bemühungen, gemeinsame Antworten zu finden, und löst Ängste in der Bevölkerung aus.
- *Der Brexit*: Zum ersten Mal in ihrer Geschichte muss sich die EU nicht mit Erweiterung, sondern mit ihrer Verkleinerung auseinandersetzen. Die Auswirkungen des Brexits auf die zukünftige europäische Integration sind unklar.
- *Nationalpopulistische Anti-EU-Parteien:* Die mangelnde Fähigkeit der etablierten Parteien in Europa, Antworten auf fundamentale gemeinsame Herausforderungen zu finden, bietet den idealen Nährboden für das Aufstreben radikaler, der EU ablehnend gegenüberstehender Parteien, die in der europäischen Integration eine Bedrohung für die Souveränität, die Kultur, die Sicherheit und die Sozialsysteme ihrer Länder sehen.
- *Illiberale Tendenzen in Zentral- und Osteuropa:* Eine große Gefahr für die EU geht heute von aufkeimenden Autokratien innerhalb ihrer eigenen Grenzen aus. In Ungarn, Polen und Rumänien stellen Regierungen mit autoritären Tendenzen Rechtsstaatlichkeit und demokratische Normen infrage.

Diese Herausforderungen, die interdependent sind, haben zu einem sinkenden Vertrauen in Führungseliten und Integration und damit zu einer allgemeinen Legitimationskrise geführt. Sie bilden den »Abbruch-Teil« dieses Buches (Abb. 7).

Ausgehend von einer problemorientierten Zusammenfassung europäischer Integration bis zur Europawahl 2019 (Kap. 2) werden der Aufstieg nationalpopulistischer Kräfte (Kap. 3), die »Brexit-Posse« (Kap. 4) sowie die »Zerreißprobe Geflüchtetenfrage« (Kap. 5) thematisiert. Ergänzt wird die »Abbruch-Thematik« durch die »Interessen der Nachbarschaft« USA, China und Russland (Kap. 6) sowie durch immer wieder heftig aufkommende separatistische Tendenzen in Mitgliedstaaten der EU (Kap. 7). Der Systematik des Buches und dem »Abbruch-Aufbruch-Modell« (Abb. 7) gemäß werden in Kapitel 8 notwendige und wünschenswerte Aufbruchsinitiativen und -argumente dem gegenübergestellt. Erstrebenswert ist dabei, so der Tenor des Buches, dass die »Aufbruch-Seite« die Oberhand gewinnt und behält, was aber nur bei einer ehrlichen Bestandsaufnahme der (nationalen) Befindlichkeiten und Herausforderungen möglich ist.

Abb. 7: Aufbruch und Abbruch

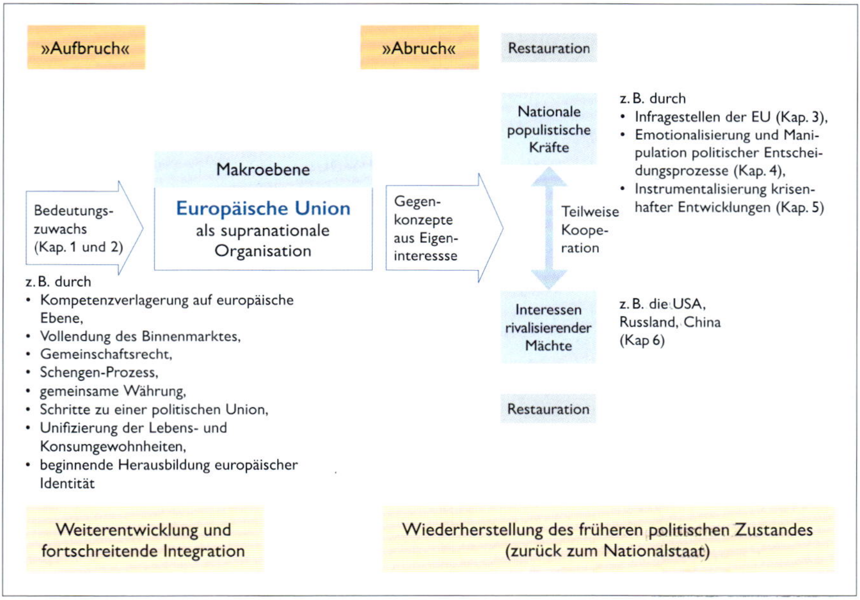

Die Mitgliedstaaten haben es in der Hand, dem vielseitigen Legitimitäts- und Reputationsverlust der EU durch eine Mischung aus Konsolidierung und Neuordnung zu begegnen (Kap. 7). Diejenigen, die eine »flexible EU in einer lockeren Staatenfamilie« fordern, haben bisher keine schlüssige Agenda für den Rückbau der Union. Und diejenigen, die eine »flexible und im kleinen Kreis vertiefte Union« anstreben, haben auch noch keinen Vorschlag, wie sich die Union zusammenhalten ließe.[55]

Einigen können sich die meisten EU-Kritiker auf die These, dass die EU heute ein dysfunktionaler Bundesstaat sei. Aber erstens ist diese Eigenschaft nicht der EU, sondern den Mitgliedstaaten vorzuwerfen, die die EU in ihrer heutigen »Sandwich-Position« belassen haben. Zweitens kann die Schlussfolgerung daraus keinesfalls lauten, zu einem Bund von Nationalstaaten zurückkehren zu wollen. Ein derartiges Konstrukt wäre in der politischen Landschaft mitnichten funktionsfähiger und würde den (globalen) Herausforderungen der nächsten Jahre und Jahrzehnte nicht einmal ansatzweise gerecht. Gelähmt von der eigenen Unsicherheit und von Machtkämpfen zwischen den Mitgliedstaaten läuft Europa Gefahr, in Untätigkeit zu verharren. Dabei sollte nunmehr eine Vision für die Zukunft Europas Priorität haben.

Eine Frage stellt sich immer wieder im Zusammenhang mit der derzeitigen »Sandwich-Position« der Europäischen Union zwischen Restauration und Aufbruch: Welche Rolle spielen die unbestreitbaren ökonomischen Unterschiede innerhalb der EU für das (politische) Verhalten und die Interessen der einzelnen Mitgliedstaaten? Als Gründe für die Position der EU zwischen Aufbruch und Abbruch wurden zuvor das Erbe der Euro-Krise, der Aufstieg nationalpopulistischer Ideen und Parteien, die Herausforderungen durch Massenflucht nach Europa, die »Brexit-Posse« und aufkeimende Autokratien in Zentral- und Osteuropa benannt. Fallen hierbei wirtschaftliche Disparitäten hinsichtlich des Verhaltens der Mitgliedstaaten signifikant ins Gewicht?

Seit seiner Einführung im Jahr 1993 wird der Binnenmarkt als Erfolg gesehen. Doch nach der Finanzkrise verschärften sich die regionalen Unterschiede in der EU und ihren Mitgliedstaaten wieder und gingen erst 2019 leicht zurück. Dabei zeigt sich ein Muster mit wirtschaftlich starken Regionen im Zentrum, umgeben von schwächeren Regionen in der Peripherie des Kontinents. Einige Regionen laufen sogar Gefahr, abgehängt zu werden. Dies bedeutet auch eine Bedrohung für den sozialen und politischen Zusammenhalt in Europa. Die Ursache liegt in einer strukturellen Polarisierung zwischen den EU-Mitgliedsländern. Bei drei Ländern stellte die EU-Kommission im Februar 2020 noch »übermäßige« ökonomische Ungleichgewichte fest: Griechenland, Italien und Zypern. In weiteren zehn Ländern, darunter Deutschland, Frankreich und Spanien, sieht die Behörde ebenfalls Ungleichgewichte, allerdings keine »übermäßigen«. Manche Politiker unterteilen die Eurozone in einen reformunfähigen Süden, der auf Kredit lebt, und einen stabilitätsorientierten Norden, der befürchtet, mit seinem Geld für den Süden geradestehen zu müssen. Solche Stereotypen wirken sich zunehmend lähmend auf die Alltagsarbeit in der EU und der Eurozone aus.

Die wirtschaftlichen und strukturellen Disparitäten sind auf der staatlichen »Mezzoebene« weniger problematisch. Dass sich in der EU leistungsfähigere und weniger leistungsfähige Volkswirtschaften befinden, war bereits beim jeweiligen Beitritt des Mitgliedstaates deutlich. Trotz aller (erfolgreichen) Konvergenzbemühungen und -entwicklungen verschwanden die wirtschaftlichen Disparitäten nicht. Die ökonomischen

Unterschiede zwischen den Mitgliedstaaten und Regionen Europas sind daher kein neues Phänomen, sie haben sich aber nach der Wirtschafts- und Finanzkrise in Europa in den Jahren 2008 und folgende wieder verstärkt. Die geschilderte Polarisierung ist insbesondere problematisch auf der Mikroebene der Regionen (Abb. 8).

Abb. 8: EU-Regionen nach wirtschaftlicher Entwicklung

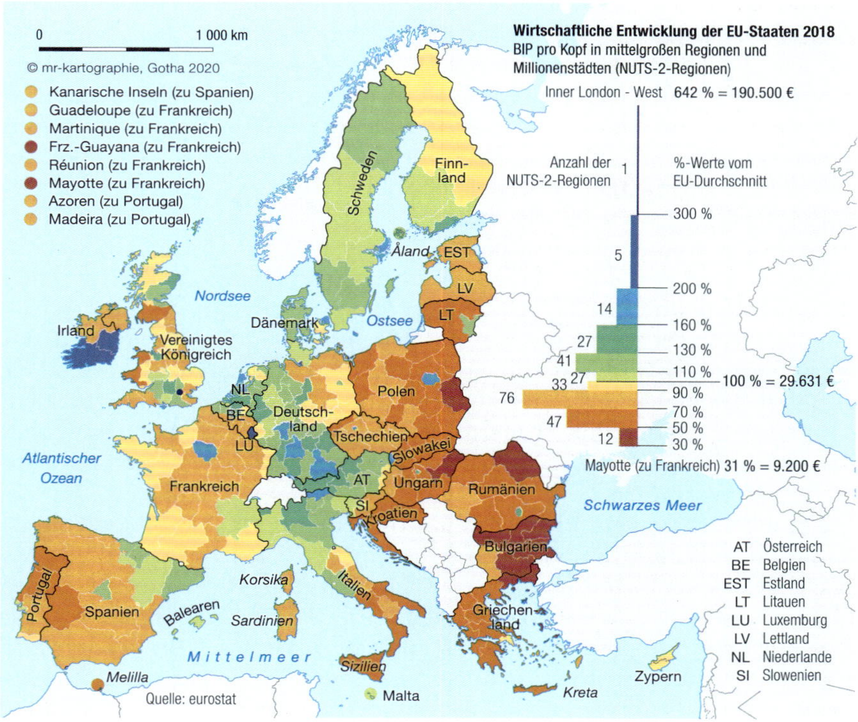

In einigen Ländern sind die Unterschiede zwischen den schnell wachsenden Regionen, die häufig im Mittelpunkt von Investitionen stehen, und dem Rest des Landes gewachsen. Disparitäten sind hier tief in den regionalen Strukturen verwurzelt und schwieriger umkehrbar. Die Erweiterungen der EU haben die Konvergenz zwischen den Ländern zwar begünstigt, aber auch die innerstaatlichen Ungleichheiten verschärft. Der europäische Binnenmarkt und die Einführung des Euro trugen gewiss zu einer Annäherung der Länder bei, hatten aber unterschiedliche Auswirkungen auf innerstaatliche Disparitäten. Investitionen flossen hauptsächlich in die großen Ballungszentren und Wachstumsregionen.

Daraus können restaurative Impulse entstehen, die sich auf die Politik der Nationalstaaten auswirken. Mit anderen Worten: Es ist kein Zufall, dass nationalpopulistische Parteien in der EU in strukturschwachen Regionen besonders reüssieren. Es kommt darüber hinaus auch nicht von ungefähr, dass die vehementesten Gegner der Geflüchtetenpolitik der EU in solchen Regionen anzutreffen sind, in die bisher sehr wenige Geflüchtete kamen. Der wirtschaftliche Status eines Mitgliedstaates ist dabei kaum für die jeweilige Teilnahme an der Geflüchtetenpolitik der EU ausschlaggebend. Das Bruttoinlandsprodukt (BIP) pro Kopf liegt in Griechenland z. B. ca. 30% unter dem EU-Durchschnitt, aber das Land ist grundsätzlich bereit zur (dauerhaften) Aufnahme von Geflüchteten. Das Gegenbeispiel hierzu ist Österreich: ein eher »reiches« Land mit einer starken »Obstruktionspolitik« gegenüber Geflüchteten.

Den ökonomischen Disparitäten versucht die EU mit ihrer Kohäsionspolitik zu begegnen – der Hauptinvestitionspolitik der EU. Sie richtet sich an alle Regionen und Städte in der Europäischen Union, um die Schaffung neuer Arbeitsplätze, die Wettbewerbsfähigkeit der Unternehmen, das Wirtschaftswachstum und eine nachhaltige Entwicklung zu fördern. Der Großteil der Kohäsionsmittel konzentriert sich auf weniger entwickelte europäische Länder und Regionen, damit diese aufschließen und sich damit die wirtschaftlichen, sozialen und territorialen Ungleichgewichte in der EU verringern.

Die EU-Struktur- und Investitionsförderung im Rahmen der Kohäsionspolitik soll zwar die wirtschaftlichen und sozialen Benachteiligungen und Rückstände in Europa abbauen, das institutionelle Rahmenwerk der EU und die bisher verfolgten wirtschaftspolitischen Maßnahmen reichen aber nicht aus, um der Polarisierung entgegenzuwirken. Notwendig wäre eine wirtschaftspolitische Gesamtstrategie für Europa mit institutionellen Reformmaßnahmen, mehr Investitionen in einer Vielzahl an Politikfeldern sowie mehr grenzüberschreitende Solidarität und Unterstützung.

Spielen aber ökonomische Disparitäten *zwischen* den Mitgliedstaaten eine Rolle bei der Interessenformulierung in Bezug auf die hier vorgestellten Aufbruch- und Abbruchfelder?

- *Der Aufstieg des Nationalpopulismus* (Kap. 3) ist ein Phänomen, das in praktisch jedem Mitgliedstaat der EU zu beobachten ist und sich eher auf gesellschaftliche Entwicklungen und regionale Disparitäten innerhalb eines Landes zurückführen lässt. Letztere können wie z. B. in Polen, Ungarn und Italien allerdings dazu führen, dass nationalpopulistische

Parteien an die Regierung kommen und versuchen, der EU ihren Stempel aufzudrücken. Das wäre aber grundsätzlich auch in »reicheren« Ländern wie Deutschland oder Schweden denkbar.

- *Auch die Positionierung in der Geflüchtetenfrage* (Kap. 5) ist weniger bis gar nicht abhängig von wirtschaftlichen Disparitäten zwischen den Mitgliedstaaten.
- *Die Frage des Separatismus* (Kap. 7) ist zuvorderst eine kulturelle, auch wenn unter den separatistischen Regionen in der EU sowohl reichere (Katalonien, Flandern etc.) als auch weniger wohlhabende (Korsika, Schottland etc.) anzutreffen sind.
- *Ebenfalls geht es bei sämtlichen »Aufbruchsthemen«* (Kap. 8) eher um solche wie nationale Kontrolle und den Verlust staatlicher Souveränität. Diese allerdings haben oft einen ökonomischen Schwerpunkt. Die Staaten möchten sich in die Gestaltung ihrer Fiskal- und Sozialpolitik nicht hineinreden lassen, was aber sowohl für »ärmere« als auch für »reichere« EU-Staaten gilt.

Nur bei den »Interessen der Nachbarschaft« (Kap. 6) könnten ökonomische Unterschiede eine Rolle spielen. So haben ärmere Staaten durchaus mehr Interesse an Investitionen z. B. aus China und sind empfänglicher für vermeintlich lukrative Einzeldeals wie etwa mit den USA.

2 Die immer engere Union

2.1 Wegmarken der europäischen Integration

Der Begriff »Europäische Integration« bezeichnet den immer engeren Zusammenschluss der europäischen Völker. Dieser vollzieht sich vor allem auf der Wirtschaftsebene, indem die wirtschaftliche Zusammenarbeit verstärkt wird und langfristig die Lebens- und Wirtschaftsverhältnisse angeglichen werden sollen. Aber auch das politische Zusammenwachsen bei der Innen-, Justiz, Außen- und Sicherheitspolitik sind Themen der europäischen Integration.

Was in der Europäischen Union unter Integration verstanden wird, beruht auf dem Prinzip der Supranationalität. Unter »Supranationalität« wird die Abgabe von Souveränität der Nationalstaaten und deren gemeinsame Ausübung auf europäischer Ebene verstanden. Gerade diese Souveränitätsabgabe war von Anfang an ein Kernelement der europäischen Einigung. Die Idee eines vereinten Europas zur Schaffung von Frieden und Sicherheit nach dem Zweiten Weltkrieg mündete in mehrere Projekte wie z. B. den Europarat. Dort behielten die Nationalstaaten allerdings ihre Selbstständigkeit. Die ursprünglichen Gedanken eines »vereinten Europas« konnten damit nicht umgesetzt werden. Erst die Idee, die Kohle- und Stahlproduktion unter eine gemeinsame Behörde zu stellen, den Staat also auf diesem Sektor ein Stück weit in seiner Souveränität zu beschneiden, schuf die Grundlage für die heutige Ausgestaltung Europas.[56] Die Europäische Gemeinschaft für Kohle und Stahl (EGKS) gilt als Startpunkt der europäischen Integration, als Vorläufer der Europäischen Gemeinschaften sowie als erste supranationale Organisation überhaupt. Die EGKS wurde 1951 auf Bestreben des französischen Außenministers Robert Schuman sowie des deutschen Bundeskanzlers Konrad Adenauer gegründet. Ziel dieser Initiative war es, die kriegswichtige Kohle- und Stahlproduktion unter eine gemeinschaftliche Leitung zu stellen und so den Frieden in Europa zu stabilisieren. Aber der Vertrag zwischen den Staaten Belgien, der Bundesrepublik Deutschland, Frankreich, Italien, Luxemburg und den Niederlanden hatte nicht nur politische Auswirkungen. Die EGKS beför-

Abb. 9: Entwicklung der Verträge und Strukturen der EU

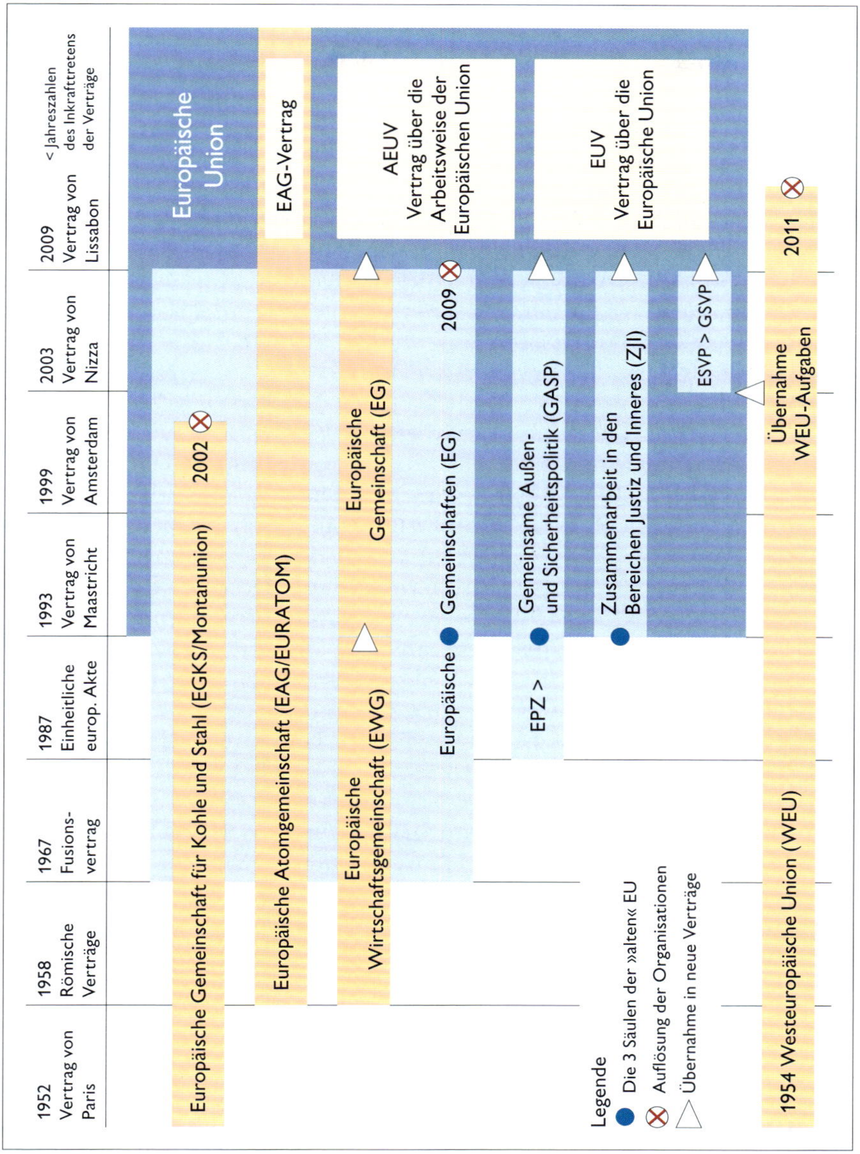

Quelle: https://crp-infotec.de/wp-content/uploads/eu-entwicklung-vertraege.gif.

derte auch den wirtschaftlichen Aufschwung in Europa wie auch das deutsche »Wirtschaftswunder«.

Die Europäischen Gemeinschaften (EG) wurden durch die Unterzeichnung der Römischen Verträge am 25. März 1957 durch Belgien, die Bundesrepublik Deutschland, Frankreich, Italien, Luxemburg und die Niederlande in Rom gegründet. Inhalte waren vor allem die Europäische Wirtschaftsgemeinschaft (EWG) sowie die Europäische Atomgemeinschaft (EURATOM). Diese bildeten zusammen mit der EGKS die Europäischen Gemeinschaften. Gegenstand des EWG-Vertrages war die Errichtung eines gemeinsamen Marktes durch die Abschaffung mengenmäßiger Ein- und Ausfuhrbeschränkungen und Zollschranken, durch freien Dienstleistungs-, Personen- und Kapitalverkehr, durch eine gemeinsame Handelspolitik gegenüber Drittstaaten und durch die Schaffung europäischer Institutionen. Später kam noch ein gemeinsamer Außenzoll gegenüber Drittstaaten hinzu.

Im Laufe der 1970er-Jahre geriet die EG (ab dieser Zeit wurde sie üblicherweise nur noch im Singular bezeichnet) aufgrund fehlender Erfolge bei der Verwirklichung weiterer Ziele der Römischen Verträge in eine Krise. Dass kaum noch Integrationsfortschritte erzielt wurden, lag einerseits an den weniger günstigen gesamtwirtschaftlichen Bedingungen nach der ersten Ölkrise 1973, die wieder vermehrt zu nationalstaatlichem Denken führte. Anderseits lähmte der Zwang zur Einstimmigkeit, der nach dem »Luxemburger Kompromiss« von 1966 de facto bestand, die Entscheidungsprozesse der seit 1973 noch größeren Gemeinschaft. Schließlich entwickelte auch die »Gemeinsame Agrarpolitik« eine verhängnisvolle Eigendynamik und engte den finanziellen Handlungsspielraum zunehmend ein.[57]

Ab der Mitte der 1980er-Jahre kam wieder Bewegung in den europäischen Einigungsprozess. Die Vorzeichen hatten sich gewandelt. Nicht mehr ein relativ gleichmäßiges Einkommensniveau wie beim Abbau der Zölle, sondern ausgeprägte Einkommensdifferenzen prägten nun das Bild der Gemeinschaft. Die beiden Süderweiterungen der EU – 1981 der Beitritt Griechenlands und 1986 der Spaniens und Portugals – waren wesentlich von einer politischen Zielsetzung motiviert, nämlich der Stabilisierung der demokratischen Ordnung in diesen Ländern. Damit wuchsen aber die Unterschiede in den Einkommensniveaus. Aus dieser Situation heraus wurde ein großer Schritt nach vorn im Europäischen Integrationsprozess in Angriff genommen.[58]

1985 beschloss der Europäische Rat von Mailand eine Regierungskonferenz, bei der es um »Befugnisse der Institutionen«, »neue Zuständigkeitsbereiche der Gemeinschaft« und die »Schaffung eines Binnenmarktes« ging mit dem Ziel eines Zusatzvertrages zu den Gemeinschaftsverträgen (EGKS, EWG und EURATOM) und einer vertraglichen Grundlage für die bestehende Europäische Politische Zusammenarbeit (EPZ). Am 17. Februar 1986 wurde dieser Änderungsvertrag als »Einheitliche Europäische Akte« (EEA) in Luxemburg von neun der nunmehr zwölf Mitgliedstaaten (Belgien, Deutschland, Frankreich, Großbritannien, Irland, Luxemburg, Niederlande, Portugal, Spanien) unterzeichnet. Die drei weiteren Mitgliedstaaten (Dänemark, Griechenland, Italien) folgten am 28. Februar, nachdem zuvor in Dänemark noch ein Referendum über die Unterzeichnung stattgefunden hatte. Für die Verwirklichung der sogenannten »vier Freiheiten« (»freier Waren-, Personen-, Dienstleistungs- und Kapitalverkehr«) wurde nun in der EEA ein verbindlicher Zeitplan festgelegt, und gleichzeitig wurden die institutionellen Voraussetzungen für dessen Einhaltung geschaffen: Das Prinzip der Einstimmigkeit wich in Fragen des Binnenmarktes dem der qualifizierten Mehrheit, und zeitaufwendige Harmonisierungen wurden durch das Prinzip der »gegenseitigen Anerkennung« ersetzt. Das Programm zur »Vollendung des Binnenmarktes« mit dem Schlagwort »Europa 1992« war geboren.

Die Einheitliche Europäische Akte (EEA) stellte den ersten besonderen Reformvertrag dar, auf den später die Vertragswerke von Maastricht, Amsterdam, Nizza und Lissabon folgten.[59] Sie bedeutete den vorläufigen Abschluss einer mehrjährigen Reformdebatte. Mit der Einheitlichen Europäischen Akte wurden die Verträge über die EG geändert und ergänzt, aber es wurde keine Union geschaffen. Die Europäische Union (EU) war weiterhin das Ziel der Entwicklung. Das Binnenmarktprogramm wurde manchen Unkenrufen zum Trotz mit wenigen Ausnahmen rechtzeitig zum Beginn des Jahres 1993 verwirklicht. Nun aber sollte nicht wie nach der Vollendung der Zollunion erneut eine Pause eintreten, vielmehr war ein Folgeprogramm, der Vertrag von Maastricht, bereits verabschiedet und der EWG-Vertrag bereits entsprechend erweitert. Die Verwirklichung der Europäischen Wirtschafts- und Währungsunion stand seither auf der Agenda.

Der Vertrag von Maastricht vom 7. Februar 1993 bildete einen weiteren Meilenstein der europäischen Integration und im Hinblick auf die Weiterentwicklung zur Europäischen Union (EU). Kern des Vertrages sind die sogenannten drei Säulen der EU: erstens ein gemeinsamer EU-Binnenmarkt; zweitens eine gemeinsame Außen- und Sicherheitspolitik (GASP) sowie drittens die Zusammenarbeit auf dem Gebiet der Innen- und Rechtspolitik. Während die Vorschriften des Binnenmarktes für alle Mitgliedstaaten unmittelbar bindend sind (supranational), wird im Bereich der Außen- und

Sicherheitspolitik sowie der Polizei und Justiz nach dem Einstimmigkeitsprinzip gehandelt. Weitere Inhalte des Vertrags sind unter anderem die Schaffung der Unionsbürgerschaft, die Stärkung des Europäischen Parlaments sowie die Bestrebung, eine gemeinsame Währung zu schaffen.

Wer Wirtschaftswissenschaften studiert, lernt spätestens im zweiten Semester, dass eine Währungsunion ohne Fiskalunion, das heißt ohne eine gemeinsame Einnahmen- und Ausgabenpolitik, eigentlich nicht funktionieren kann. Da sich die Mitgliedstaaten die Kontrolle über ihre Haushalte aber nicht nehmen lassen wollten, kam es zu einem Kunstgriff, der viele Jahre später in eine Finanzkrise führte. Eine Währungsunion kann sich leicht zu einer Inflations- oder zu einer Staatsschuldengemeinschaft entwickeln, wenn die einzelnen Mitgliedstaaten im Vertrauen auf eine zentrale geldpolitische Steuerung und eine einheitliche Währung die fiskalpolitischen Zügel schleifen lassen, also keine Disziplin mehr bei den Staatsausgaben üben. Daher wurden hilfsweise im Vertrag von Maastricht »Konvergenzkriterien« für die Teilnahme an der Europäischen Wirtschafts- und Währungsunion (EWWU) festgelegt:

- *Preisstabilität*: Die Inflationsrate darf nicht mehr als 1,5 Prozentpunkte über derjenigen der drei preisstabilsten Mitgliedstaaten liegen.
- *Stabilität der öffentlichen Haushalte*: Der staatliche Schuldenstand darf nicht mehr als 60%, die jährliche Nettoneuverschuldung nicht mehr als 3% des Bruttoinlandsprodukts ausmachen.
- *Wechselkursstabilität*: Der Staat muss mindestens zwei Jahre lang ohne Abwertung am Wechselkursmechanismus II teilgenommen haben. Dabei darf die Währung des Landes nur in einer bestimmten Wechselkursbandbreite (meist 15%) vom Eurokurs abweichen. Bei größeren Abweichungen muss die Zentralbank des Landes intervenieren.
- *Langfristige Zinssätze*: Der Zinssatz langfristiger Staatsanleihen darf nicht mehr als zwei Prozentpunkte über dem Durchschnitt der drei preisstabilsten Mitgliedstaaten liegen.

Der EU wurde auch ein Kontrollrecht über die Staatshaushalte der Mitglieder der Währungsunion eingeräumt, das bis zu einem Sanktionsrecht geht. Dazu regelt der im Vertrag von Maastricht neu aufgenommen Artikel 104c des EWG-Vertrags z. B., dass der Europäische Rat ein übermäßiges Defizit in einem Staatshaushalt feststellen, Empfehlungen zu dessen Abbau aussprechen und bei Nichteinhaltung der Empfehlungen Maßnahmen beschließen kann, die bis hin zu einer »Geldbuße in angemessener Höhe« gehen können. Geholfen hat dies indes wenig, wie die Staatspleite Griechenlands gezeigt hat, die wesentlich auf mangelnde Haushaltsdisziplin zurückzuführen war und in der Staatsschulden- und Währungskrise

2008 und in den Folgejahren nicht nur die gemeinsame Währung, sondern auch die EU selbst an den Abgrund führte. Denn was nutzen Geldbußen bei einem Land, das in die Staatspleite gerutscht ist? So trug der »Aufbruch« durch Integration als Saat auch bereits den »Abbruch« wegen fehlender wirksamer Sanktionsmöglichkeiten in sich.

Die Bestrebungen nach einer europäischen Währung konkretisierten sich in den 1980er-Jahren vor allem durch die Unterstützung des französischen Präsidenten François Mitterand und des deutschen Bundeskanzlers Helmut Kohl. Am 1. Januar 1999 wurde der Euro zunächst als sogenanntes Buchgeld, am 1. Januar 2002 dann als Realwährung eingeführt. Um den Euro einzuführen, mussten die Mitgliedstaaten die beschriebenen wirtschaftlichen Kriterien erfüllen. Drei Mitgliedstaaten traten der Währungsunion nicht bei (Großbritannien, Dänemark und Schweden).

Die erste Überarbeitung des Vertrags von Maastricht stellte der Vertrag von Amsterdam 1997 dar. Diese Revision, die mit dem Amsterdamer Gipfel ihren Abschluss fand, war bereits im Vertrag von Maastricht selbst angelegt. Laut Vertragstext sollte sich 1996 eine Regierungskonferenz vor allem mit der »gemeinsamen Außen- und Sicherheits-« sowie der »Innen- und Justizpolitik« befassen. Doch rasch wurde deutlich, dass die geplante Revision umfassender ausfallen musste.[60] Der Vertrag schuf das Amt des sogenannten Hohen Vertreters, der die Repräsentation der EU-Außenpolitik und die Unterstützung der Ratspräsidentschaft zur Aufgabe hat. Zudem wurden der Europäischen Union weitere supranationale Zuständigkeiten übertragen, indem man einen Teil der dritten Säule von Maastricht, der »Innen- und Justizpolitik«, in die erste Säule überführte. Es wurden zudem die Grundlagen für eine gemeinsame Asyl- und Einwanderungspolitik beschlossen.[61] Institutionell gesehen erfuhr das Europäische Parlament erneut eine Stärkung, indem das Mitentscheidungsverfahren auf weitere Bereiche ausgedehnt wurde, die damals insgesamt 75% der Gesetzgebung umfassten. Ferner wurde das Schengener Abkommen durch den Vertrag von Amsterdam Teil des EU-Rechts.[62] Zuvor war es ein zwischenstaatliches Abkommen.

Trotz all dieser Regelungen blieben nach Inkrafttreten des Amsterdamer Vertrags 1999 viele Fragen offen, deren Klärung insbesondere in Anbetracht der bevorstehenden Osterweiterung der EU notwendig war. Aus diesem Grund wurde im Jahr 2000 eine erneute Regierungskonferenz einberufen. Die Folge war die Ausarbeitung des Vertrags von Nizza bis 2001 und dessen Ratifizierung 2003. Geregelt wurden in diesem insbesondere die institutionellen Strukturen, darunter eine Verkleinerung der Kommission, die Zusammensetzung des Parlaments und die Stimmverteilung im Rat. Ein Schritt zur weiteren Supranationalität blieb aus. Diesen bot vielmehr die Erklärung von Laeken (Belgien), die 2001 parallel verabschiedet wurde. Dabei ging es um Fragen der zukünftigen Integration sowie um mehr Demokratie, Transparenz und Effizienz.[63] Es wurde ein Konvent zur Ausarbeitung eines Verfassungsvertrags einberufen, der das Primärrecht der EU vertraglich bündeln sollte. Im Oktober 2004 war er ausgearbeitet und konnte von allen EU-Staaten in Rom unterschrieben werden. Dennoch scheiterte dieser letztendlich an negativen Referenden in Frankreich und den Niederlanden im Frühjahr 2005.

Der Inhalt des Vertrags von Lissabon entspricht zu einem Großteil dem des gescheiterten Verfassungsvertrags. Was gestrichen wurde, waren Inhalte, die der EU den Schein eines Staates verliehen hätten. Stattdessen wurden erneut die Kompetenzen der EU ausgeweitet, die sich u.a. in den Bereichen Strafrecht, Verteidigung, Außenwirtschaft und Soziales finden, sodass damit neuerlich ein Verlust staatlicher Souveränität einherging. Außerdem führte der Vertrag Mehrheitsbeschlüsse in weiteren Politikbereichen ein und intensivierte die polizeiliche und justizielle Zusammenarbeit. Auch das Parlament erhielt weitere Rechte.[64] Letztlich wurden Strukturen geschaffen, mit denen eine Weiterentwicklung der EU auch ohne Vertragsverhandlungen ermöglicht werden sollte. Zudem regelt das Abkommen eine klare Kompetenzabgrenzung zwischen der EU und ihren Mitgliedstaaten.[65]

Der Vertrag wurde am 13. Dezember 2007 in Lissabon unterzeichnet und musste anschließend in allen 27 Mitgliedstaaten ratifiziert werden. In Irland wurde der Vertrag von Lissabon zunächst im Juni 2008 in einem Referendum abgelehnt. Beim Europäischen Rat im Juni 2009 wurde den weiteren Anliegen der irischen Bevölkerung durch rechtliche Garantien Rechnung getragen. Diese bestätigten z.B. die Vereinbarkeit des Vertrags von Lissabon mit den Bestimmungen der irischen Verfassung. Irland hielt daher am 2. Oktober 2009 ein zweites Referendum ab. Eine Mehrheit von 67,1 % stimmte diesmal für den Vertrag. Er trat schließlich am 1. Dezember 2009 in Kraft.

Mit dem Vertrag von Lissabon wurden frühere Verträge nicht ersetzt, sondern geändert. Die neuen Grundlagen der EU heißen seither Vertrag über die Europäische Union (EUV) und Vertrag über die Arbeitsweise der Europäischen Union (AEUV). Wesentliches Ziel des Vertrags von Lissabon war eine Reform des politischen Systems der EU. Dabei sollten zum einen die internen Koordinationsmechanismen ausgebaut und die Vetomöglichkeiten einzelner Mitgliedstaaten reduziert werden, um die EU nach der Osterweiterung 2004 handlungsfähig zu halten. Zum anderen sollten die Rechte des Europäischen Parlaments gestärkt werden, um die

Abb. 10: Der Vertrag von Lissabon 2009

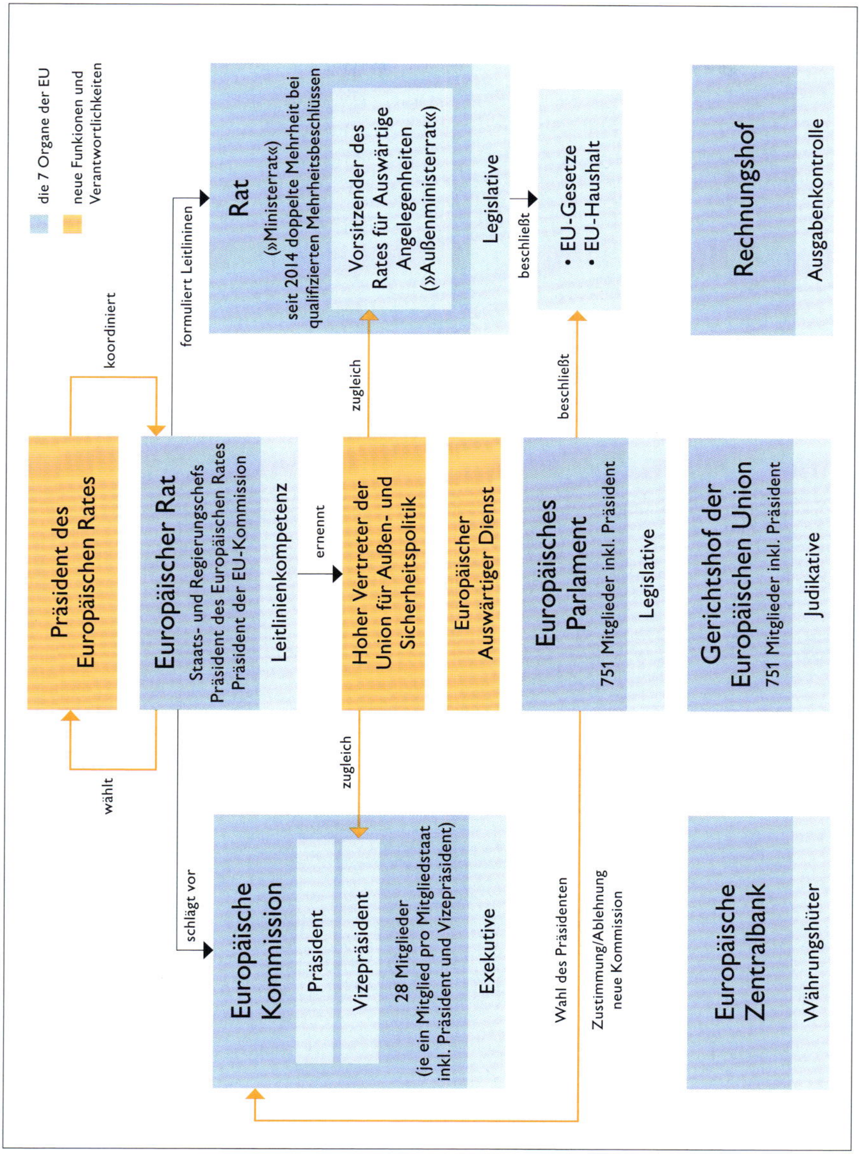

Quelle: https://crp-infotec.de/wp-content/uploads/eu-wechsel-organe-lissabon-1.gif.

Abb. 11: Politikfelder nach dem Vertrag von Lissabon

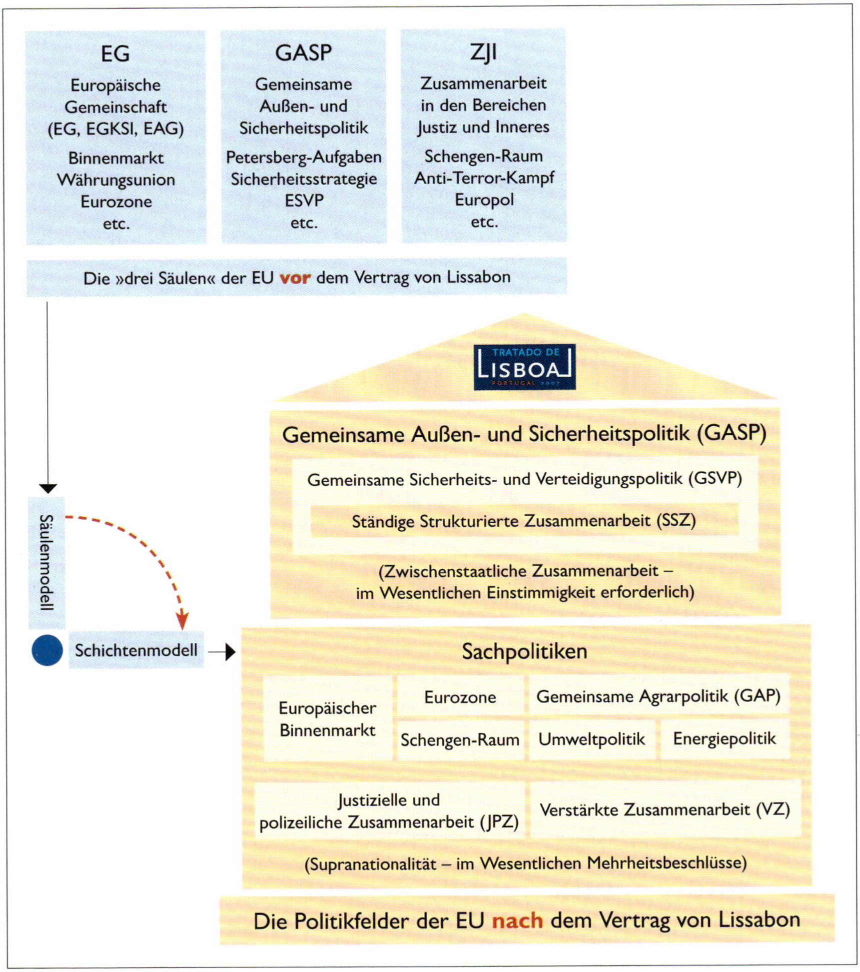

Quelle: https://crp-infotec.de/wp-content/uploads/eu-wechsel-politik-lissabon.gif.

demokratische Legitimation der EU zu erhöhen. Wichtige Änderungen waren unter anderem:

- *eine Ausweitung der gesetzgeberischen Zuständigkeiten des Europäischen Parlaments*, das in den meisten Politikbereichen dem Rat der Europäischen Union (»Ministerrat«) gleichgestellt wurde;

- *die Ausweitung der Mehrheitsentscheidungen im Europäischen Rat* (Rat der Staats- und Regierungschefs) und die Einführung der doppelten Mehrheit als Abstimmungsverfahren (ab 2014), um die Möglichkeit eines einzelstaatlichen Vetos zu reduzieren;
- *das neue Amt des Präsidenten des Europäischen Rates*, den Letzterer für je zweieinhalb Jahre ernennt, um eine größere Kontinuität in dessen Aktivitäten zu haben;
- *die Einführung eines »EU-Außenministers« (Bezeichnung »Hoher Vertreter für Außen- und Sicherheitspolitik«)*, der vom Europäischen Rat ernannt wird und sowohl Vorsitzender des Außenministerrats als auch Vizepräsident der Kommission ist;
- *die Einrichtung eines Europäischen Auswärtigen Dienstes*, der sich aus Beamten der Kommission, des Ratssekretariats und der diplomatischen Dienste aller Mitgliedstaaten zusammensetzt;
- *die Formulierung eines Kompetenzkatalogs*, der die Zuständigkeiten der EU deutlicher als bisher definiert;
- *die Institutionalisierung der verstärkten Zusammenarbeit*, durch die eine Gruppe von Mitgliedstaaten untereinander weitergehende Integrationsschritte verwirklichen kann, auch wenn andere sich nicht daran beteiligen;
- *die Ausweitung der Gemeinsamen Sicherheits- und Verteidigungspolitik* (GSVP) u. a. durch den Ausbau der Europäischen Verteidigungsagentur und die Einführung eines Anschubfonds zur kurzfristigen Finanzierung militärischer Aktivitäten;
- *die Ausstattung der EU mit eigener Rechtspersönlichkeit* (bislang der EG vorbehalten);
- *den Beitritt der EU zur Europäischen Menschenrechtskonvention;*
- *die Einführung der Europäischen Bürgerinitiative;*
- *eine Verschärfung der EU-Beitrittskriterien* sowie
- *die Regelung des freiwilligen Austritts von Mitgliedstaaten* aus der EU.

Mit dem Vertrag von Lissabon trat auch die »Grundrechte-Charta« der EU in Kraft. Erstmals wurden für 500 Millionen Menschen in der EU Grundrechte festgeschrieben. Notfalls können sie eingeklagt werden.

Nach dem vorherigen Vertragswerk basierte das politische System der EU auf »drei Säulen«: den Europäischen Gemeinschaften (EURATOM und Europäische Gemeinschaft), der Gemeinsamen Außen- und Sicherheitspolitik (GASP) und der polizeilichen und justiziellen Zusammenarbeit in Strafsachen (PJZS). Durch den Vertrag von Lissabon wurden die »drei Säulen« aufgelöst und die Worte »Europäische Gemeinschaft« durchgängig durch »Europäische Union« ersetzt. Die EU übernahm damit die Rechtspersönlichkeit der EG. Durch den Vertrag von Lissabon wurden auch die Angelegenheiten mit Mitentscheidungsverfahren des Europäischen Parlaments ausgeweitet, sodass nun in nahezu allen Politikbereichen das Parlament gegenüber dem Rat der EU gleichrangige Gesetzgebungsbefugnisse besitzt. Damit sollte einer Forderung zur Verbesserung der demokratischen Legitimation der EU-Gesetzgebung entsprochen werden.

Dennoch bleiben in den Augen vieler Kritiker wichtige Fragen ungelöst. Als problematisch gelten u. a.:

- *die Ausweitung der Mehrheitsentscheidungen im Europäischen Rat.* Bis zum Inkrafttreten des Vertrages hatten die Mitgliedstaaten in den meisten Angelegenheiten ein Vetorecht. Gesetze mussten einstimmig durch den Rat gehen. Da die EU inzwischen auf 28 Mitglieder angewachsen war, von denen auch noch das kleinste Mitglied Vetorecht besaß, drohte die Entscheidungsunfähigkeit. Deshalb wurde im Vertrag von Lissabon das Prinzip der »qualifizierten Mehrheit« verankert. Das bedeutet, dass mindestens 55 % der Mitgliedstaaten zustimmen und diese 65 % der EU-Bevölkerung vertreten müssen. In der Theorie war das eine gute Idee, in der Praxis zeigten sich Probleme insbesondere in den beiden »Großkrisen« der EU, der »Euro-Krise« 2008 ff. und der »Geflüchtetenkrise« 2015 ff. Zwei Beispiele hierzu: Erstens konnte Großbritannien in Fragen der Währungspolitik problemlos von den Euro-Währungsstaaten überstimmt werden und hätte alle Entscheidungen z. B. zur Rettung und Stabilisierung des Euro mittragen müssen, obwohl es die Währung gar nicht eingeführt hat. Hierin sind die Anfänge der »Brexit-Überlegungen« begründet. Zweitens konnten die ostmitteleuropäischen Staaten in der Asyl- und Migrationspolitik ebenso problemlos überstimmt werden, sodass es möglich war, ihnen Geflüchtete per Verteilerquote zuzuweisen. Derart massive Eingriffe in die nationale Souveränität wollte niemand hinnehmen. Zwar hatten alle Mitgliedstaaten dem Vertrag von Lissabon zugestimmt, allerdings zu Zeiten des »Sonnenscheins«, als noch keine »Krisenwolken« die Sonne verdunkelten. Das Mehrheitsprinzip hat sich mithin bei substanziellen Problemen in der EU nicht bewährt;
- *das weiterhin fehlende Initiativrecht des Parlaments.* Das Parlament und der Europäische Rat dürfen zwar Gesetze beschließen, diese aber weder ändern noch aufheben. Ihnen fehlt das »Initiativrecht«, das bei der Kommission liegt. Das heißt, dass die Legislative der EU bei einer Änderung oder Aufhebung von Gesetzen von der Initiative der Exekutive abhängig ist. Das bedeutet de facto ein Vetorecht der Kommission als Exekutive, die allein durch Nichtstun den Status quo konservieren kann.

Gleichzeitig werden fundamentale Grundsätze der Gewaltenteilung in der Demokratie verletzt, was völlig absurd ist;
- *die unklare Kompetenzverteilung zwischen nationalen und europäischen Institutionen.* Im Vertrag von Lissabon wurde ein »Kompetenzkatalog« vereinbart, der die Zuständigkeiten der Union systematischer darstellt. Es wird unterschieden zwischen ausschließlichen, geteilten und unterstützenden Zuständigkeiten. Bei »ausschließlichen Kompetenzen« ist nur die EU zuständig. Hierzu zählen z. B. Handelspolitik und Zollunion. Im Fall der »geteilten Zuständigkeit« ist die EU grundsätzlich zuständig, die Mitgliedstaaten können aber Gesetze erlassen, soweit die Union nicht handelt. Das umfasst u. a. die Bereiche Binnenmarkt, Agrarpolitik, Energiepolitik, Verkehrspolitik, Umweltpolitik und Verbraucherschutz. Bei einer »unterstützenden Zuständigkeit« kann die EU Maßnahmen der Mitgliedstaaten unterstützen, koordinieren oder ergänzen, aber nicht selbst gesetzgeberisch tätig werden. Dies gilt z. B. in den Bereichen Gesundheitspolitik, Industriepolitik, Bildungspolitik und Katastrophenschutz. Die Auflistung der Kompetenzen ist aber nicht abschließender Natur, und darüber hinaus sind die Kompetenzgrundlagen für Sekundärrechtsakte weiterhin über die Verträge verstreut, wobei sich dann oft nicht feststellen lässt, um welchen der drei Kompetenztypen es sich handelt.

Die Europäische Union ist kein Bundesstaat, denn die großen Leitlinien der europäischen Politik werden vom Europäischen Rat definiert, der ein intergouvernementales Gremium ist. Die Union ist aber auch kein Staatenbund, denn sie hat ein supranationales Parlament als Vertretung aller europäischen Bürger und eine supranationale Kommission, die gewisse Exekutivbefugnisse einer (europäischen) Regierung hat.[66] Aufgrund ihrer Supranationalität hat das Bundesverfassungsgericht den Begriff des »Staatenverbundes« geprägt. Obwohl die Union keine Eigenstaatlichkeit besitzt, wird in der Folge des Vertrages von Lissabon dem Vertrag über die Europäische Union (EUV) eine Tendenz zur »eigenstaatlichen Einrichtung« zugesprochen. In diese Richtung weist auch die Formel der »immer engeren Union« *(»ever closer union«)*, die bereits in der Präambel des EWG-Vertrags von 1957 enthalten war und sich heute in Art. 1 Abs. 2 EUV und in den Präambeln des EUV, des Vertrags über die Arbeitsweise der Europäischen Union und in der Grundrechtecharta findet. Die Formulierungsschwierigkeiten zeigen, dass die Europäische Union als ein Verbund eigener Art nicht unter die klassischen Kategorien föderativer Organisationen subsumiert werden kann.[67]

Wie eng kann diese Union maximal sein? In seinem »Maastricht-Urteil« ging das Bundesverfassungsgericht davon aus, dass eine Staatswerdung der

Europäischen Union nicht beabsichtigt sei. Auch im »Lissabon-Urteil« bekräftigt das Bundesverfassungsgericht, dass den Mitgliedstaaten ausreichender Raum zur politischen Gestaltung der wirtschaftlichen, kulturellen und sozialen Lebensverhältnisse bleiben müsse. Das Grundgesetz ermächtige den Gesetzgeber zwar zu einer weitreichenden Übertragung von Hoheitsrechten auf die Europäische Union. Die Ermächtigung gelte aber vorbehaltlich der Bedingung, dass dabei die souveräne Verfassungsstaatlichkeit unter Achtung der verfassungsrechtlichen Identität der Mitgliedstaaten gewahrt bleibe und zugleich die Mitgliedstaaten ihre Fähigkeit zu selbstverantwortlicher politischer und sozialer Gestaltung der Lebensverhältnisse nicht verlieren.[68] Unter Wahrung des Grundgesetzes könnte Deutschland demnach einem europäischen Bundesstaat mit eigener Kompetenz-Kompetenz (also der Kompetenz, sich selbst Kompetenzen zu geben) nicht beitreten. Voraussetzung hierzu wäre eine neue Verfassung, die nach Art. 146 GG »von dem deutschen Volke in freier Entscheidung beschlossen werden müsste«.[69]

Wie Deutschland geht es auch den anderen Mitgliedstaaten der EU. Ihre nationalen Verfassungen lassen weitgehende »Selbstauflösungen« zugunsten der EU nicht zu. Solange diese Verfassungen gelten, wird die EU mithin immer ein »Hybridwesen« bleiben müssen. Die zentrale Frage ist daher: Was ist die Europäische Union dann heute? Es geht hierbei auch um einen Wettstreit zweier unterschiedlicher Modelle. Beim »Intergouvernementalismus« (zwischen Staaten) handelt es sich um souveräne, rational agierende, einheitliche und miteinander um Macht und Einfluss rivalisierende Nationalstaaten, die auf dieser Basis miteinander kooperieren, aber auf der internationalen Bühne auch ihre nationalen Interessen verfolgen.[70] Der »Intergouvernementalismus« geht davon aus, dass Staaten ständig bestrebt sind, die nationale Sicherheit und Souveränität aufrechtzuerhalten. Die europäische Integration erklärt er als Reaktion der Staaten auf zunehmende internationale Interdependenz. Es sind Regierungen, die den Prozess der Integration initiieren und kontrollieren, und Integrationsergebnisse lassen sich auf die zwischenstaatlichen Präferenz- und Machtkonstellationen zurückführen. Dem gegenüber steht der »Neofunktionalismus«, der die Überlagerung der Nationalstaaten durch supranationale Kooperation erklärt. Zwei der Grundannahmen des »Neofunktionalismus« sind, dass eine begonnene Kooperation zwischen Staaten eine Eigendynamik entfalte und dass der Beginn einer Integration Auslöser für weitere Kooperation sei. Von zentraler Bedeutung für den Verlauf eines Integrationsprozesses ist das »Ausstrahlen« der Integration von einem begrenzten Politikfeld oder einer einzelnen Institution auf weitere Politikfelder bzw. Institutionen. Diese Entwicklung wird als *Spill-over* bezeichnet.[71] Demnach macht die Vergemeinschaftung eines wirtschaftlichen Feldes weitere Vergemeinschaftungen notwendig. Aus neofunktionalistischer Sicht sind supranationale Akteure und nicht Nationalstaaten die treibende Kraft für den Integrationsprozess. Der Neofunktionalismus erklärt europäische Integration demnach als einen fortlaufenden Prozess, der von *Spill-over* und Pfadabhängigkeit angetrieben werde. Eine anfangs unzureichende und lückenhafte Integration werde nach und nach durch diese Effekte ausgeglichen.[72]

Die Uneinigkeit darüber, was die EU ist oder werden soll, reicht zurück bis zu ihrer Gründung. Die beiden miteinander nicht zu vereinbarenden möglichen Endzustände waren das »Europa der Vaterländer« und die »Vereinigten Staaten von Europa«. Von Anfang an herrschte ein Konflikt zwischen Nationalpatrioten und Machtpolitikern auf der einen Seite bzw. Paneuropäern und pragmatischen Föderalisten auf der anderen. In gewisser Hinsicht hat der Streit das heutige Zwitterwesen der EU aus Intergouvernementalismus und Supranationalismus erst erschaffen.[73]

2.2 Die Europawahl 2019 und die Folgen

Europawahlen genießen bisher nicht die Aufmerksamkeit nationaler Wahlen. Dabei hat das Europäische Parlament, besonders durch den Vertrag von Lissabon, erhebliche Kompetenzen hinzugewonnen, die es zu einem der wichtigsten Entscheidungsträger in Europa machen. Seine Mitwirkungsrechte erstrecken sich über die Mehrzahl der Politikfelder, u. a. in der Landwirtschaftspolitik, der Energiepolitik, bei Zuwanderungsfragen und in der europäischen Regionalförderung.[74]

Die Europawahl 2019 war die neunte Direktwahl zum Europäischen Parlament. Sie fand vom 23. bis 26. Mai 2019 in den Mitgliedstaaten der EU statt. Teilnahmeberechtigt waren rund 427 Millionen Menschen. Es wurden 751 Abgeordnete gewählt. Anders als ursprünglich geplant trat Großbritannien nicht vor der Wahl aus der EU aus (siehe »Brexit-Posse«, Kap. 4) und nahm somit an der Wahl teil. Die Wahlbeteiligung betrug europaweit 50,63 % und war damit wesentlich höher als 2014 (42,6 %) und die höchste seit 1994. Ein denkbarer Grund ist, dass gesamteuropäische Themen stärker mobilisiert haben, etwa Klimawandel und Umweltschutz oder die Frage der Verteilung von Geflüchteten nach dem Sommer 2015.[75]

Die christdemokratische Parteienfamilie EVP erhielt mit knapp 24 % die meisten Stimmen. Die Sozialdemokraten folgen mit etwa 19 % auf Platz zwei. Die Liberalen, zu denen u. a. die erstmals angetretene Partei

Abb. 12: Fraktionen im EU-Parlament 2019

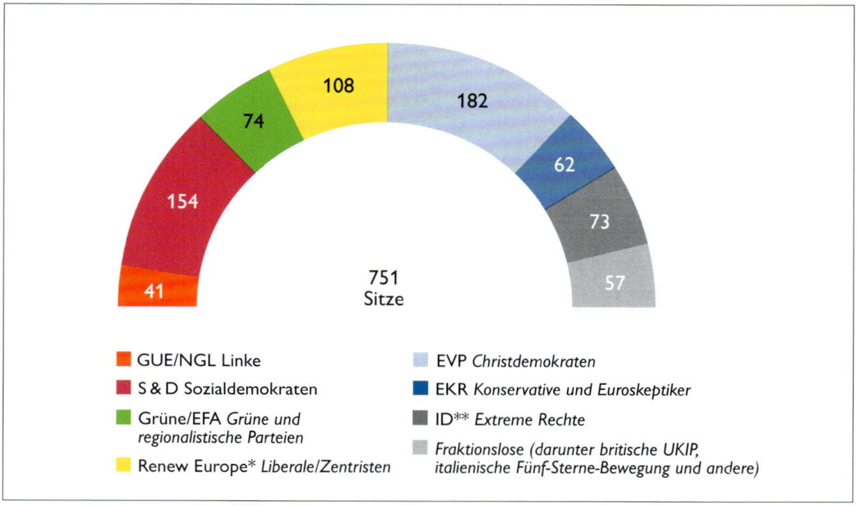

Quelle: www.europarl.europa.eu

LREM des französischen Präsidenten Emmanuel Macron zählte, erzielten als »dritte Kraft« ein Ergebnis von mehr als 14%. Auf europäischer Ebene haben Christ- und Sozialdemokraten Stimmen eingebüßt. Beide großen Fraktionen verloren quer durch Europa und somit die gemeinsame Mehrheit im Europaparlament, trotz der guten Ergebnisse der Sozialisten in den Niederlanden, in Spanien und Portugal. Erfolge feierten hingegen Liberale und Grüne. Von 751 Sitzen hatten sie vor der Wahl 216 bzw. 185 inne. Nun kommen die EVP nur noch auf 182 Sitze (minus 34), die Sozialdemokraten auf 154 (minus 30). Die Liberalen gewannen 39 Sitze hinzu und kommen auf 108 (Fraktion *Renew Europe*), die Grünen können 74 Sitze verbuchen (plus 22). Das neu gewählte Parlament trat erstmals am 2. Juli 2019 zusammen.

Die Themen, die die meisten Menschen zur Stimmabgabe bewegen konnten, waren Wirtschaft und Wachstum (44%), die Bekämpfung des Klimawandels (37%) sowie die Förderung der Menschenrechte und der Demokratie (37%). 36% der Befragten, die gewählt hatten, nannten die erhoffte künftige Arbeitsweise der EU als das für sie beherrschende Thema, für 34% war die Thematik Einwanderung am wichtigsten.[76]

Vor der Wahl waren erhebliche Zuwächse nationalpopulistischer Parteien prognostiziert worden. Das ist allenfalls teilweise eingetreten. EU-freundliche Parteien stellen auch im neuen Parlament etwa zwei Drittel der Abgeordneten. Auch wenn die Nationalpopulisten weniger Stimmen erhalten haben als erwartet – in Italien, Frankreich, Ungarn, Polen, Tschechien, Schweden, Slowenien und Frankreich legten sie zu (Abb. 13). In Frankreich *(Rassemblement National)*, Italien *(Lega)* und Polen *(PiS)* gingen sie sogar als Wahlsieger hervor und wurden stärkste Kraft. Das politische Klima in der EU wird rauer.[77]

Abb. 13: Europawahl 2019: Nationalpopulisten

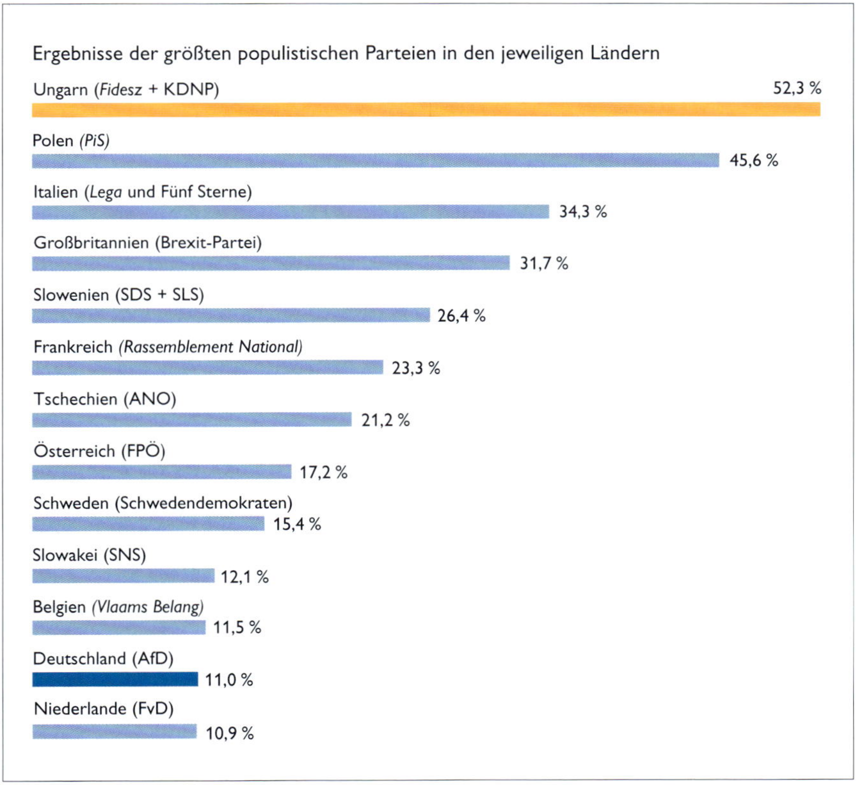

Quelle: www.handelblatt.de.

Neun nationalpopulistische Parteien haben die Fraktion »Identität und Demokratie« (ID) gegründet. Mit derzeit 73 Mitgliedern bilden sie die fünftgrößte Fraktion des Parlaments. Größte Parteien in dieser sind die italienische *Lega* (28 Abgeordnete) und das französische *Rassemblement National* (22 Abgeordnete). Aus dem deutschsprachigen Raum sind die deutsche AfD mit elf Abgeordneten und die österreichische FPÖ mit drei Mitgliedern vertreten. Erklärtes Ziel war die Gründung einer großen Fraktion aller nationalpopulistischen Kräfte des Europaparlaments mit über 150 Mitgliedern. Jedoch blieben z. B. die polnische *PiS* (»Fraktion der Europäischen Konservativen und Reformer«, EKR) und der ungarische *Fidesz* (EVP-Fraktion) nach der Wahl in ihren Fraktionen. Weitere nationalpopulistische Parteien lehnten den Beitritt zur ID ab, so Nigel Farages *Brexit Party*, deren Abgeordnete fraktionslos blieben, und die spanische *Vox*, die sich der EKR-Fraktion anschloss. Dieser traten auch die Abgeordneten der Schwedendemokraten bei. Dies bedeutet, dass sich die nationalpopulistischen und europakritischen Kräfte auf zwei Fraktionen verteilen: die Fraktion der Europäischen Konservativen und Reformer (EKR) und die Fraktion »Identität und Demokratie« (ID).

Seit der Europawahl 2014 gibt es nicht nur die jeweiligen nationalen, sondern auch europaweite Spitzenkandidaten. Sie werden von den europäischen Parteien als den europaweiten Zusammenschlüssen nationaler Mitgliedsparteien aufgestellt. Die Spitzenkandidaturen sind zunächst für das EP relevant, da diese Personen in der Regel die Vorsitzenden ihrer Fraktionen werden. Sie sind aber auch eine Vorentscheidung für den Posten des nächsten Präsidenten der Europäischen Kommission. Nach der Europawahl 2014 hatte sich das EP sehr schnell hinter Jean-Claude Juncker, den Spitzenkandidaten der aus der Wahl als stärkste Fraktion hervorgegangenen Europäischen Volkspartei (EVP), als künftigen Kommissionspräsidenten gestellt, obwohl das Vorschlagsrecht für die Kommissionsspitze beim Europäischen Rat liegt. Unter den Staats- und Regierungschefs gab es Vorbehalte gegen Juncker, aber das EP setzte sich letztlich durch. Damit ging das vertraglich geregelte alleinige Nominierungsrecht des Europäischen Rates faktisch auf das EP über.[78] Im EU-Vertrag ist das so aber nicht vorgesehen. Dort heißt es in Artikel 17, Absatz 7:

»Der Europäische Rat schlägt dem Europäischen Parlament nach entsprechenden Konsultationen mit qualifizierter Mehrheit einen Kandidaten für das Amt des Präsidenten der Kommission vor; dabei berücksichtigt er das Ergebnis der Wahlen zum Europäischen Parlament. Das Europäische Parlament wählt diesen Kandidaten mit der Mehrheit seiner Mitglieder.«

Im Machtpoker um die Nachfolge von EU-Kommissionschef Jean-Claude Juncker spielte das Spitzenkandidaten-Prinzip daher eine große Rolle. Nur einer der von den Parteien im EU-Parlament offiziell benannten Spitzenkandidaten zur Europawahl sollte Präsident der Europäischen

Kommission werden. Das Parlament argumentierte, wenn Kandidaten sich schon im Wahlkampf präsentierten, sei dies demokratischer, als wenn die Staats- und Regierungschefs »im Hinterzimmer« entschieden. Kritiker hielten dagegen: Nicht die Auswahl der Parteien sei maßgeblich, sondern die Suche nach der besten Person für den Posten. Kern des Streits war also: Wer darf den Kandidaten für das mächtige Amt aussuchen?

Die EU-Staats- und Regierungschefs nominierten bei ihrem Sondergipfel in Brüssel am 2. Juli 2019 die CDU-Politikerin und damalige Bundesverteidigungsministerin Ursula von der Leyen. Damit durchbrachen sie eine tagelange Blockade bei der Besetzung von EU-Spitzenposten. Nachdem absehbar war, dass der Kandidat der europäischen Christdemokraten, Manfred Weber, nicht konsensfähig sein würde, schien zunächst der sozialdemokratische Spitzenkandidat Frans Timmermans gute Chancen auf den Chefsessel der Kommission zu haben. Umso wütender wurden die Sozialdemokraten in der Folge. »Es ist unakzeptabel, dass populistische Regierungen im Rat den besten Kandidaten verhindern, nur weil er den Rechtsstaat und unsere europäischen Werte verteidigt hat«, schimpfte Iratxe García Pérez, Fraktionschefin der Sozialdemokraten im EU-Parlament.[79] Die erratische Postenvergabe in Brüssel war damit um eine weitere Wendung reicher. Schon die Idee, den Wahlverlierer Frans Timmermans zum Kommissionschef zu machen, wirkte absurd. Der Sozialdemokrat war zwar Spitzenkandidat, aber nicht siegreich. Dann aber einfach auf Ursula von der Leyen umzuschwenken, war noch absurder.[80] Wegen fehlender Unterstützung des Koalitionspartners SPD musste sich Bundeskanzlerin Angela Merkel (CDU) bei der EU-Abstimmung enthalten.

Die deutschen Sozialdemokraten kritisierten in einer Mitteilung insbesondere die Missachtung des Spitzenkandidatenprinzips. Mit Timmermans, Weber und Vestager seien bei der Europawahl »drei veritable Kandidaten« angetreten. »Dass nun keiner dieser drei Politiker zum Zuge kommen soll, sondern stattdessen jemand, der überhaupt nicht zur Wahl gestanden hat, kann nicht überzeugen. Damit wird der Versuch, die Europäische Union zu demokratisieren, ad absurdum geführt«, schrieben die damaligen SPD-Vorsitzenden Malu Dreyer, Thorsten Schäfer-Gümbel und Manuela Schwesig. Aus diesem Grund lehnte die SPD den Vorschlag von EU-Ratspräsident Donald Tusk ab. »Man kann den Bürgern doch nicht bestimmte Politiker präsentieren und nach der Wahl jemand völlig anderen aus dem Hut zaubern«, sagte der Erste Parlamentarische Geschäftsführer der FDP-Bundestagsfraktion, Marco Buschmann, in Berlin. Auch die CSU war nicht begeistert von der Nominierung von der Leyens. CSU-Chef Markus Söder sprach von einer Niederlage für die

Demokratie und für Europa. »Manfred Weber wäre der legitime Kommissionspräsident gewesen, das wäre auch der demokratischste Weg gewesen. Es ist bitter, dass die Demokratie verloren und das Hinterzimmer gewonnen hat«, sagte Söder in München. Kritik übte er insbesondere am Agieren des französischen Präsidenten Emmanuel Macron und des ungarischen Ministerpräsidenten Viktor Orbán, die Front gegen Weber gemacht hatten: »Die unselige Koalition von Macron und Orbán wird in den Kleidern hängenbleiben.«[81]

Sie alle hatten recht, denn die EU-Entscheider haben sich in ihrer Postenschacherei selbst verheddert. Ursula von der Leyen als Kandidatin für das höchste EU-Amt vorzuschlagen, wäre sonst nicht zu erklären. Die Aufbruchstimmung, die durch die hohe Wahlbeteiligung und Zustimmung in der Bevölkerung mit dieser Europawahl erreicht worden war, fiel wie ein Kartenhaus in sich zusammen. Der europäischen Idee diente das nicht.

> »Was geht eigentlich in den Köpfen der europäischen Politiker vor? War da nicht vor ein paar Wochen eine Europawahl mit gestiegener Wahlbeteiligung? Wurde da nicht der neu erwachte europäische Geist besungen? Wurde da nicht das Ausbremsen der rechtsnationalen Euroskeptiker gefeiert – auch wenn bei Licht betrachtet höchstens das Allerschlimmste verhindert werden konnte? Und haben wir nicht ein Parlament gewählt mit zwei eigens bestimmten Spitzenkandidaten – nämlich Weber und Timmermans –, die der jeweiligen Politik ein Gesicht geben sollten? Ja, das war alles so. Aber der ganze Wahlkampf, das Anargumentieren gegen die Anti-Europäer und vor allem das Wahlergebnis selbst – alles für die Katz'. Klingt undemokratisch? Ist es auch.«[82]

Für die große Mehrheit im Europäischen Parlament ist das 2014 eingeführte Konzept, dass ein Kommissionspräsident als Spitzenkandidat vor den Wähler tritt und nicht mehr von den Staats- und Regierungschefs ausgekungelt wird, ein wesentlicher Schritt in der Demokratisierung der EU. Es war daher eine Zumutung für viele Abgeordnete, dass dieses unter dem Druck der Regierungen in Italien und Osteuropa gleich wieder begraben wurde.[83]

Der EU wird damit weiterer schwerer Schaden zugefügt. Das Problem liegt dabei nicht in Brüssel, denn Kommission und Parlament hatten sich einem klaren Verfahren für die Kür des Kommissionschefs verschrieben. Es waren die Staatschefs, die – jeder für sich – ihr eigenes Süppchen kochten[84] und damit die Idee eines »demokratischen Europa«, auf das viele

Wählerinnen und Wähler gehofft hatten, zugunsten nationaler Egoismen beerdigten.

Der ausgebootete Kandidat der europäischen Christdemokraten, Manfred Weber, zog ein bitteres Fazit:

> »Es gab mächtige Kräfte, die das Wahlergebnis nicht akzeptieren wollten. Es gab Hinterzimmer-Gespräche und Nachtsitzungen, bei denen sich die Achse Macron und Orbán durchgesetzt und das Spitzenkandidatenprinzip demontiert hat. (...) Die Konstellation war überraschend, da Macrons Wahlkampf sich ja insbesondere gegen Orbán gerichtet hat. Macron hat gesagt: Wählt mein Europa, nicht das von Orbán. Und plötzlich arbeiten sie zusammen und beschädigen das demokratische Europa. Jetzt stehen wir vor einem Scherbenhaufen.«[85]

Selten hat gerade die deutsche Bild-Zeitung eine Problematik so präzise auf den Punkt gebracht: »›GetEUscht‹ schreibt man jetzt mit EU!«[86]

Ein beliebter Vorwurf in diesem Zusammenhang war, die EU sei undemokratisch und das Europäische Parlament nicht vollwertig, da es nicht wirklich mitbestimmen könne, keine Entscheidungskompetenzen über den EU-Haushalt habe und auch keine Gesetzesvorlagen einbringen dürfe. Das ist aber nachweislich falsch! Der Vertrag über die Europäischen Union gibt auf die beiden ersten Vorwürfe gegen die EU eine eindeutige Antwort. In Artikel 14 heißt es:

> »Das Europäische Parlament wird gemeinsam mit dem Rat als Gesetzgeber tätig und übt gemeinsam mit ihm die Haushaltsbefugnisse aus. Es erfüllt Aufgaben der politischen Kontrolle und Beratungsfunktionen nach Maßgabe der Verträge. Es wählt den Präsidenten der Kommission.«

Bei der Wahl der Kommissionspräsidentin am 16. Juli 2019 schließlich erhielt von der Leyen eine absolute Mehrheit von 383 Stimmen im Europäischen Parlament, neun Stimmen mehr als die notwendige Mehrheit von 374 der 747 Europaabgeordneten. Neben der EVP hatten sich auch die Liberalen und die Sozialdemokraten im EU-Parlament überwiegend für eine Wahl von der Leyens ausgesprochen, wobei jedoch die deutschen SPD-Abgeordneten in der S&D-Fraktion, genauso wie die Grünen, sie ablehnten, weil von der Leyen bei der Europawahl 2019 keine Spitzenkandidatin gewesen war. Die »Kommission von der Leyen« nahm am 1. Dezember 2019 als Nachfolgerin der »Kommission Juncker« ihre Arbeit auf.

2.3 Stimmung in den Bevölkerungen

Die EU sei unpopulär, heißt es häufig. Dabei war die EU 2019 unter ihren Bürgern so beliebt wie noch nie seit 1983. An die 70% der befragten Personen sehen es als Vorteil, dass ihr Land in der EU ist. Im europäischen Schnitt möchten gerade einmal 14% aus der EU aussteigen.[87] Die Europäische Union erlebt einen Schub nach vorn. Erstmals entfaltet sich eine europäische Öffentlichkeit. Endlich streitet Europa auf offener Bühne über die Substanz der EU. Bewahrt sie das Erbe der Aufklärung, aus der die liberalen Demokratien hervorgingen? Oder neigt sie zum »christlichen Abendland«, das gleichzeitig die liberale Demokratie und den Islam bekämpft? Europa ringt um das künftige Selbstverständnis. Der EU kann nichts Besseres passieren.[88]

Für die Deutschen lautet die richtige Antwort auf die restaurativen (Abbruch-)Tendenzen in der EU nicht Rückzug auf sich selbst, sondern eine Intensivierung der Zusammenarbeit der Mitgliedstaaten. Drei von vier Wahlberechtigten sprechen sich für eine Verstärkung der Zusammenarbeit innerhalb der EU aus, nur jeder Vierte ist dafür, dass auch Deutschland zukünftig seine nationalen Interessen in den Vordergrund rücken solle. Dieses Bild bestätigt sich auch europaweit.[89] Das große Vertrauen der Deutschen in die Europäische Union zeigt sich auch darin, dass sie willens sind, der EU mehr Kompetenzen zu übertragen. In insgesamt neun von 13 Politikfeldern halten die Menschen mehrheitlich deren Gestaltung und Regelung auf europäischer anstelle nationaler Ebene für sinnvoll. Dabei werden eher solche Aufgaben im Zuständigkeitsbereich der EU angesiedelt, die internationalen Charakter haben (Abb. 14).[90]

Über alle EU-Länder hinweg zeigen sich aber auch gesellschaftliche Polarisierungen bzw. Spaltungen, die auf die Bewertung der EU durchschlagen (Abb. 15). Personen, die gesellschaftlich und wirtschaftlich zu den Verunsicherten gehören, neigen eher dazu, die Arbeitsweise der EU zu kritisieren, und meinen, dass Brüssel und Straßburg Bürgeranliegen vernachlässigten. Die Zuversichtlichen hingegen stellen der EU ein positiveres Zeugnis aus und sind auch über die Europapolitik besser informiert. Während die gesellschaftlich Verunsicherten zu fast drei Vierteln sagen, die EU sei zu kompliziert, und mehrheitlich angeben, sie ignoriere Bürgeranliegen, stimmen die Zuversichtlichen diesen Meinungen nur zu 54% bzw. 47% zu. Umgekehrt verhält es sich mit der Einschätzung der Demokratie: Hier sind die zuversichtlichen Europäer mehrheitlich zufrieden (60%), während dies bei den Verunsicherten nur auf eine Minderheit (42%) zutrifft.[91] Die gesellschaftlich Verunsicherten sympathisieren dabei eher mit nationalpopulistischen Parteien. Wirtschaftlich Verunsicherte zeigen öfter eine Nähe zu linkspopulistischen Parteien. Die Zuversichtlichen äußern hingegen häufiger ihre Zustimmung für Parteien der politischen Mitte. Ebenso ist bei ihnen der Klimawandel häufiger ein zentrales Thema als bei den wirtschaftlich und gesellschaftlich Verunsicherten.[92]

Abb. 14: Aufgaben, die eher auf europäischer Ebene geregelt werden sollten

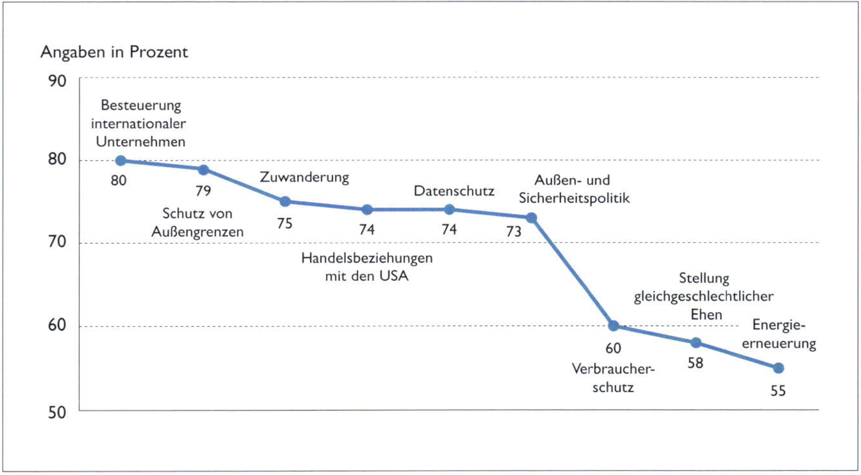

Quelle: Richard Hilmer, Europäische Integration – Sorgen und Erwartungen, Friedrich-Ebert-Stiftung, Berlin 2019, S. 12.

Insgesamt ermöglichen diese Ergebnisse eine aufschlussreiche Perspektive. Sie zeigen, dass das Ausmaß der Zuversicht, mit dem Menschen auf den Zustand der Gesellschaft und ihre eigene Position darin blicken, politisch bedeutsam und folgenreich ist, weil es eine Trennlinie markiert, entlang derer sich die Gesellschaft spaltet. So entsteht eine Nachfrage nach bestimmten Politikangeboten: einem offenen Weltbild, gepaart mit einem Ja zur europäischen Integration und Kooperation, und einem geschlossenen Weltbild, das die widerstreitenden Interessen der Nationalstaaten und nationale Eigenheiten in den Fokus rückt.[93]

Auch in Wirtschaftsfragen zeigt sich gemäß einer Umfrage des Forschungsinstituts *Pew Research Center* ein gespaltenes Bild – mit einem relativ zufriedenen Nordeuropa und einem größtenteils unglücklichen Süden, in dem sich viele Menschen nicht von der Wirtschaftskrise vor einem Jahrzehnt erholt haben. So ist z. B. die Hälfte der Griechen der

Ansicht, dass die europäische Integration ihre nationale Wirtschaft langfristig geschwächt habe. Auf ähnliche Werte kommen auch Bulgarien und Frankreich. Übertroffen werden sie noch von Italien, wo sogar 58 % der Befragten diese negative Einschätzung teilen. In Deutschland hingegen kommen 69 % zu dem Ergebnis, dass die nationale Wirtschaft langfristig gestärkt wurde. Noch positiver sehen das nur die Polen (71 %).[94]

Abb. 15: EU-27: Ansichten zu europäischer Politik nach gesellschaftlicher Verunsicherung

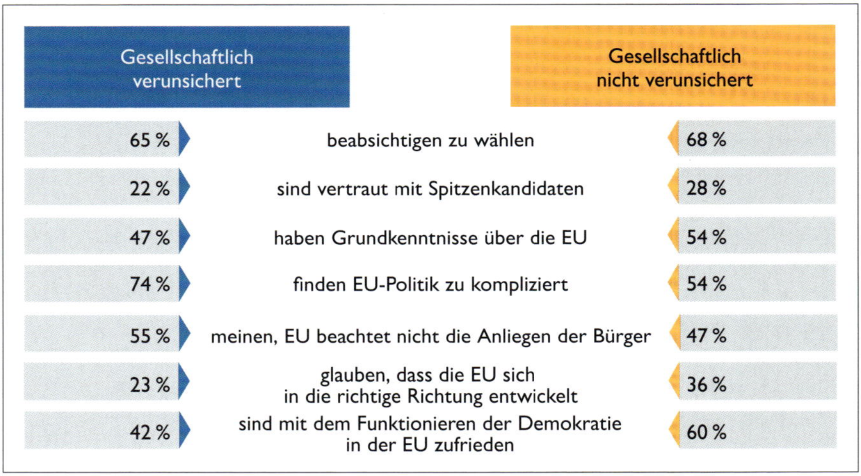

Quelle: Isabell Hoffmann, Europäer sind gespalten über den Zustand der Gesellschaft, Bertelsmann Stiftung, 3. April 2019, www.bertelsmann-stiftung.de/de/themen/aktuelle-meldungen/2019/april/europaeer-sind-gespalten-ueber-den-zustand-der-gesellschaft/.

Problematisch bei der Gesamtbetrachtung der Europäischen Union ist, dass die Befragten Dinge von ihr erwarten, die sie schon allein deshalb nicht einlösen kann, weil sie nicht oder nur bedingt zuständig ist. So sehen 42 % der befragten Deutschen es als eine der Prioritäten an, dass die EU Verbesserungen im Bildungssystem erzielt. Auch bei der sozialen Sicherung, die 49 % als Top-Priorität betrachten, kann die EU nur wenig ausrichten, weil diese in erster Linie in die Zuständigkeit der Nationalstaaten fällt.[95]

Es stellt sich insgesamt die Frage, inwieweit die Menschen den aktuellen Zustand und die Ausgestaltung der EU als veränderungsbedürftig empfinden. Tatsächlich sind nur 22 % der Deutschen der Meinung, dass die EU im

Großen und Ganzen funktioniere, wie sie sollte. 66% äußern das Bedürfnis nach einer Veränderung der EU: 46% stimmen der Aussage zu, dass die EU schlecht funktioniere, aber mit einigen Veränderungen wieder in Ordnung gebracht werden könne. Immerhin 20% äußern den Wunsch nach einer radikalen Veränderung der EU.[96]

Das Vertrauen in die EU ist allerdings in 20 Mitgliedstaaten gestiegen und somit weiterhin größer als das in nationale Regierungen und Parlamente. Hinsichtlich der Zukunft der Europäischen Union ist die Mehrheit der Europäer zuversichtlich. Über die Hälfte der Befragten (55%) geben an, dass sie mit der Art, wie die Demokratie in der EU funktioniert, zufrieden sind. Ebenso erhält die Aussage »Ihre Stimme in der EU zählt« mehrheitliche Zustimmung. In allen Mitgliedstaaten fühlen sich mehr als die Hälfte der Befragten als Bürgerinnen und Bürger der EU.[97] Bei allen Problemen, die einzelne Nationen mit der Union haben, gibt es dennoch einen Grundkonsens: Ein Großteil der Befragten kommt zu der Einschätzung, dass ein EU-Austritt ihrem jeweiligen Land mehr Nach- als Vorteile verschaffen würde.[98]

Die Meinungen der Befragten in Europa bringen deutlich zum Ausdruck, dass kein Abbruch der EU und keine Rückkehr in die Nationalstaatlichkeit, sondern ein Aufbruch und Reformen der EU gewünscht werden.

3 Angriff auf Europa: Populismus und EU-Ablehnung

»Populisten schaffen erfundene Katastrophen, für die sie erfundene Lösungen präsentieren.«[99]

Diese Aussage erscheint polemisch, ist aber zutreffend. Populisten benötigen krisenhafte Entwicklungen, die sie emotional und propagandistisch verwerten und instrumentalisieren können. Dabei werden Entwicklungen maßlos überzeichnet, es werden Sachverhalte dekontextualisiert, oder es wird gleich schamlos gelogen, um bei den Wählenden das erwünschte Verhalten zu erzeugen. Ihre »alternativen« Politikstile und -inhalte finden nur in »Krisenzeiten« Gehör und Resonanz. Die Schlussfolgerung daraus ist insbesondere für die Europäische Union und deren Mitgliedstaaten erschreckend: Populisten sind nicht an der Lösung, sondern an der Existenz von Krisen interessiert, um zu reüssieren. Sie sind keine Problemlöser, sondern Problemsucher.

Seit einigen Jahren hat eine populistische Spielart erheblich an Bedeutung gewonnen, die Weltanschauungen aus dem »rechten« mit Teilen des »linken« Spektrums kombiniert. Hierfür wird oft der Begriff »Rechtspopulismus« verwendet, der aber aufgrund der inhaltlichen Programmatik nicht ganz treffend ist. Präziser kann das Phänomen mit »Nationalpopulismus« benannt werden.[100]

3.1 Der europaweite Aufstieg nationalpopulistischer Bewegungen

Populistische Bewegungen und Parteien sind ein Produkt gesellschaftlicher Modernisierungskrisen. Solche Krisen treten in Zeiten beschleunigten sozialen Wandels auf und führen zu einer wachsenden Spaltung der Gesellschaft in Gewinner und Verlierer.[101] Beim schnellen Aufstieg nationalpopulistischer Bewegungen und Parteien in Europa geht es aber nicht einfach nur um Populismus, der prinzipiell in jeder politischen Partei zu finden ist. Es geht um die Etablierung paralleler Wahrnehmungsmuster und um eine strukturelle Polarisierung westlicher Gesellschaften. Die Parteiensysteme in Westeuropa sind seit Anfang der 1990er-Jahre in Bewegung geraten. Festzustellen ist eine nachlassende repräsentative Qualität, die sowohl an rückläufigen Stimmenanteilen als auch an der Zunahme »abweichenden« Stimmverhaltens und anderer Formen des politischen Engagements und Protests sowie der Mitgliederzahlen abgelesen werden kann.[102] Darüber hinaus haben sich die traditionellen Parteien in Europa oft zu »Parteien der Mitte« entwickelt, deren Unterschiede kaum noch erkennbar sind und von deren uniformer Politik sich viele Bürgerinnen und Bürger nicht mehr repräsentiert fühlen.[103] Der Parteienwettbewerb vollzieht sich heute auch entlang einer neuen Konfliktlinie zwischen libertären und autoritären politischen Konzepten.[104] Die Fragmentierung der Parteiensysteme hat durch die wachsende Volatilität des Wählerverhaltens stark zugenommen. Diese Entwicklung beruht in erster Linie auf einer veränderten sozialen Konfliktstruktur. Die neuen Konfliktlinien können in Verteilungs- und Wertekonflikte unterteilt werden.

Seit Ende der 1970er-Jahre wandten sich die Regierungen Westeuropas dem Neoliberalismus zu. Der politische Liberalismus steht für den Vorrang politischer Freiheiten und der Grundrechte vor den reinen Wirtschaftsfreiheiten. Der Neoliberalismus hingegen kehrte dieses Verhältnis um: Die Wirtschaftsfreiheiten erhalten Vorrang. Liberalisierung, Deregulierung, Privatisierung sind seine wichtigsten Zielvorstellungen. Mit diesem Gedankengut einher ging in Europa ein Abbau von Sozialstaatsstrukturen, die Privatisierung von Schlüsselbranchen und die Absage an eine interventionistische Politik. Das bedeutete vor allem für Arbeitslose und Geringqualifizierte einen tatsächlichen oder drohenden Verlust sozialer Sicherheit.[105] Globalisierung und Liberalisierung schränkten die Handlungsspielräume der Nationalstaaten und damit auch der nationalstaatlich organisierten Parteien ein. Die etablierten politischen Organisationen der linken und rechten Mitte stehen damit vor einem strukturellen Dilemma: Sie können Politik zunehmend nur noch auf überstaatlicher Ebene und nur durch Zusammenarbeit gestalten, müssen aber die Ergebnisse in nationalen Wahlkämpfen »verkaufen«, in denen in Wirklichkeit immer weniger zur Entscheidung steht. Hinzu kommt eine »Europäisierung« der Nationalstaaten. Politische Kompetenzen wurden an die die EU abgegeben, die sich weiter ausdehnte und stärker auf die Strukturen und Gesetze der Mitgliedstaaten einwirkte.

Die Wurzeln des modernen europäischen Nationalpopulismus liegen in den 1980er-Jahren. Als die Globalisierung voranschritt und die Erosion traditioneller Werte und Gemeinschaften begann, feierten Mitte der 1980er-Jahre die ersten nationalpopulistischen Parteien wie die Freiheitliche Partei Österreichs (FPÖ) in Österreich und der *Front National* (FN) in Frankreich, damals noch mit rechtsextremer Ausrichtung, die ersten Wahlerfolge. Seit den 1990er-Jahren lässt sich in dem Moment ein deutlicher Aufschwung nationalpopulistischer Parteien feststellen, als deren Verantwortliche begannen, rechtsextremistisches Gedankengut durch nationalkonservative und sozialpopulistische Konzepte zu ersetzen. Die österreichische FPÖ war eine der Ersten auf dieser »Erfolgswelle«. Sie wurde 1999 mit 26,9% der Stimmen zweitstärkste Partei des Landes und in Regierungsverantwortung eingebunden. Dort war vor ihr bereits die *Lega Nord* in Italien, die 1994 Teil der ersten Regierung Berlusconi wurde. Ende 2001 schaffte es die Dänische Volkspartei, mit 12% der Stimmen ins nationale Parlament einzuziehen und zum »Zünglein an der Waage« für die konservativ-liberale Regierung zu werden. Die niederländische *Liste Pim Fortuyn* konnte 17% der Stimmen gewinnen und war ebenfalls an einer Regierung beteiligt. Insbesondere in den 2010er-Jahren aber nahm der Nationalpopulismus in Europa einen raschen Aufschwung. Dabei waren sowohl die »Finanz- und Währungskrise« 2008 ff. als auch die »Geflüchtetenkrise« 2015 ff. (Kap. 5) von mitentscheidender Bedeutung.

Zur Stimmenmaximierung bedienen sich die nationalpopulistischen Parteien inzwischen intensiv aus einem »ideologischen Gemischtwarenladen«. Der Nationalpopulismus kann als eine Kombinationsideologie bezeichnet werden, in der mehrere Einzelideologien strukturell verknüpft werden: Neben Populismus finden sich hier Nationalismus, Konstruktivismus, gruppenbezogene Menschenfeindlichkeit und kultureller Rassismus sowie Sozialpopulismus und ideologisierte Globalisierungskritik (Abb. 16). Unter Nationalismus ist eine politische Ideologie zu verstehen, deren Anhänger auf andere Völker und Kulturen herabsehen. Sie betrachten ihre Nation, ihre Sprache und Kultur als etwas anderen Überlegenes.

Konstruktivismus ist ein Bestandteil der nationalpopulistischen Kombinationsideologie (Abb. 16). Dessen verkürzte Kernaussage ist, dass eine Wahrnehmung kein Abbild einer »objektiven« Realität sei, sondern dass sich »Realität« für jeden Menschen subjektiv als eine kombinierte Konstruktion aus Sinnesreizen und Gedächtnisleistung darstelle. Daher sei »Objektivität« unmöglich, denn jede Wahrnehmung sei individuell konstruiert und damit vollständig subjektiv. Für dieses Buch von entscheidender Bedeutung ist: Demzufolge macht die Beschreibung einer Situation oder Entwicklung anhand »objektiver Fakten« nur wenig Sinn, da jeder Mensch andere eigene Erfahrungen hat bzw. macht und diese individuell zusammenfügt und gewichtet. Die nationalpopulistische Weltsicht lautet: »Realität wird überbewertet«. Dieses flexible Verhältnis zur Realität setzen Anhänger dieser Ideologie gezielt ein, um Wähler zu mobilisieren, was sich z. B. bei der Brexit-Kampagne oder der Geflüchtetenfrage deutlich gezeigt hat. Nationalpopulisten wollen Politik nicht weniger, sondern mehr zu einer Glaubensfrage machen. Rationalität wird durch Emotionalität ersetzt oder, um es mit Heinz von Foerster, einem der Mitbegründer des radikalen Konstruktivismus, zu sagen: »Wahrheit ist die Erfindung eines Lügners«.[106]

Abb. 16: Nationalpopulismus als Kombinationsideologie

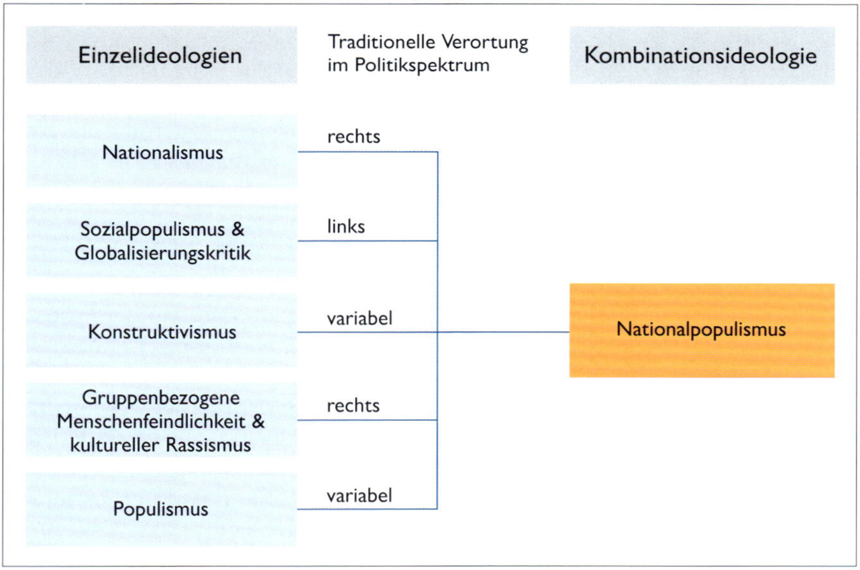

Quelle: Basierend auf Kai Hirschmann, Der Aufstieg des Nationalpopulismus, Bundeszentrale für politische Bildung, Bonn 2017, S. 23.

Nationalpopulistische Parteien haben folgende Charakteristika[107]:

- Sie sind »territorial« ausgerichtet und organisieren wirtschaftlichen und kulturellen Protektionismus.
- Sie üben scharfe Kritik am Modus des Regierens, insbesondere an den »Kartellparteien«, die angeblich den Interessen des »Volkes« zuwiderhandelten.
- Sie brechen den proeuropäischen Konsens auf.

- Sie versuchen, einen »Identitätskern« für eine begrenzte Personengruppe und ein begrenztes Territorium zu erzeugen und diesen gegen »die anderen« zu verteidigen.
- Sie zeichnen sich durch gruppenbezogene Menschenfeindlichkeit aus, indem sie andere Menschen, die nicht über die eigenen Eigenschaften verfügen, pauschal abwerten.
- Sie polarisieren nationale Gesellschaften und verschärfen innerstaatliche Konflikte.

Nationalpopulisten wollen die Werte und Spielregeln verändern, nach denen Gesellschaften funktionieren. Sie sind erfolgreich, weil es ihnen gelingt, die steigende Anzahl derer auf ihre Seite zu ziehen, die in ihrer Lebenswelt mit strukturellen Veränderungen und Entwicklungen nicht umgehen können oder wollen. Als Reaktion auf gesellschaftliche, wirtschaftliche und politische Umbrüche kamen ab den 1980er-Jahren in Europa neue nationalpopulistische Parteien auf, die die von den Veränderungen betroffenen Menschen für sich zu gewinnen versuchten. All diesen Parteien war gemein, dass sie sowohl Wähler vom rechten Rand als auch aus der politischen Mitte für sich einnehmen konnten. Zunächst als eine kurzzeitige Erscheinung betrachtet, konnten sie sich jedoch in immer mehr Ländern etablieren. Mit dem Ende des Ost-West-Konfliktes entstanden auch in Ostmitteleuropa zahlreiche nationalpopulistische Parteien. Während anfangs vor allem Europaskepsis und Ausländerfeindlichkeit im Fokus nationalpopulistischer Parteien standen, entdeckten diese nach den Herausforderungen durch islamistische Anschläge in den 2000er-Jahren den Antiislamismus für sich, der die europäischen Muslime zum Feindbild stilisierte. Damit konnte der Nationalpopulismus durch Ausgrenzung eine gemeinsame Identität sehr verschiedener Menschen schaffen, die durch Strukturwandlungs- und Transformationsprozesse die Verbindung zu ihren ursprünglichen Milieus verloren hatten.[108]

Bei der Ausgrenzung durch Schaffung und Verstärkung von Xenophobie, Stereotypen und Vorurteilen spielt gruppenbezogene Menschenfeindlichkeit (GMF)[109] die Hauptrolle. GMF fasst rassistische, extremistische, diskriminierende und sozialdarwinistische Einstellungen in einem integrativen Konzept zusammen (Abb. 17). Mit dem Begriff werden abwertende Einstellungen und Vorurteile gegenüber solchen Gruppen bezeichnet, die als »anders«, »fremd« oder »unnormal« definiert werden und denen ein untergeordneter sozialer Status zugewiesen wird. Welche Elemente das GMF-Syndrom bilden, kann von Kultur zu Kultur und Zeitraum zu Zeitraum variieren, das heißt, Elemente können herausfallen oder neu hinzukommen, je nach den entsprechenden aktuellen politischen Debatten sowie historischen oder kulturellen Besonderheiten. Allerdings

Abb. 17: Gruppenbezogene Menschenfeindlichkeit (GMF)

Quelle: Andreas Zick/Anna Klein, Fragile Mitte, Feindselige Zustände, Bonn 2014, S. 64.

sind es in der Betrachtung der Positionen europäischer Nationalpopulisten immer die gleichen Gruppen, die abgewertet und ausgegrenzt werden.

Nationalpopulisten haben nicht zu allen Zeiten Chancen auf einen politischen Aufstieg. Um nationalpopulistische Parteien erfolgreich werden zu lassen, bedarf es eines »populistischen Moments«.[110] Dabei müssen drei Entwicklungen zusammenkommen, sich ergänzen und gegenseitig verstärken: eine »Gelegenheitsstruktur«, eine »passende Stimmung« und ein »alternatives Konzept« (Abb. 18). Letzteres liegt zwar bei Nationalpopulisten vor, reicht aber allein nicht aus. Zunächst müssen krisenhafte Entwicklungen politischer, wirtschaftlicher oder gesellschaftlicher Art vorliegen (Gelegenheitsstruktur). Das können Herausforderungen wie Finanzkrisen (ab 2008) oder Zuwanderung in größerem Ausmaß (ab 2015), aber auch globale Entwicklungen wie die ökonomischen und sozialen Folgen der Globalisierung sein. Aber auch aus dem Vorhandensein gesellschaftlicher

Abb. 18: Der »nationalpopulistische Moment«

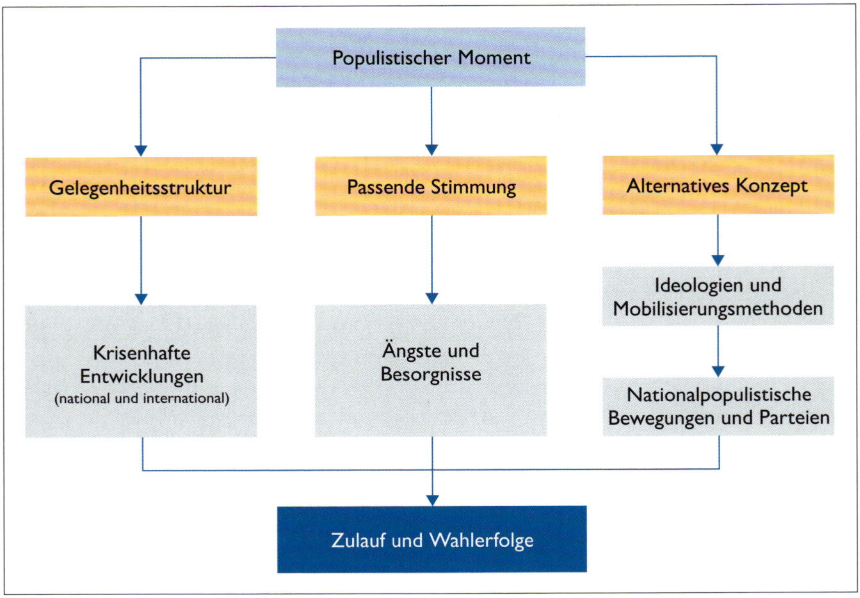

Quelle: Kai Hirschmann, Der Aufstieg des Nationalpopulismus, Bundeszentrale für politische Bildung, Bonn 2017, S. 44.

Problemlagen lässt sich die Akzeptanz nationalpopulistischer Konzepte nicht pauschal ableiten. Hierzu bedarf es eines individuellen Krisenempfindens und eines Misstrauens gegenüber den herrschenden Strukturen.[111]

Es muss eine größere Zahl von Menschen krisenhafte Entwicklungen als bedrohlich empfinden, sodass daraus Sorgen und Ängste um den sozialen Status und die Identität entstehen. Gepaart sein muss dies mit mangelndem Vertrauen in politische Problemlösungskompetenzen innerhalb des etablierten politischen Spektrums. Existieren nunmehr keine politischen Konzepte, um das zu adressieren, wandern die Menschen ins »Nichtwählerlager« ab. Nationalpopulisten bieten solche Konzepte an, um von vorhandenen krisenhaften Entwicklungen zu profitieren. Sie schaffen und verstärken zudem ein Krisenbewusstsein, da es ihnen auf der politischen Landkarte zunehmende Bedeutung verleiht. Mithin können sie nicht an Lösungen von Krisen interessiert sein, sondern vielmehr daran, dass Krisen möglichst lange andauern oder sich fortwährend neue ergeben. An beidem wirken sie aktiv mit.

Abb. 19: Nationalpopulistische Parteien in EU-Staaten

Staat	Partei	Letzte nationale Wahl (in %)	Regierungspartei?	Europawahl 2019 (in %)
Belgien	*Vlaams Belang*	12,0 (2019)	nein	12,1
Bulgarien	Patrioten	9,07 (2017)	nein	3,6
Dänemark	Dänische Volkspartei	8,7 (2019)	Tolerierung	10,8
Deutschland	AfD	12,6 (2017)	nein	11,0
Estland	EKRE	17,8 (2019)	seit 2019	12,7
Finnland	Die Finnen	17,5 (2019)	2015–2017	13,8
Frankreich	*Rassemblement National*	13,2 (2017 1.WG)	nein	23,3
Griechenland	Griechische Lösung	3,7 (2019)	nein	4,2
Großbritannien	UKIP BREXIT-Partei	1,8 (2017) nicht angetreten	nein	3,2 30,5
Italien	*Lega*	17,3 (2018)	2018–2019	34,3
Lettland	KPV Nationale Vereinigung	14,3 (2018) 11,1 (2018)	seit 2019 seit 2019	0,9 16,4
Litauen	Ordnung und Gerechtigkeit	5,3 (2016)	nein	2,7
Niederlande	PVV	13,1 (2017)	nein	3,5
Österreich	FPÖ	16,17 (2019)	1983–1986, 2000–2005, 2017–2019	17,2
Polen	*PiS* (Recht und Gerechtigkeit)	43,59 (2019)	2005–2007, seit 2015	45,38
Slowakei	Slowakische Nationalpartei	8,64 (2016)	1993–1998, 2006–2010, seit 2016	4,09
Slowenien	Nationale Partei	4,2 (2018)	nein	4,0
Schweden	Schwedendemokraten	17,5 (2018)	nein	15,4
Spanien	*Vox*	15,09 (2019)	nein	6,2
Tschechien	Freiheit und direkte Demokratie	10,64 (2017)	nein	9,14
Ungarn	*Fidesz*	49,3 (2018)	seit 2010	52,6

Quelle: eigene Darstellung; nationale Statistikämter.

Europas »Krisen« wirken als Katalysatoren einer tief greifenden Vertrauenskrise aufseiten der europäischen Bevölkerungen. Diese Entwicklung spiegelt sich zum einen im Aufstieg nationalpopulistischer Parteien und Gruppierungen, zum anderen in diversen Bevölkerungsumfragen zur Europäischen Union wider.[112] Es zeigt sich dabei, dass die beiden Phänomene »Europaskeptizismus« und »Nationalpopulismus« sowohl parteiideologisch-inhaltliche als auch wahlstrategisch motivierte Parallelen aufweisen. Beide zeichnen sich vor allem durch ihre Strategiedimension aus, denn europapopulistische Parteien sind in ihren Inhalten und ihrer ereignis- oder krisenorientierten Themenauswahl sehr flexibel.[113]

Seit dem Aufkommen des Nationalpopulismus haben sich entsprechende Parteien, Verbände oder Bürgerinitiativen europaweit auf kommunaler, subnationaler oder nationaler Ebene etablieren können. Mittlerweile sind nationalpopulistische Parteien nicht nur in allen nationalen Parlamenten in Europa vertreten, sondern haben in vielen Mitgliedstaaten der EU zunehmende Bedeutung und Stimmenanteile (Abb. 19). Bei dieser gesamteuropäischen Erscheinung handelt es sich um die größte Herausforderung, mit der das europäische Projekt seit Beginn der europäischen Einigung zu kämpfen hat.[114] Nationalpopulistische Parteien haben die politische Kultur in der Europäischen Union bereits verändert und suchen verstärkt den kalkulierten Regelbruch. Sie können die nationalen politischen Landschaften stark prägen, ohne selbst Regierungspartei zu sein. Da sie als »Unzufriedenheitssammelparteien« auch Wählerklientelen fast aller anderen Parteien ansprechen, sehen sich diese unter Druck gesetzt, auf die Nationalpopulisten zu reagieren. Nationalpopulistische Parteien sind heute das »neue Normale« im politischen System und längst nicht mehr nur die selbst inszenierte Alternative zum politischen Establishment.[115]

3.2 Das Infragestellen der europäischen Integration, ihrer Institutionen und Regeln

> »Die Vorstellung, wer einmal im exklusiven Club der EU angekommen sei, wer es auf die von Frieden, Freiheit und Wohlstand gekennzeichnete Insel der Seligen geschafft habe, könne sich doch unmöglich wieder unseligen Formen von Politik zuwenden, scheint falsch. Die EU ist nicht – oder zumindest nicht mehr – automatisch ein Garant für liberale Demokratie.«[116]

Die Ablehnung der Europäischen Union und/oder der EU-Integration findet sich vereinzelt im gesamten Spektrum politischer Parteien. In den vergangenen Jahren aber haben nationalpopulistische Strömungen europaweit deutlichen Zuwachs erfahren. Sie greifen affektiv aufgeladene Themen auf und knüpfen dabei bevorzugt an vorhandene Ressentiments an, die sich leicht zusätzlich schüren lassen. Darüber hinaus werden sie von Führungsfiguren vertreten, denen ein gewisses Charisma zugeschrieben wird.[117] Bei nationalpopulistischen Parteien geht es nicht um EU-Skepsis oder eine positive Reformagenda, sondern um eine »EU-Destruktionsagenda« zugunsten des jeweiligen Nationalstaats.

Es sind vor allem Internationalisierungsängste und das Gefühl, durch nationales Wahlverhalten keinen Einfluss mehr ausüben zu können, die Wählende dazu treiben, sich vom politischen Mainstream ab- und populistischen Parteien zuzuwenden oder aus dem »Nichtwählerlager« an die Wahlurnen zurückzukehren. Menschen, die die Globalisierung als Bedrohung wahrnehmen, fürchten am meisten Migration und sehen sie als eine der wichtigsten Herausforderungen der Zukunft.[118] Die günstigen wirtschaftlichen Bilanzen und Arbeitslosenstatistiken schützen daher die Regierungsparteien in Europa kaum vor dem Vordringen des Nationalpopulismus. Der Soziologe Heinz Bude spricht hier auch von »Verbitterungsmilieus«:

> »Das sind die Verbitterten der Wohlstandsmitte. Sie leben nicht im prekären Wohlstand, sie sind nicht sozial abgerutscht, sie pushen sich nur mit dem Hass auf eine Welt auf, von der sie sich abgefertigt und missachtet fühlen. Als ›unnütze Normale‹ mit Hochschulabschluss und Eigentumswohnung erheben sie sich gegen ›Lügenpresse‹ und Systempolitiker. In unbeherrschtem Ton machen sie gegen die Quatschbuden der Nation mobil und finden Beifall von einem missgelaunten Kleinbürgertum, das sich in seinen ›kleinen Lebenswelten‹ gestört fühlt. Daneben hat sich ein Dienstleistungsproletariat verfestigt, das die Überzeugung hat, dass seine Stimme eh nichts zählt.«[119]

Nationalpopulisten haben auf nationale Herausforderungen keine praktikablen Antworten, sondern schieben die Verantwortung für Entwicklungen gerne einer »Macht« zu, die sich vielen Menschen als abstrakt und schwer durchschaubar darstellt. Mit der EU und der europäischen Integration wurde ein Sündenbock für die nationalen politischen Versäumnisse gefunden, ohne unmittelbar einen Gegenbeweis befürchten zu müssen. »Ein Grund dafür ist die Tatsache, dass die europäischen Dinge so kompliziert geworden sind, dass es einfach ist, mit dem Jauchefass über die EU und die EU-Kommission zu fahren«, stellte der scheidende EU-Kommissionspräsident Jean-Claude Juncker hierzu im Oktober 2019 treffend fest.[120]

Der Aufstieg des nationalpopulistischen »Anti-Europäismus« ist ein Indikator für die wachsende Politisierung des Themas der europäischen Integration. Die europäische Integration ist in der nationalen politischen Arena angekommen. Das ist ursächlich mit dem Aufstieg des »Anti-Europäismus« verbunden. Es scheint, als ob die Anzahl der bekennenden Europäerinnen und Europäer in einem Maße sinkt, in dem die Integration voranschreitet. Die Wahrnehmung, dass eine vertiefte europäische Integration notwendig sei, während das Umfeld zugleich immer skeptischer werde, hat die politischen Eliten dann dazu gebracht, den Prozess der Integration zu entpolitisieren.[121]

Mit dem Aufstieg nationalpopulistischer Parteien ist daher auch der europapolitische Konsens weggebrochen, was den Spielraum nationaler Regierungen für Kompromisse auf Ebene der EU reduziert. Zudem waren und sind nationalpopulistische Parteien bereits an Regierungen in den Mitgliedstaaten der EU beteiligt, in einigen sogar als stärkste Kraft (Abb. 19). Für die Zusammenarbeit in der EU ist dies eine Herausforderung neuer Qualität. Zwar gab es bereits in der Vergangenheit einzelne Regierungen, die der europäischen Integration kritisch gegenüberstanden. Bisher konnte die EU aber bei den nationalen Eliten auf Konzilianz und Konsensorientierung bauen.[122] Viele wichtige Beschlüsse in der EU werden im Konsens getroffen, und der Europäische Rat entscheidet fast immer einstimmig. Das wird erheblich erschwert bis unmöglich, wenn Parteien nationale Regierungen stellen, die den Prozess der europäischen Integration umkehren möchten. Langfristiges Ziel der »EU-Ablehner« ist es, Kompetenzen zurück auf die nationale Ebene zu verlagern und die Europäische Union auf eine primär ökonomische Integration zu beschränken.[123] Ihnen geht es also um einen »Abbruch« der EU.

Abb. 20: Typologie von Parteipositionen zu Europa

		Unterstützung für europäische Integration	
		Europhile	**Europhobe**
Unterstützung für EU	**EU-Optimisten**	Euroenthusiasten	Europragmatiker
	EU-Pessimisten	Euroskeptiker	Europa-Ablehner

Quelle: Thomas Oberkirch / Joachim Schild, Wachsender Euroskeptizismus – Anatomie eines Phänomens, Universität Trier, Arbeitspapiere zur Europäischen Integration, Nr. 6 / Dezember 2010, S. 11.

Eine ideologische Dimension (Unterstützung der europäischen Idee) trennt Europhile von Europhoben, eine strategische Dimension (Zustimmung zur praktischen Ausgestaltung der europäischen Integration) hingegen EU-Pessimisten von EU-Optimisten. Überträgt man diese Dimensionen in eine Vier-Felder-Matrix, so ergeben sich daraus vier idealtypische Kategorien der Positionierung von Parteien gegenüber der Europäischen Union (Abb. 20).[124] Nationalpopulisten sind weitestgehend den Europa-Ablehnern zuzuordnen.

Die nationalpopulistische EU-Kritik setzt auf vier Ebenen an:

- *Wirtschaft*: Der EU wird vorgeworfen, Urheberin der Verteilungsungerechtigkeiten innerhalb der Gesellschaften und zwischen den EU-Staaten zu sein.
- *Kultur*: Die EU, so wird gesagt, befördere Angst vor unkontrollierter Zuwanderung und Verlust nationaler Eigenständigkeit.
- *Institutionen*: Die EU habe darüber hinaus ein Demokratiedefizit, und es existiere eine »Fremdbestimmung« durch Brüssel. Dabei vertreten EU-Ablehner die Ansicht, dass viele auf EU-Ebene getroffene politische Regelungen sinnvoller auf nationaler Ebene aufgehoben wären.
- *Nationen*: Wie beim Brexit-Referendum 2016 wird mit der EU-Ablehnung häufig der Wunsch verbunden, nationalstaatliche Souveränität zu bewahren oder wiederherzustellen.

Ein gutes Beispiel dafür sind die Kernpunkte der Alternative für Deutschland (AfD) für die Europawahl 2019.[125] Die AfD ist für eine starke Gemeinschaft souveräner Staaten in Europa, möchte die EU-Bürokratie abbauen und die Sozialsysteme in Deutschland schützen. Forderungen der AfD lauten etwa:

- *ein Europa der Nationen*: Die Partei setzt sich für ein Europa als Wirtschafts- und Interessengemeinschaft souveräner Staaten ein. Sie will nicht, dass in Brüssel entschieden wird, wie die Bürger in Deutschland und den anderen EU-Mitgliedstaaten zu leben haben. Sie fordert daraus abgeleitet u. a.
  - Volksabstimmungen in allen wichtigen europäischen Angelegenheiten,
  - die Bekämpfung von Lobbyismus und Korruption in EU-Institutionen,
  - die Beibehaltung des Einstimmigkeitsprinzips,
  - die Verkleinerung des EU-Behördenapparats,
  - die Nicht-Zulassung von Eingriffen des Europäischen Gerichtshofes in die Souveränität deutscher Rechtsprechung sowie die Option eines »Dexit« durch Volksabstimmung für den Fall, dass sich die EU

bezüglich weniger Bürokratie und Souveränität ihrer Mitgliedsländer nicht reformieren lässt.
- *Schutz vor Zuwanderung*: Die Partei fordert in der Migrationspolitik einen grundlegenden Paradigmenwechsel, da die Asyl- und Immigrationspolitik der EU die europäische Zivilisation in existenzielle Gefahr bringe. Jegliche Einwanderung nach Europa müsse so begrenzt und gesteuert werden, dass die Identität der europäischen Kulturnationen gewahrt bleibe. Im Einzelnen werden u. a. folgende Forderungen erhoben:
  - die Wiederherstellung der nationalen Souveränität in der Asyl- und Zuwanderungspolitik. Deutschland solle selber entscheiden können, wer reinkommt,
  - ein Stopp der unkontrollierten Zuwanderung nach Deutschland,
  - ein Stopp der Übernahme von Asylbewerbern aus den anderen EU-Staaten,
  - ein entschlossenes, gemeinsames Handeln aller europäischen Staaten, mit dem allein die drohende Islamisierung Europas verhindert werde.

Die Beispiele ließen sich beliebig erweitern, u. a. dahingehend, dass die weitere Mitgliedschaft in der Eurozone in der jetzigen Form dem deutschen Steuerzahler nicht zumutbar sei.[126] Der Frontalangriff auf die europäische Integration zeigt sich besonders in folgender Aussage:

> »Wir lehnen ab, die EU zu einem Staat mit Gesetzgebungskompetenz und einer eigenen Regierung umzuwandeln, ebenso die Idee der ›Vereinigten Staaten von Europa‹. Stattdessen tritt die AfD für ein Europa als Wirtschafts- und Interessengemeinschaft souveräner Staaten ein. […] Mit den Verträgen von Schengen, Maastricht und Lissabon wurde das Prinzip der Volkssouveränität ausgehöhlt. Der Versuch, funktionierende demokratische Nationalstaaten aufzulösen und durch eine Art europäischen Superstaat zu ersetzen, kann nicht gelingen. Kulturen, Sprachen und nationale Identitäten sind durch Jahrhunderte dauernde geschichtliche Entwicklungen entstanden. Nur in nationalen Staaten mit demokratischer Verfassung können Volkssouveränität und Grundrechte der Bürger als Herzstück der Demokratie gelebt und bewahrt werden«.[127]

Und weiter heißt es:

> »Die Politik der Grenzöffnung wird einen Kulturabbruch historischen Ausmaßes zur Folge haben und stellt überdies die seit der Aufklärung in Europa entwickelten Prinzipien von Volkssouveränität und Demokratie auf den Kopf. Sie löst nicht das demografische Problem, sondern

> verschärft vielmehr seine Folgen auf dramatische Weise. Vor dem Hintergrund des aggressiv vordringenden Islam riskiert sie die Destabilisierung unserer freiheitlichen Demokratien. Astronomische finanzielle Belastungen vervollständigen das Bild einer Politik zu Lasten der eigenen Bürger.«[128]

Neben vielen Anschauungen, die Demokraten aushalten müssen, obwohl sie völlig abwegig erscheinen, finden sich eben auch die zitierten Positionen Nationalismus/EU-Ablehnung und gruppenbezogene Menschenfeindlichkeit. Es handelt sich also um ein Programm mit klassischen nationalpopulistischen Einstellungen (Kap. 3.1), die auf eine andere System- und Werteordnung abzielen. Der Antagonismus zu einer supranationalen Organisation wie der EU, auf die Nationalstaaten Kompetenzen übertragen haben, ist für Nationalpopulisten ideologieimmanent. Das bedeutet aber immer auch einen »Abbruch« bzw. Rückbau der europäischen Integration und die Rückführung sämtlicher Politikbereiche auf die nationalstaatliche Ebene.

Die Freiheitliche Partei Österreichs (FPÖ) drückt es in ihrem Parteiprogramm mit veränderter Wortwahl, aber in der Substanz gleich aus:

> »Wir bekennen uns zu einem Europa der historisch gewachsenen Völker und autochthonen Volksgruppen und lehnen eine künstliche Gleichschaltung der vielfältigen europäischen Sprachen und Kulturen durch erzwungenen Multikulturalismus, Globalisierung und Massenzuwanderung entschieden ab. Europa ist nicht auf das politische Projekt der Europäischen Union zu reduzieren. Das künftige Schicksal Europas muss von der Gestaltungsfreiheit seiner Staaten geprägt sein.«[129]

In der Praxis setzte die FPÖ in Regierungsverantwortung 2018 z. B. durch, dass Wien den UN-Migrationspakt ablehnte, dem 164 Staaten zustimmten. Seit die FPÖ in Österreich für die Einwanderungs- und Flüchtlingspolitik zuständig war, wurden die Gesetze im Halbjahresrhythmus verschärft.[130] Zudem kämpfte FPÖ-Innenminister Herbert Kickl 2019 für eine Verfassungsänderung und neue Gesetze. »Gefährliche Asylbewerber« sollten inhaftiert werden, auch ohne Straftat und richterlichen Beschluss. Die Regierung zerbrach an der »Ibiza-Affäre«, bevor es dazu kam.

Die Programme und Argumente europäischer nationalpopulistischer Parteien sind nahezu deckungsgleich. Frankreich bildet hier keine Ausnahme: Im Präsidentschaftswahlkampf 2017 stellte die Vorsitzende des damaligen *Front National* (FN), Marine Le Pen, ein Referendum über den Austritt Frankreichs aus der Europäischen Union in Aussicht, sollte sie zur

Präsidentin gewählt werden. Doch die »Brexit-Posse« (Kap. 4) hat den EU-Austrittsgelüsten nationalpopulistischer europäischer Parteien mittlerweile den Garaus gemacht. Nun wollen sie die EU lieber von innen heraus verändern.[131] Nach der Metamorphose zum *Rassemblement National* (RN) fordert die Partei von Marine Le Pen inzwischen nicht mehr den französischen EU-Austritt oder die Abschaffung des Euro. Stattdessen versucht das *Rassemblement National* es nunmehr mit einem leicht modifizierten Ansatz. Es ist keine Rede mehr vom Ziel, die EU zu »zerstören«, wie noch 2017. Auf einer Pressekonferenz am 15. April 2019 in Straßburg präsentierte das RN sein »Manifest für ein Europa der Nationen«. Auf rund hundert Seiten werden dort die Grundsätze und Ziele erneut festgelegt. Darin geht es neben dem zu erwartenden Mantra eines nationalistischen »Frankreich zuerst« auch um eine fundamentale Umgestaltung der EU. Da sie die EU-Kommission für undemokratisch hält, fordert die Partei zum Beispiel, sie müsse durch ein »normatives Organ« ersetzt werden, das für die Anwendung der EU-Gesetzgebung zuständig sei. Auch das Recht, neue Gesetzesinitiativen zu starten, solle von der Kommission in die Hände des Europäischen Rates gelegt werden, der die Mitgliedstaaten vertritt. Die Partei weiß, dass für die Schaffung einer neuen institutionellen Organisation, die für Vorschläge und Umsetzung von Gesetzen verantwortlich wäre, eine Neuverhandlung der Verträge erforderlich würde.

Hinsichtlich anderer nationalpopulistischer Parteien in den Mitgliedstaaten der EU lautet die Vision: Fusionieren gegen die EU. Le Pen hat zwar den »Frexit« beiseitegelegt, dafür vergleicht sie die EU inzwischen wieder mit dem kommunistischen Zwangsimperium Sowjetunion: Die »EUDSSR«, wie sie die EU in Anspielung auf die zerfallene UdSSR nennt, sei »für ein wirtschaftliches und identitäres Tschernobyl verantwortlich«.[132]

Auch die nationalpopulistischen Schwedendemokraten (SD) erteilen in ihrem Wahlprogramm 2018 der Supranationalität der EU eine Absage und wollen die Übertragung von Kompetenzen im Rahmen des europäischen Integrationsprozesses rückgängig machen. Die EU untergrabe den demokratischen Grundsatz, dass alle öffentliche Macht vom schwedischen Volk ausgehe. Zum Schutz der demokratischen Selbstbestimmung solle Schweden die EU zugunsten einer zwischenstaatlichen europäischen Zusammenarbeit verlassen. Es wird dafür ein Referendum über die EU-Mitgliedschaft gefordert. Zum Euro und zur Bankenunion müsse weiterhin Nein gesagt werden, um schwedische Steuerzahlende davor zu schützen, kollabierende europäische Banken finanzieren zu müssen. Zusätzlich sollten die Mitgliedstaaten mehr Einfluss auf die eigene Sozial-, Energie- und Migrationspolitik nehmen dürfen.[133]

Besonders deutlich wird der Konfrontationskurs mit der EU, wenn nationalpopulistische Kräfte in den Mitgliedstaaten die Regierung stellen oder maßgeblich daran beteiligt sind. Die Hoffnung von der »Mäßigung an der Macht« hat sich größtenteils als naiv erwiesen.[134] Als weitere Beispiele neben Österreich sind hier Italien oder Ungarn zu nennen. Nach den Parlamentswahlen in Italien 2018 war die nationalpopulistische *Lega* unter Matteo Salvini ein starker Partner in der Regierungskoalition. Der Nationalpopulist Salvini liebt die Provokation, und die Verteufelung der Brüsseler »Euro- und Technokraten« ist sein Erfolgsrezept. Für ihn, der selbst 14 Jahre im EU-Parlament saß, aber fast nie zu Sitzungen erschienen war, zahlte es sich aus, Europa grundsätzlich schlechtzureden.[135] Bereits im Wahlkampf polarisierte die *Lega* im Hinblick auf die EU. Unmittelbar nach Regierungsantritt wies Brüssel darauf hin, dass sich Rom an die Richtlinien des Stabilitätspaktes halten müsse und statt der Aufnahme weiterer Schulden eine Ausgabenreduzierung anstreben solle. Salvini hingegen versprach seinen Wählern, dass er sich keinem »europäischen Diktat« unterwerfen und sich widersetzen werde. Er adaptierte einen unter Nationalpopulisten beliebten Wahlkampfslogan und skandierte »Italien zuerst«.

Salvini attackierte die EU ohne Unterlass und gerierte sich mitunter wie deren Zerstörer.[136] Die Regierung kalkulierte eine Eskalation im Verhältnis mit Brüssel bewusst ein, denn sie hoffte, angesichts der europaskeptischen Stimmung im Land von der Konfrontation profitieren zu können. Der Diskurs endete letztlich in einem Kräftemessen zwischen der EU-Kommission und der italienischen Regierung, das die Kommission gewann. 2019 zerbrach die Regierungskoalition, aber der Dissens zwischen der EU-Kommission und Rom ist ein Beispiel dafür, wie Nationalpopulisten die Autorität der EU zu untergraben und EU-Vereinbarungen zu kompromittieren versuchen. Dies galt auch beim Reizthema Migrationspolitik. Bereits kurz nach Amtsantritt stellte Salvini, der neue Innenminister der Koalition, klar, dass er nicht an einer gemeinsamen Lösungsfindung unter EU-Partnern interessiert war. Er ließ Taten folgen und im Alleingang alle italienischen Häfen für Schiffe schließen, auf denen sich Migranten und Flüchtlinge befanden (Kap. 5).

> »Salvini passt die ganze Richtung der Europapolitik nicht, die seinem Land wie anderen EU-Mitgliedern auch ständige Kompromissbereitschaft abverlangt. Einige Beobachter sind der Auffassung, dass die Agenda des Innenministers darauf abzielt, die EU von innen zu sprengen.«[137]

Die italienische Regierung war bis zu ihrem Bruch 2019 bei vielen Themen bereits aus der gemeinsamen Linie der EU-Partner ausgeschert und hatte den europäischen Konsens durch Querschläge behindert. Die italienischen Wähler haben das honoriert. Matteo Salvinis *Lega* erzielte bei der Europawahl 2019 (Kap. 2) zuvor mit 34,5% der Stimmen das beste Ergebnis ihrer Geschichte. Salvini sprach denn auch von einem »unglaublichen Erfolg« für seine Partei in Italien sowie »auch für Marine Le Pen in Frankreich und Nigel Farage in Großbritannien. Dies sind Zeichen für ein Europa, das sich wandelt«.[138]

Die italienischen Nationalpopulisten haben bewiesen, dass sie zum angeblichen Wohl nationaler Souveränität nicht davor zurückschrecken, rote Linien zu überschreiten und EU-Beschlüsse zu untergraben. Wenn nationale Egoismen zum höchsten Gut einer Regierung werden, wie das bei nationalpopulistischen Parteien bestimmend ist, gerät das »Gemeinschaftsprojekt EU« zwangsläufig in Bedrängnis.

Kaum eine nationalpopulistische Regierungspartei war in den vergangenen Jahren in der europäischen Diskussion präsenter als der *Fidesz* (Bürgerbund) und seine charismatische Führungsfigur Viktor Orbán. Die ungarische Außen- und Europapolitik erfuhr im laufenden Jahrzehnt spürbare Akzentverschiebungen. Die Regierung Orbán war schon bald nach ihrem Amtsantritt in zahlreiche Dispute mit der EU verstrickt. Schon 2010, direkt nach der Wahl, die dem *Fidesz* die Zweidrittelmehrheit im Parlament sicherte, sprach Orbán davon, dass Ungarn nun vor einer nationalen Revolution stehe. Vielen Beobachtern aus Brüssel fiel es schwer, diese Ankündigung zu glauben. Doch er hat Wort gehalten und dabei gleichzeitig einen neuen Feind erschaffen: die EU.[139] Orbán bezeichnet Kritik aus Brüssel als Beleidigung des ungarischen Volkes, das doch nur sein Selbstbestimmungsrecht ausübe. Und wenn die Selbstbestimmung des Volkes im Widerspruch zu den Prinzipien der Union stehe, dann müsse die Nation das letzte Wort haben.[140]

Die Verteidigung der nationalen Souveränität gegen die Einmischung aus Brüssel ist ein wichtiger Bestandteil der politischen Darstellung, mit denen der *Fidesz* seine Wähler mobilisiert. Er instrumentalisiert die EU als Projektionsfläche für seine souveränistische Rhetorik, wann immer es ihm nützlich erscheint. Politiker und Intellektuelle aus dem Umfeld des *Fidesz* verweisen immer wieder darauf, dass die Krisen der EU wie die »Eurokrise« oder die »Geflüchtetenkrise« sowie die grundsätzliche Glaubwürdigkeitskrise der liberalen Demokratie als politische Ordnung des Westens den Glauben an die EU geschwächt habe.[141] Geht es nach Orbán, sollen weitere Schritte in Richtung einer föderalen Europäischen Union vermieden und gegebenenfalls durch ein Veto unterbunden werden. Stattdessen sollen die Nationalstaaten wieder mehr Kompetenzen erhalten, insbesondere wenn es darum geht, die »eigene Kultur« und die Grenzen zu schützen.[142] In diesem Zusammenhang präsentierte Orbán in der Eröffnung seiner EU-Wahlkampagne 2019 einen Aktionsplan zur »Rettung der christlichen Zivilisation«. Dieser Plan soll die Ungarn außer vor Migranten auch vor einer »Brüsseler Blase« retten, die eine »Supermacht« sein und die Nationalstaaten auflösen möchte. Ihr Hauptinstrument sei die Migration: Mittels Einwanderung sollen angeblich das Christentum ausgelöscht, die Nationalstaaten aufgelöst und ein Völkerwechsel in Europa verwirklicht werden.[143] Er wolle, dass die Europawahlen »ein Ende des Alptraums der Vereinigten Staaten von Europa sind, damit Europa wieder den Europäern gehört«.

Neben den nationalpopulistischen Parteien in den Mitgliedstaaten der EU mit und ohne Regierungsverantwortung und mit unterschiedlichen nationalen Verfassungen und Wahlsystemen in Bezug auf ihre Haltung zur EU, die bislang hier vorgestellt wurden, könnten noch weitere Beispiele für nationalpopulistische EU-Programmatik herangezogen werden. Die Lektüre würde allerdings ermüden, weil nichts Neues zu erfahren wäre, sondern sich nur die bereits vorgestellten Ideologiebestandteile bei einer weiteren Partei in einem anderen Land finden ließen. Zentral bei allen ist die Betonung und Stärkung der Nationen und der Nationalstaaten sowie deren »Selbstbestimmungsrecht«. Es geht um die »Wiederherstellung nationaler Souveränität« entlang der Definition eines völkischen Nationalismus. Diese Parteien sind daher grundsätzlich für nationale Lösungen sowohl im ethnischen, sozialen als auch im wirtschaftlichen Bereich. Es finden sich überall umfassende Verweise auf nationale Identitäten und deren Bewahrung. Gleichzeitig wird postuliert, dass Schutzmaßnahmen zur Absicherung der eigenen Kultur und Identität nötig seien, die eine gemeinsame EU-Politik de facto ausschließen. Es geht immer um »Abbruch« der EU in ihrer derzeitigen Form, festgemacht an krisenhaften Entwicklungen auf europäischer Ebene.

Es herrscht insbesondere in EU-Fragen Konstruktivismus bei der Zusammensetzung und Interpretation von Fakten. Die »Wahrheit« wird immer mehr zum Kampfbegriff zwischen dem nationalpopulistischen und etablierten politischen Lager. Geschichten müssen nicht »stimmen«, sondern im Rahmen der eigenen Weltanschauung und für die Wählenden stimmig sein. Alle nationalpopulistischen Parteien sprechen offen aus, dass die Wahrnehmung der Realität – und nicht die Realität selbst – der politisch bestimmende Faktor sei.

3.3 Polarisierungen in den Mitgliedstaaten

Nationalpopulisten polarisieren die Gesellschaften mit inhaltlichen, sprachlichen und methodischen Strategien, die einen Konsens oder ein Zusammenfinden der Lager allein deshalb nicht mehr zulassen, weil sie so gegensätzlich sind, dass keine Schnittmengen existieren.

Nationalpopulisten operieren mit der Gegenüberstellung des »Volkes« einerseits und der »unfähigen Eliten« anderseits. Entscheidend ist, dass sie ein moralisches Monopol anmelden, wonach ausschließlich sie das Volk repräsentieren. Sie unterscheiden stets zwischen dem »wahren Volk« und anderen Bürgern, deren Zugehörigkeit zum Volk prinzipiell infrage steht.[144] Aus nationalpopulistischer Sicht gibt es keine legitimen Mitbewerber um die Macht, denn die anderen Parteien bildeten ein Kartell, das vom Volk beseitigt werden müsse. Die etablierte Politik vermag schon heute in vielen Mitgliedstaaten der EU nur noch zwei Drittel der Menschen anzusprechen. In allen Ländern und Gesellschaften mit starken nationalpopulistischen Parteien ist eine zunehmende politische und gesellschaftliche Polarisierung zu beobachten. Dies ist »ideologieimmanent«, denn die nationalpopulistische Weltanschauung, Programmatik und Methodik bedeutet einen radikalen Bruch mit den bisher vorherrschenden Ideologien und politischen Sichtweisen. Es besteht dadurch die Gefahr einer dauerhaften Spaltung der Gesellschaft.

Entstehende Parallelöffentlichkeiten fördern die Radikalisierung und Verhärtung politischer Identitäten. Die Gräben zwischen den Parteien werden tiefer, sowohl auf der Ebene der Eliten als auch unter den Wählenden und im politischen Diskurs des Alltags. Auch außerhalb des Politikbetriebes ist eine verstärkte Polarisierung erfassbar. Die ideologische Verfestigung der Bevölkerung schreitet weiter voran. Nationalpopulisten brauchen die gesellschaftliche Spaltung, um Einfluss ausüben zu können. Es ist kein Widerspruch, dass sie einen Keil in das Land und die Gesellschaft treiben und gleichzeitig erklären, Einheit und Zusammenhalt herstellen zu wollen, denn es geht allein um ihre Vorstellung von Einheit und Zusammenhalt.[145] Nicht nur die Menschenrechtsorganisation *Human Rights Watch* sieht daher im Aufstieg populistischer Politiker und autoritärer Regierungen eine Gefahr für die westlichen Demokratien und konstatiert eine Aushöhlung grundsätzlicher Rechte unter der Herrschaft oder Machtbeteiligung populistischer Regierungen.[146]

Nationalpopulisten geht es um eine politische Systemveränderung, da sie die etablierte Gesellschaftsform für Fehlentwicklungen und Perspektivlosigkeit verantwortlich machen. In Regierungsverantwortung kommt

es sehr schnell zu fundamentalen »Umbaumaßnahmen« in drei Sektoren:
- der Umgestaltung der Verfasstheit und der Funktionsweise der Rechtsprechung sowie der Verfassungsorgane.
- der Veränderung der Medienstrukturen und der Presselandschaft.
- der Neuausrichtung von Schulbildung und politischer Bildung auf einen nationalistischen Markenkern.

Es werden zudem in den Programmen aller Parteien Forderungen aufgestellt, die nach den jeweils geltenden Verfassungen der Staaten oder aus internationalen Rechtsabkommen heraus ohne eine fundamentale Systemänderung meist gar nicht möglich sind. Die meisten Länder sind zum Beispiel parlamentarische Demokratien, in denen eine Mehrheit der gewählten Volksvertreter und nicht »das Volk« über politische Fragen, Regelungen und Gesetze entscheidet. Was passiert, wenn in Ausnahmefällen Plebiszite ermöglicht werden und diese dann mittels unsachlicher Emotionalisierungen und schlichter Lügen von nationalpopulistischen Kampagnen »gekapert« werden, führt das Beispiel Brexit deutlich vor Augen (Kap. 4).

Nationalpopulismus ist zudem verantwortlich für wachsende staatliche Fragilität. Ideologische Gruppen, denen es um eine politische Systemveränderung in ihrem Sinne geht, machen die etablierte Gesellschaftsform für Fehlentwicklungen und Perspektivlosigkeit verantwortlich und propagieren ein anderes Politik- und Gesellschaftssystem. Ihr Ziel ist die Destabilisierung bzw. Beseitigung des etablierten politischen und gesellschaftlichen Systems sowie die Realisierung eigener ideologischer Vorstellungen zu Staat, Regime und Regierung. Bisher sind auf dem Gebiet der Systembeseitigung drei politische Weltanschauungen in der Praxis ausprobiert worden: Nationalistische Ideologien, kommunistische bzw. sozialistische Ideologien sowie radikale politische Interpretationen von Religionen. Der Nationalismus ist hierbei eine Ideologie, die eine bewusste Identifikation und Solidarisierung mit der nationalen Gemeinschaft voraussetzt. Er ist gekennzeichnet durch ein übersteigertes Wertgefühl, das in Abgrenzung zu anderen Staaten und Nationen die eigenen nationalen Eigenschaften überhöht bzw. sie anderen gegenüber als höherrangig ansieht.[147] Eine ideologische Ausprägung im Rahmen des Nationalismus ist auch die Kombinationsideologie des Nationalpopulismus. Wie viele Beispiele aus der Praxis zeigen, geht es nicht nur um Alternativen zur etablierten Politik, sondern auch um einen Angriff auf das herrschende System.

Die Polarisierung auf nationaler Ebene hat zwangsläufig auch Auswirkungen auf die EU als supranationale Organisation, und zwar auch jenseits von Streitlust und abweichendem Stimmverhalten in den Organen. Die Europäische Union versteht sich nicht zuletzt als Wertegemeinschaft, weshalb die europäischen Grundmaximen auf Unionsebene auch ausdrücklich vertraglich verankert sind. So heißt es in Artikel 2 des Vertrages über die Europäische Union (EUV):

> »Die Werte, auf die sich die Union gründet, sind die Achtung der Menschenwürde, Freiheit, Demokratie, Gleichheit, Rechtsstaatlichkeit und die Wahrung der Menschenrechte einschließlich der Rechte der Personen, die Minderheiten angehören. Diese Werte sind allen Mitgliedstaaten in einer Gesellschaft gemeinsam, die sich durch Pluralismus, Nichtdiskriminierung, Toleranz, Gerechtigkeit, Solidarität und die Gleichheit von Frauen und Männern auszeichnet.«

Nach den bisherigen Ausführungen und den Nachrichten, die täglich produziert werden, ist es offensichtlich, dass Nationalpopulisten und entsprechende Parteien eine ganz eigene Interpretation von Werten wie Menschenwürde, Gleichheit, Rechtsstaatlichkeit und Minderheitenschutz entwickelt haben. Erstens orientieren sie sich höchstens an der eigenen »Volksgemeinschaft«, und zweitens stehen sie auf »permanentem Kriegsfuß« damit, wie die Mehrheit der Menschen und Politiker in den Mitgliedstaaten diese Werte versteht. Die Nationalpopulisten präsentieren sich selbst gerne in der Rolle der »Retter der Demokratie«. Dagegen spricht allerdings der Eindruck, dass nationalpopulistische Regierungen, wenn sie im Amt sind, wiederholt Angriffe auf demokratische Grundwerte wie die Gewaltenteilung unternommen haben.[148] Nationalpopulistisch regierte Länder wie Polen oder Ungarn zeigen deutlich, dass moderne Demokratien keineswegs immun gegen den Rückfall in Autokratien sind. Die Regierungsparteien dieser Länder scheren zudem mit ihrer betont nationalen und egoistischen Agenda immer wieder auch aus dem Werteverständnis der anderen Mitgliedstaaten aus. Ein Dauerstreit inklusive Vertragsverletzungsverfahren ist vorprogrammiert. Das ideologische Fundament der Europapolitik von *PiS* und *Fidesz* gründet zum einen in der Apotheose nationaler Souveränität, zum anderen in der Überzeugung, dass die europäische Integration ihren Zenit überschritten habe.[149]

In Ungarn höhlt die Regierung des nationalpopulistischen Ministerpräsidenten Viktor Orbán den Rechtsstaat seit 2010 immer weiter aus und ist dabei, eine illiberale oder »gelenkte« Demokratie zu errichten.[150] Orbáns Bestreben, Ungarn zu erneuern, ging einher mit einer stetigen Machtzentralisierung als Mittel zur Umsetzung einer neotraditionalistisch-konservativen Reform- und Modernisierungsagenda. Die Demokratie in Ungarn wurde dabei zwar nicht abgeschafft, aber doch signifikant verändert. Sie trägt Züge einer antagonistischen Mehrheitsdemokratie mit Hegemonialpartei und Exekutivdominanz.[151] Die tief greifenden Veränderungen, die die ungarische Regierung in den vergangenen Jahren durchsetzte, zeigen, worum es in der nationalpopulistischen Vision geht. Der *Fidesz* verabschiedete eine neue Verfassung, die den Weg für ein ungestörtes Durchregieren freimachte. Unabhängige Institutionen wie die öffentlich-rechtlichen Medien, die Zentralbank, Universitäten und Gerichte fielen eine nach der anderen einem Reformeifer zum Opfer, der in nationalpopulistischer Manier stets den vermeintlichen Willen des Volkes für sich in Anspruch nimmt.[152] Tatsächlich haben sich die Polarisierung der Gesellschaft sowie die Spaltung des Landes in den vergangenen Jahren weiter vertieft.[153] In Ungarn sind Demokratie, Rechtstaatlichkeit und Grundrechte nach Einschätzung europäischer Gremien systematisch bedroht, und es besteht daher immer die Gefahr einer Verletzung der Werte der EU.[154]

Orbán vergleicht die EU dabei in seinen Kampagnen (z. B. »Stoppt Brüssel!«) regelmäßig mit der Sowjetunion unter Stalin. Dabei präsentiert er sich als Kämpfer gegen das, was er als die Unterdrückung der Bürger durch nicht demokratisch legitimierte politische Eliten bezeichnet.[155] In diesem Zusammenhang spricht er auch davon, dass die Bürger Europas nach enttäuschten Hoffnungen hinsichtlich der angeblichen Vorteile der ökonomischen Globalisierung nun die Rückkehr in die breite und diverse Welt der Nationen fordern, in der sie sich einst zu Hause gefühlt hatten.[156] Orbán hat dabei ein überhebliches Selbstverständnis: »Früher haben wir geglaubt, dass Europa unsere Zukunft ist. Heute spüren wir, dass wir die Zukunft Europas sind.«[157]

Seit Amtsantritt betreibt auch die nationalpopulistische *PiS*-Regierung in Polen nicht nur eine Dekonstruktion des Staates, sondern zugleich eine Spaltung der Gesellschaft. Der »politische Riss« zwischen vehementen Anhängern und Gegnern geht heute sogar quer durch Familien. Aber selbst viele Wählende der *PiS* wollten sich ursprünglich vermutlich für eine moderne, sanftere, auf die Mitte hin orientierte bürgerliche Politik aussprechen, die die Waage hält zwischen Bewahren und Erneuern. Sie wollten nicht zurück in die katholische Provinz und ins Reich des polnischen Märtyrertums.[158] Genau das ist aber zunehmend der Weg Polens. Noch ist das demokratische Selbstbewusstsein vieler Polinnen und Polen ein starkes Gegengewicht. Die Spaltung des Landes scheint sich indes zu festigen. Die Tatsache, dass Polen sprachlich weniger aggressiv gegenüber den EU-Institutionen auftritt, hat mit der schwächeren Position der *PiS* in der hochgradig polarisierten polnischen Gesellschaft zu tun, in der die EU-freundliche Opposition immer noch große Unterstützung hat.[159]

Die EU-Kommission geht bereits seit Anfang 2016 wegen mehrerer umstrittener Justizreformen gegen Polen vor. Sie wirft der nationalpopulistischen Regierung in Warschau vor, die Unabhängigkeit der Justiz zu beschneiden und die Gewaltenteilung zu untergraben. Die Kommission hat bereits verschiedene Vertragsverletzungsverfahren eröffnet und Klagen beim Europäischen Gerichtshof erhoben. Ende 2017 wurde zudem ein Rechtsstaatsverfahren nach Art. 7 der EU-Verträge eröffnet. Auf Basis dieses Artikels ist es in letzter Konsequenz möglich, dass EU-Staaten bei gravierenden Verstößen gegen EU-Grundwerte Stimmrechte entzogen werden können.

Das in der Kritik stehende Gesetz von 2017 sieht vor, dass gegen Richter aufgrund ihrer Rechtsprechung Ermittlungen und auch Strafmaßnahmen eingeleitet werden können. Auch ist die Unabhängigkeit der Disziplinarkammer am Obersten Gericht nicht garantiert. Diese ist zuständig für die Überwachung von Disziplinarmaßnahmen gegen Richter. Darüber hinaus hatte die regierende *PiS*-Partei versucht, über ein Gesetz das Renteneintrittsalter für Richter auf 65 Jahre herabzusetzen. Der Staatspräsident sollte über Ausnahmen entscheiden dürfen. Die Regelung traf z. B. auch 27 von 72 obersten Richtern. Das Ziel war, damit der *PiS*-Politik kritisch gegenüberstehende Richter loszuwerden. Die *PiS* hatte bereits zuvor viele Richter des Verfassungsgerichts und anderer Gerichte ersetzt. Zugleich wurde der Druck auf die öffentlichen Medien und Nichtregierungsorganisationen erheblich erhöht, seit die *PiS* ab 2015 die polnische Regierung stellt.

Anfang November 2019 entschied der Europäische Gerichtshof schließlich: Die veränderten Ruhestandsregeln an den Gerichten in Polen widersprechen EU-Recht. Das Gericht sah die Gewaltenteilung in Polen in Gefahr. Das Urteil lief aber dennoch ins Leere: Die polnische Regierung machte bereits zuvor Teile ihrer Reform rückgängig und kam damit dem EuGH gewissermaßen zuvor. Das Verhalten ist ein typisches Beispiel für »nationalpopulistische Springprozessionen«: Zwei Schritte vor, ein Schritt zurück. Zwar erkennt die polnische Regierung die europäischen Urteilssprüche an und schwächt ihre Justizreform ab, um dann aber an anderer Stelle wieder von vorn zu beginnen. Dies ist seit vier Jahren gängiges Prozedere. Und da es sich nun einmal um polnisches Recht handelt, ist die polnische Seite meist einen Schritt in Führung.[160]

»Eine der größten Herausforderungen für den ohnehin strapazierten Zusammenhalt in der EU stellt sich, wenn nationale Regierungen mit Grundwerten der Union in Konflikt geraten. Der Umgang mit Polens Regierung zeigt lehrbuchhaft, dass die EU trotz Betonung gemeinsamer Werte bisher kein funktionierendes Rezept gefunden hat, nach dem zu verfahren ist, wenn Mitgliedstaaten diese Werte verletzen.«[161]

4 Flucht aus der Mitgliedschaft: die Brexit-Posse

»Zum Selbstverständnis der Briten gehört seit jeher die Ansicht, verglichen mit dem Rest Europas Angehörige einer besonderen Nation zu sein. Dies wurzelt u. a. in der Geschichte des Landes als ehemals größter Kolonialmacht der Welt, in der geografischen Trennung vom übrigen Kontinent sowie einer gewissen Exzentrik, die auf der Insel rund um Königshaus, Tea-Time und Cricket liebevoll gepflegt wird.«[162]

4.1 Der Weg an den Abgrund

Die Europäische Union steht vor einem Novum: Zum ersten Mal ist ein Mitgliedstaat aus der Gemeinschaft austreten. Bisher hatte die EU nur Mitgliederzuwächse erlebt. Mit Großbritannien hat der nach seiner Bevölkerung drittgrößte, nach der Wirtschaftskraft zweitgrößte Staat die Gemeinschaft am 31. Januar 2020 verlassen. Der Austritt wird vor allem finanzielle und politische Lücken reißen.

Die europäische Frage war in Großbritannien schon immer ein Konfliktpunkt. Nach dem Ende des Zweiten Weltkrieges ging es dort, genauso wie in den anderen europäischen Ländern, um den Wiederaufbau und die Stärkung der Wirtschaft. Die Wirtschaftsbeziehungen im *Commonwealth* nahmen ab, da sich der Handel zunehmend reduzierte und Alternativen benötigt wurden. Die ökonomischen Möglichkeiten, die die damalige Europäische Wirtschaftsgemeinschaft (EWG) mit sich brachte, erschienen immer attraktiver. Das war der entscheidende Grund, warum Großbritannien in den 1960er-Jahren mehrere Anträge auf Mitgliedschaft in der EWG stellte. Als auch Frankreich schließlich die Aufnahme befürwortete, wurde das Vereinigte Königreich am 22. Januar 1972 aufgenommen. Der französische Präsident Charles de Gaulle hatte zunächst ablehnend auf das EWG-Beitrittsgesuch Großbritanniens regiert, auch deshalb, weil dessen Ansprüche und Sonderwünsche bereits damals nicht enden wollten. Charles de Gaulle trat 1969 zurück, und sein Nachfolger Georges

Pompidou sah dann die Chance, die Schwäche Großbritanniens für Frankreichs Interessen zu nutzen.

Die Verhandlungen um den Beitritt hatte von britischer Seite im Wesentlichen der damalige, Mitte 1970 ins Amt gewählte konservative Premierminister Edward Heath geführt, der ein überzeugter Pro-Europäer war. Die oppositionelle *Labour Party* kritisierte das Verhandlungsergebnis und versprach, im Falle eines Wahlsieges das Ergebnis nachzuverhandeln und anschließend eine Volksabstimmung durchzuführen. Der *Labour*-Politiker Harold Wilson wurde 1974 zum Premierminister gewählt. Seine Partei war sowohl untereinander als auch mit den oppositionellen Konservativen über die EWG-Mitgliedschaft zerstritten. Wilson erhoffte sich daher von der geplanten Volksabstimmung zum Thema EWG das Ende der Streitigkeiten innerhalb seiner Partei. Bevor das Plebiszit stattfinden sollte, wollte er die Beitrittsbedingungen nachverhandeln, um einen größeren Konsens zu schaffen. Das öffentliche Eingeständnis unterschiedlicher Meinungen innerhalb des Kabinetts und der Parteien war für die Briten ein neues Phänomen. So wurde die übliche Geschlossenheit der Parteien auf Eis gelegt und eine Gewissensfrage ohne Fraktionszwang gestellt. Nachdem die Nachverhandlungen im Frühjahr 1975 abgeschlossen waren, stimmte das Unterhaus im April für die EWG-Mitgliedschaft zu verbesserten Bedingungen.[163] Gleichwohl wollte Wilson eine Volksabstimmung, da er in ihr die Möglichkeit sah, seine Partei wieder zusammenzuführen und unter sich zu vereinen. Und so fand das erste »Europareferendum« schließlich am 5. Juni 1975 statt. Es ergab eine Zweidrittel-Mehrheit für den Verbleib in der EWG. Bei einer Wahlbeteiligung von 64,0% votierten 67,2% der Abstimmenden dafür. Wilson aber hatte damit die Büchse der Pandora geöffnet:

> »Künftig würden Volksentscheide das Damoklesschwert sein, das über jeder Parlamentsentscheidung zur EU hing. Er hatte gezeigt, wie sich ein Riss der eigenen Partei durch ein Referendum übertünchen, wenn auch nicht heilen ließ. Die Frage des Verhältnisses zu Europa war geschickt überspielt worden. Sie war jedoch lediglich scheintot ins Grab gelegt und sollte nach Jahrzehnten eine gefährliche Wiederauferstehung erleben.«[164]

Nachdem die *Conservative Party* die Unterhauswahlen 1979 gewonnen hatte, wurde Margaret Thatcher neue Premierministerin. Obwohl die Politikerin auch Vorteile in der EWG-Mitgliedschaft sah, thematisierte sie öffentlich insbesondere die Nachteile und nahm dabei kein Blatt vor den Mund. Unter ihr erstritt sich der Inselstaat immer wieder Extrabehandlungen und Ausnahmen wie z. B. den sogenannten Briten-Rabatt, der 1984 unter dem bekannten Motto »Ich will mein Geld zurück« zu Sonderrechten (Ermäßigungen) bei der Bemessung des Mitgliedsbeitrages führte.[165] Der »Briten-Rabatt« beinhaltete eine Rückzahlung von zwei Dritteln der britischen Nettozahlungen, welche die übrigen Mitgliedstaaten aufbringen mussten. Thatcher war aber durchaus bereit, auch Kompromisse einzugehen, wenn das Ergebnis für sie vorteilhaft erschien. Da Großbritannien die europäische Integration hauptsächlich durch die »wirtschaftliche Brille« betrachtete, entsprach der Binnenmarkt ihren Freihandelsvorstellungen, und dessen Vollendung in Verbindung mit einer konsequenten Liberalisierungspolitik wurde als potenzieller Wettbewerbsvorteil für die britische Wirtschaft gesehen.[166] Um an ihr Ziel zu gelangen, akzeptierte Thatcher daher auf europäischer Ebene Mehrheitsvoten, die zu einer zunehmenden Isolierung Großbritanniens führten.

1990 wurde John Major Vorsitzender der Konservativen und Premierminister Großbritanniens. Er wollte nicht länger nur eine beobachtende Rolle im Geschehen spielen, sondern den Verlauf der europäischen Integration aktiv mitgestalten. Dabei hatte er allerdings mit erheblichem Gegenwind aus den eigenen Reihen zu kämpfen, zum Beispiel in Bezug auf die Ratifikation des Maastricht-Vertrags zur Vollendung des Binnenmarktes. Schließlich kam es zwar zur Durchsetzung des Vertrags, aber das Konzept des *Opt-Out*, das Großbritannien Ausnahmen von der europäischen Politik ermöglichte (z. B. bei der Einführung des Euro), wurde zu dieser Zeit implementiert. London setzte damit seinen Kurs der selektiven Teilnahme am europäischen Integrationsprojekt nicht nur fort, sondern zementierte diesen weiter.[167]

> »Der damalige Premier John Major wurde 1993 über den Vertrag von Maastricht angesichts des Drucks seiner Minister dazu gezwungen, die Vertrauensfrage zu stellen. Im Rückblick scheint mit der Vollendung der Zollunion und des Binnenmarktes somit das Optimum, aber auch die Grenze des Möglichen in Sachen europäischer Integration erreicht zu sein. Das Beharrungsvermögen eines wesentlichen Teils der *Tories* führte nämlich angesichts weiterer Integrationsbestrebungen der Kontinentaleuropäer in den folgenden Jahren und Jahrzehnten zur Zunahme der tektonischen Spannungen zwischen dem Kontinent und der Insel.«[168]

1997 wurde Tony Blair von der *Labour Party* neuer Premierminister. Seine Einstellung bezüglich der Europäischen Union war positiv und ging sogar so weit, dass er diese durch aktive Teilnahme statt Blockade erweitern und reformieren wollte. Allerdings verfochten die Briten auch unter dem *Labour*-Premier stets eine entschieden marktliberale Vorstellung von der EU, indem man zwar eine Erweiterung befürwortete, aber keinesfalls an eine Vertiefung hin zu einer politischen Union dachte: kein Beitritt zum Schengen-Abkommen, kein Beitritt zum Euro und der damit verbundenen Wirtschafts- und Währungsunion.[169] 2004 erfolgte die Osterweiterung der EU, die in den nachfolgenden sechs Jahren gut drei Millionen Menschen den Weg ins Vereinigte Königreich ebnete. Das schaffte einen Migrationsdruck, den Blair nicht hatte kommen sehen. Der Druck auf kommunale Einrichtungen und auf die Lohnniveaus unterschiedlicher Branchen wuchs erheblich. Einen weiteren wichtigen Punkt stellt der EU-Verfassungsvertrag dar. Das Abkommen über eine Verfassung für Europa (VVE) war ein 2004 unterzeichneter, aber nicht in Kraft getretener Vertrag, durch den das politische System der Europäischen Union reformiert werden sollte. Der Vertrag wurde zwar 2004 durch die britische Regierung unterschrieben, vor den Wahlen 2005 verpflichtete Blair sich jedoch, ihn im Nachhinein durch das Volk ratifizieren zu lassen. Dieses Versprechen wurde nach den negativen Ergebnissen in Frankreich und den Niederlanden aber nicht eingelöst. Stattdessen unterzeichnete die Nachfolgeregierung Gordon Browns 2007 den Vertrag von Lissabon, der »nur« im Parlament ratifiziert wurde, ohne Volksabstimmung und mit dem Argument, der Lissaboner Vertrag sei etwas anderes als der ursprüngliche Verfassungsvertrag (VVE). Die Zusage einer Volksabstimmung gelte deshalb nicht für diesen Text.[170] Seither stand in Großbritannien das Versprechen eines Referendums im Raum.

Die Abhaltung eines weiteren Referendums über die EU-Mitgliedschaft wurde daher bereits seit mehreren Jahren gefordert, aber lange Zeit von der Regierung und vom Parlament abgelehnt. Ab 2010 kam es zu einer Koalitionsregierung der konservativen *Tories* unter David Cameron und den Liberaldemokraten, in der nach und nach mehr Gegner der EU ihren Platz in der Regierung fanden. Bereits im Oktober 2011 erzwangen Parlamentarier der Konservativen eine Abstimmung im Unterhaus über ein EU-Referendum.[171] Die damalige britische Regierung positionierte sich aber dagegen, was sich änderte, als der politische Druck immer größer wurde.

Als Premierminister Cameron am 23. Januar 2013 eine Volksabstimmung über den Brexit ankündigte, machte er sein Land zum Experimentierfeld nationalpopulistischer Weltanschauungen. Erst wollte Cameron mit der EU Reformen aushandeln, die auch eine Einschränkung der Freizügigkeit für EU-Bürgerinnen und -Bürger erlaubt hätten. Die Zugeständnisse, die er schließlich erreichte, legte er den Briten als Argument vor, um beim Referendum 2016 für den Verbleib in der EU zu stimmen.[172] Die folgende Debatte reduzierte sich aber auf »verlassen« oder »verbleiben«. Viele Briten haben dem Ex-Premier nicht verziehen, dass er das EU-Referendum angesetzt und so das Land in den Albtraum gestürzt hat, aus dem es kein Entrinnen zu geben scheint. Am Tag nach dem Referendum rief Cameron den damaligen US-Präsidenten Barack Obama und Bundeskanzlerin Angela Merkel an und sagte: »Es tut mir leid.«[173]

Unter dem Brexit-Motto *»Leave. EU«* fand sich eine gemischte Schar von Gegnern der Europäischen Union zusammen: unter anderen fünf prominente Mitglieder des Kabinetts Cameron, der frühere Londoner Bürgermeister und spätere Premierminister Boris Johnson und die nationalpopulistische UKIP-Partei (*United Kingdom Independence Party*, Partei für die Unabhängigkeit des Vereinigten Königreiches) unter Nigel Farage, die im Zuge der emotionalisierten Brexit-Kampagne großen Zulauf erhielt.

Im Rahmen ihrer Agitation hetzten die Brexit-Befürworter fortan in Dauerschleife gegen die EU. Keine Lüge oder Halbwahrheit war zu peinlich, um nicht plakatiert zu werden. Es wurden Feindbilder geschaffen, auf die die von nationaler Politik Enttäuschten und Frustrierten ihre Wut projizieren konnten. Mit nationalpopulistischen Parolen wie *»Make Britain great again«* oder *»Take back control«* kreierten sie absurde Vorstellungen von einer besseren britischen Welt, wie sie angeblich früher einmal existiert hatte.[174] Sehr wenige Argumente der *Brexiteers* entsprachen der Wahrheit, schürten aber Emotionen. Insgesamt verlief die Brexit-Kampagne nach britischen Maßstäben sehr unfair und war durchsetzt mit Unwahrheiten und persönlichen Verunglimpfungen.[175]

Die EU koste Großbritannien 350 Millionen Pfund pro Woche, was ausreichen würde, um jede Woche ein neues Krankenhaus zu bauen, hieß es bei der Kampagnenorganisation *Vote leave*.[176] »Lasst uns stattdessen unser Gesundheitswesen finanzieren«, wurde propagiert. Auch ein Kampagnenbus fuhr mit diesem Slogan quer durch das Land. Dieser Hoffnung wurde allerdings bereits kurz nach der Abstimmung der Todesstoß versetzt. Nigel Farage trat am Morgen nach der Wahl im Frühstücksfernsehen *»Good Morning Britain«* auf. Die Moderatorin fragte, ob er garantieren könne, dass das Geld in den NHS fließe? »Nein, kann ich nicht«, antwortete er. Er selbst habe das nie gesagt, und die Behauptung sei »einer der Fehler, den die Brexit-Kampagne gemacht hat«.[177] In der Folge zog er sich dann längere Zeit aus der ersten politischen Reihe zurück.

Die meisten Beobachter in Großbritannien und Europa rechneten am 23. Juni 2016 mit einem knappen Votum für den Verbleib und waren schockiert, als 51,9 % für den Austritt stimmten (Abb. 21). Es folgten weitere Rückzüge und Rücktritte prominenter *Brexiteers*. Es wirkte so, als wollte niemand mehr für die Versprechungen und »kreativen Wahrheiten« der vergangenen Monate verantwortlich sein. Aber auch Premierminister Cameron, eigentlich EU-Befürworter, trat zurück und öffnete die Bühne für rege Nachfolgediskussionen. Neue Premierministerin wurde schließlich Theresa May, neuer Außenminister überraschend der Brexit-Hardliner Boris Johnson.

Abb. 21: Ergebnisse des Brexit-Referendums 2016

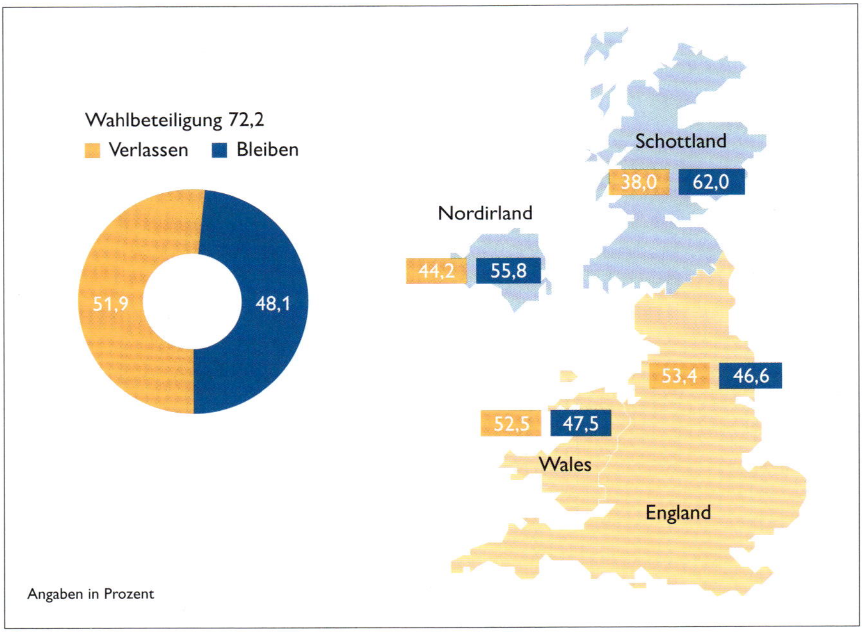

Quelle: https://de.statista.com/infografik/5095/die-briten-verlassen-die-eu/

Großbritannien ist seit dem Referendum tief gespalten. Die Gräben verlaufen zwischen den Landesteilen, zwischen Stadt und Land, zwischen Arm und Reich, zwischen Alt und Jung.[178] Premierministerin Theresa May leitete infolge des Ergebnisses den Austrittsprozess aus der EU und aus EURATOM am 29. März 2017 durch schriftliche Mitteilung an den Europäischen Rat gemäß Artikel 50 des Vertrags über die Europäische Union rechtlich wirksam in die Wege. Da keine konkrete Vereinbarung zum Austrittstermin getroffen wurde, sollte dieser spätestens zwei Jahre später erfolgen, also am 29. März 2019. Doch es kam anders (Kap. 4.2).

Abb. 22: Bewertung der EU-Mitgliedschaft

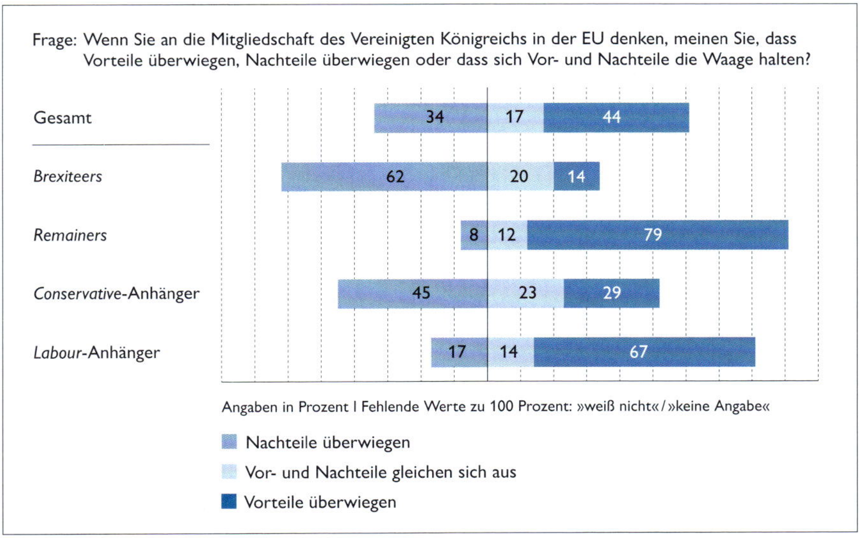

Quelle: Richard Hilmer/Tomislav Maršić, United Kingdom – als Königreich vereint, beim Brexit gespalten, Friedrich-Ebert-Stiftung, Berlin 2019, S. 6.

Ein Blick auf die Stimmungslage derjenigen, die beim Referendum für einen Brexit bzw. Verbleib stimmten, zeigt, dass die Zustimmung zur EU-Mitgliedschaft sehr von den Altersgruppen, der Schichtzugehörigkeit sowie dem Wohnort abhängt und einer ausgeprägten Polarisierung unterliegt. Menschen in den Dreißigern (50 %), höher Gebildete (58 %), jene, die sich einer höheren sozialen Schicht zuordnen (61 %) sowie Menschen, die in Städten leben (51 %), sehen Vorteile in der EU-Mitgliedschaft Großbritanniens. Demgegenüber haben Menschen über 60 Jahre (41 %), mit niedrigerer Bildung (45 %) bzw. aus den unteren Schichten (52 %) sowie Bewohner ländlicher Räume (38 %) stärker die Nachteile im Blick.[179] Zudem geht der Riss quer durch die politischen Lager (Abb. 22).

Der Ausgang des Brexit-Referendums zeigte einen grundsätzlichen Zwist sehr deutlich: Insbesondere in Großbritannien herrschte von Beginn an Uneinigkeit darüber, was die EU eigentlich sein sollte: Die einen sahen in ihr eine »Freihandelszone plus«, die anderen konnten sich auch mit dem

Gedanken an eine politische Integration anfreunden. Die Einstellung Großbritanniens zu einer supranationalen Organisation war während der gesamten Mitgliedschaft, anders als die der anderen europäischen Staaten, von Einzelgängertum wie Divergenzen geprägt.

> »Camerons Programm war eindeutig: Ein *roll-back* der in seinen Augen exzessiven Zugeständnisse, die seine *Labour*-Vorgänger Europa gemacht hatten. Er wollte eine weniger bürokratische, mehr intergouvernementale, weniger uniformierte EU. Insbesondere wollte er verhindern, dass die EU mit Direktiven, Verordnungen und Gerichtsurteilen in die Rechtsordnung des Vereinigten Königreichs hineinwirkte und so die Kompetenzordnung des Vereinigten Königreichs unmerklich, aber unwiderruflich aus den Angeln hob.«[180]

Der Ausgang des Brexit-Referendums 2016 ist auch auf schwerwiegende Fehler der britischen Regierung zurückzuführen[181], die es den *Brexiteers* leicht machten, Argumente zu finden:

- *EU-Bashing*: David Cameron hatte sechs Jahre lang kein gutes Haar an der EU gelassen. Mit zum Teil völlig übertriebenen Einlassungen machte er Brüssel schlecht, wo es nur ging. Die Strategie, Brüssel als Demokratiemonster darzustellen, um selbst besser dazustehen, ging nicht auf;
- *überflüssige Schuldzuweisungen*: Die britische Regierung hatte stets Brüssel verantwortlich gemacht, wenn in Großbritannien etwas schieflief. Mehrere britische Regierungen haben schwere strukturelle und strategische Fehler begangen und ihr Land strukturpolitisch falsch ausgerichtet. Die Schuld dafür wurde stets in Brüssel gesucht;
- *übermäßige Fixierung auf die Wirtschaft*: Großbritannien definiert seit Premierministerin Margaret Thatcher, das heißt seit Anfang der 1980er-Jahre, die EU als reine Wirtschaftsvereinigung. Die politische Dimension eines geeinten Europas spielte nie eine Rolle.
- *Positionierung der Parteipolitik über die Europapolitik*: Um Gegner in den eigenen Reihen zu besänftigen und die UKIP-Partei von Nigel Farage bei Wahlen nicht reüssieren zu lassen, betrieb David Cameron Anti-Europa-Politik und suggerierte, dass ohne die EU und über die Verbindung zum *Commonwealth* alte Großmachtstrukturen neu erweckt werden könnten.
- *Austerität*: Die britische Regierung unter David Cameron traf mit ihrer strengen Sparpolitik bewusst vor allem die kleinen Leute. Über Jahre machte sie die Armen noch ärmer, nahm Leistungen aus dem Gesundheitssystem und schloss Bibliotheken und Sozialdienste. Damit schuf sie

den Boden, auf dem »Verbitterungsmilieus« und die Unzufriedenheit der Protestwähler wachsen konnten.

Auf den ersten Blick scheint es sich beim Brexit um einen Diskurs zwischen der Europäischen Union und Großbritannien zu handeln, bei dem es hauptsächlich um außenpolitische Fragen geht. Doch das ist ein Trugschluss. Denn die turbulenten Ereignisse nach dem Brexit-Referendum (Kap. 4.2) verdeckten zunächst eine weitere wichtige Tatsache. Das Ergebnis offenbarte nämlich auch die regionale Zerrissenheit Großbritanniens. Zwar hatte der Großteil der Bevölkerung in England und Wales für den Austritt votiert, aber alle Wahlkreise in Schottland und Nordirland sowie fast alle Bezirke in London hatten für den Verbleib in der EU gestimmt. Das Brexit-Votum wirkt daher nicht nur in Europa, sondern stellt zudem den staatlichen Zusammenhalt des Vereinigten Königreichs infrage (Kap. 7.2). Schottland fordert nach vollzogenem Brexit ein weiteres Unabhängigkeitsreferendum, da die schottische Bevölkerung mit 62% für einen Verbleib in der EU gestimmt hatte. Großbritannien droht der Staatszerfall.[182]

Das Brexit-Referendum hat deutlich die politischen Gefahren direkter Demokratie vor Augen geführt, wenn es Nationalpopulisten gelingt, mit Unwahrheiten und »alternativen Fakten« zu emotionalisieren und Systemänderungen herbeizuführen. 2016 konnte allerdings niemand voraussehen, welch armselige Posse vor dem EU-Austritt Großbritanniens noch folgen sollte.

4.2 Das Hickhack um den Austritt und die Folgen

Das Grundproblem beim Austritt Großbritanniens aus der EU lässt sich gut in folgendem Bild zusammenfassen: Viele sind offensichtlich der völlig abwegigen Auffassung, dass Leute, die eine Party vorzeitig verlassen und zuvor den Gastgeber auf das Übelste beschimpft haben, weiterhin bestimmen können, was es (danach) zu essen gibt und welche Musik gespielt wird.

Die Verhandlungsführer von EU und britischer Regierung einigten sich jedenfalls am 14. November 2018 auf einen Entwurf für ein Brexit-Abkommen. Der Vertragstext zum EU-Austritt Großbritanniens umfasst 585 Seiten. Der Rahmen für ein künftiges Handelsabkommens soll in den kommenden Jahren mit Großbritannien ausgehandelt werden. Die wichtigsten Inhaltspunkte lauten[183]:

- *Die Übergangsphase*: In der Übergangsphase bleibt Großbritannien im EU-Binnenmarkt und der Zollunion, um einen harten Schnitt für die

Wirtschaft zu verhindern. Diese soll bis zum 31. Dezember 2020 dauern, kann aber verlängert werden. Großbritannien muss dabei weiter das EU-Regelwerk anerkennen, ohne selbst noch ein Stimmrecht zu haben, und ist verpflichtet, weiter Mitgliedsbeiträge zu zahlen.

- *EU-Bürger in Großbritannien*: Die in Großbritannien lebenden drei Millionen EU-Bürger und die eine Million Briten, die in der EU leben, haben das Recht zu bleiben, zu arbeiten oder zu studieren. Auch die Ansprüche aus Krankenversicherung, Pensionen und sonstigen Sozialleistungen werden garantiert. Dasselbe gilt für Bürgerinnen und Bürger, die erst während der Übergangsphase in Großbritannien oder der EU ankommen.
- *Finanzverpflichtungen Großbritanniens*: Großbritannien soll alle Finanzverpflichtungen erfüllen, die es während seiner Mitgliedschaft eingegangen ist. Schätzungsweise 45 Milliarden Euro muss damit das Land bis zu seinem endgültigen Austritt noch nach Brüssel überweisen.
- *Grenze Irland zu Nordirland (Backstop*-Klausel*)*: Die Grenze zwischen Nordirland und dem EU-Mitglied Irland wird vorerst eine »weiche« Grenze bleiben. Durch den Brexit drohte eine »harte Grenze« mit wiedereingeführten Personen- und Güterkontrollen, die beide Seiten unbedingt vermeiden wollen. Großbritannien wird daher vorerst in der einheitlichen Zollunion mit der EU bleiben. Bis Juli 2020 soll endgültig entschieden werden.

Darüber hinaus haben sich die Brexit-Unterhändler der EU und Großbritanniens auf eine politische Erklärung zu den künftigen Beziehungen geeinigt.[184] Beide Parteien streben nach dem Brexit eine »ehrgeizige« und »tiefe« wirtschaftliche und politische Partnerschaft an. Das Ziel im Wirtschaftsbereich sei die Schaffung eines Freihandelsgebiets ohne Zölle, Abgaben und mengenmäßige Beschränkungen. Außerdem könne die Übergangsphase, in der Großbritannien im Binnenmarkt und in der Zollunion verbleibe, um ein oder zwei Jahre verlängert werden. Die Staats- und Regierungschefs der EU stimmten dem Entwurf dieses Austrittsvertrages und der politischen Erklärung auf einem Brexit-Sondergipfel am 25. November 2018 zu.

Damit war eigentlich eine solide Grundlage geschaffen, was einige politische Kreise in Großbritannien jedoch anders sahen. Der tiefe gesellschaftliche Riss in der Brexit-Frage zieht sich auch quer durch die politischen Eliten. Besonders umstritten ist die *Backstop*-Klausel in Bezug auf die Grenze zwischen der Republik Irland und Nordirland als Teil Großbritanniens. Der *Backstop* ist ein Notfallmechanismus, der eine harte Grenze auf der irischen Insel in jedem Fall ausschließen soll, und zwar unabhängig von den zukünftigen Beziehungen zwischen Großbritannien und der EU nach dem Brexit. London hatte ursprünglich gefordert, dass über die irische Grenze erst nach dem Brexit gesprochen werden solle, konnte sich damit jedoch nicht durchsetzen.[185] Die Klausel sieht vor, dass, sollte nach dem britischen Austritt am Ende einer 21-monatigen Übergangsphase *(transition period)* keine anderweitige zufriedenstellende Regelung getroffen werden können, folgende Bestimmungen übergangsweise in Kraft treten:

- Großbritannien wendet weiterhin die in der Europäischen Zollunion geltenden Außenzölle und EU-Herkunftsregeln an, ohne aber selbst deren (stimmberechtigtes) Mitglied zu sein.
- Zölle, Quoten oder Warenkontrollen zwischen der EU und dem Vereinigten Königreich sind ausgeschlossen – mit Ausnahme von Meeresprodukten.
- Es gelten Vereinbarungen zu gleichen Wettbewerbsvoraussetzungen und fairem Handel.
- Handelssanktionen und -präferenzen werden von beiden gemeinsam und gleichermaßen angewandt.

Die damalige *Backstop*-Variante wurde von Premierministerin May vorgeschlagen und in den Vertrag verhandelt. Sollte es zukünftig zu keiner anderen Einigung kommen, würde Nordirland Teil des europäischen Binnenmarkts bleiben und Großbritannien Teil der europäischen Zollunion. Damit bräuchte es keine Handelskontrollen zwischen Irland und Nordirland und keine Zollkontrollen zwischen Nordirland und Großbritannien. Allerdings müssten trotzdem Handelskontrollen zwischen Nordirland und Großbritannien stattfinden, um sicherzugehen, dass die nach Nordirland eingeführten Waren europäischen Qualitätsstandards entsprechen. Hierdurch könnten allerdings Warenkontrollen an der inneririschen Grenze entfallen, da weiterhin auf beiden Seiten gleiche Regeln gelten würden. Dieser Zustand bliebe erhalten, bis andere Regelungen (etwa neue technische Möglichkeiten für die Warenkontrolle) einvernehmlich vereinbart werden könnten. Damit wäre der *Backstop* grundsätzlich zeitlich unbefristet und könnte nicht einseitig aufgekündigt werden. Die Brexit-Hardliner hegten deshalb die Befürchtung, Großbritannien könnte auf lange Zeit an die EU gebunden bleiben. Zudem dürfte in dieser zuletzt ausgehandelten Version des *Backstops* Großbritannien als Teil der Zollunion nicht eigenmächtig Freihandelsabkommen mit anderen Ländern (z. B. den USA) abschließen. Es dürfte mithin keine eigenständige Handelspolitik betreiben.[186]

Der *Backstop* zeigt das Misstrauen, das zwischen beiden Seiten herrscht. Die Briten fürchten, dass die EU Großbritannien erpressen könnte, nach dem Motto: Entweder ihr stimmt unserer Version eines künftigen Freihandelsabkommens zu, oder wir lassen euch nicht aus dem *Backstop*. Die EU fürchtet, die Briten würden darauf setzen, dass die EU ohnehin auf jegliche Grenzkontrollen verzichten werde, um den irischen Frieden nicht zu gefährden. Das wäre jedoch nach den Vorschriften der Welthandelsorganisation nicht gestattet. Ein Land verstößt gegen das Gleichbehandlungsgebot, wenn es Güter aus einem Nachbarland ungehindert importiert, den Handel aus anderen Ländern jedoch kontrolliert.[187]

Was nun folgte, war ein politisches Gezerre im britischen Parlament, dessen Unterhaltungswert abgesehen vom Sprecher des Unterhauses, John Bercow *(»Order!«)*, immer weiter abnahm. Eine (zwangsläufig) überblicksartige Darstellung bis Herbst 2019 bietet Abbildung 23. Die entscheidenden Abstimmungen über das Brexit-Abkommen im britischen Parlament am 15. Januar, 12. März und 29. März 2019 verlor Theresa May klar. Um Zeit für zusätzliche Verhandlungen zu gewinnen, wurde der Brexit auf Antrag Großbritanniens vom 29. März auf den 12. April 2019 verschoben. Der Verschiebung des Austrittstermins hatten sowohl das britische Parlament als auch die 27 EU-Staaten zugestimmt. Doch auch das reichte nicht, denn ein Ende des Chaos im britischen Unterhaus war nicht in Sicht. Am 27. März 2019 stimmten die Abgeordneten über acht mögliche Alternativen ab, um herauszufinden, welche davon eine Mehrheit erzielen könnte. Am Ende lehnte das Unterhaus alle Möglichkeiten ab. Erneut stimmte es auch gegen einen Austritt ohne Abkommen. Knapp unterlagen die Vorschläge, dass Großbritannien nach dem Brexit in einer Zollunion mit der EU verbleiben oder dass eine Volksabstimmung über das Brexit-Austrittsabkommen durchgeführt werden solle.

Auch im zweiten Anlauf, am 1. April 2019, gelang es dem britischen Parlament nicht, sich auf eine Alternative zum verhandelten Austrittsabkommen zu einigen. Zur Abstimmung im Unterhaus standen vier Alternativen zum bestehenden Brexit-Deal: zwei verschiedene Optionen für eine engere Anbindung an die Europäische Union, der Vorschlag für ein zweites Referendum sowie der Plan, den Brexit notfalls abzusagen, um einen Austritt ohne Abkommen zu verhindern. Das Unterhaus lehnte alle vier Vorschläge ab: Zollunion (Ja: 273/Nein 276), Gemeinsamer Markt 2.0 (Ja: 261/Nein: 282), Bestätigung des Austrittsabkommens durch Volksbefragung (Ja: 280/Nein: 292) und Parlamentshoheit zur Einigung eines Austritts ohne Abkommen (Ja: 191/Nein: 292). Daraufhin bat Premierministerin May die EU um eine weitere kurze Verlängerung der Frist für den Brexit. In weiser Voraussicht einigten sich die 27 EU-Staats- und Regierungschefs auf einem EU-Sondergipfel in Brüssel am 11. April 2019 auf das neue offizielle Austrittsdatum 31. Oktober 2019. Das bedeutete, dass

Abb. 23: Zwischenstand zum Brexit

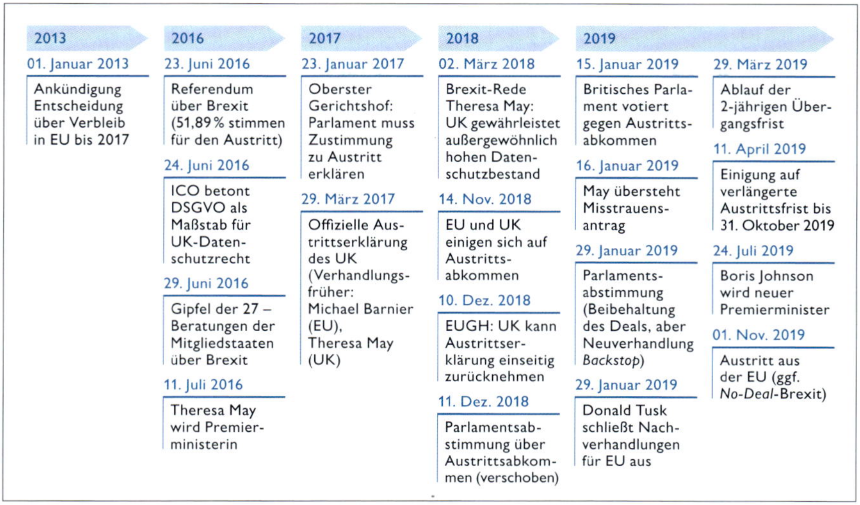

Quelle: www.bvdw.org/fileadmin/bvdw/upload/bilder/themen/recht/Zeitstrahl_Brexit_20190815.png.

Großbritannien auch an den Wahlen zum Europäischen Parlament Ende Mai 2019 teilnehmen musste.

Die Teilnahme an der Europawahl war zwar nach EU-Recht unumgänglich, aber dennoch keine gute Idee. Die meisten Wähler blieben ob der Zerrissenheit und Entscheidungsunfähigkeit ihrer politischen Eliten gleich daheim, der Rest machte die Wahl zur absoluten Protestwahl und damit zur Farce. Der kurze Wahlkampf stand erwartungsgemäß ganz im Zeichen des Brexits und der damit zusammenhängenden Führungskrise in der Konservativen Partei. Im November 2018 war der frühere Parteiführer der UKIP, Nigel Farage, aus seiner bisherigen Partei ausgetreten und hatte sich im Januar einer neu gegründeten politischen Organisation, der *Brexit Party*, angeschlossen, in der er schnell eine führende Rolle spielte. Genauso wie die UKIP positionierte sich die *Brexit Party* als Ein-Themen-Partei, die den Austritt aus der EU abzuliefern versprach *(deliver Brexit)*. Sie ging an den Urnen als deutliche Siegerin hervor (30,5 %). Die Konservativen von Premierministerin Theresa May landeten mit 8,8 % nur auf Platz fünf. Die *Labour Party* von Jeremy Corbyn verlor stark und rutschte auf 13,7 % ab. Die europafreundlichen Liberaldemokraten kamen auf 19,6 %, die Grünen auf 11,8 %. Die Wahlbeteiligung lag bei 37 %.

»Viele bezeichneten diese Wahlen als ein vorgezogenes oder Ersatz-Referendum über den Brexit. Wenn dies so war, bietet sich ein vertrautes Bild. Das Königreich ist so gespalten wie bei der Abstimmung vor drei Jahren. Die *Brexit Party* und die Unabhängigkeitspartei UKIP, die beide für einen ›Austritt nach den Maßgaben der Welthandelsorganisation WTO‹, also einen *No-Deal*-Brexit, werben, kamen zusammen auf 35 %. Insgesamt 36 % erreichten die für einen Verbleib in der EU stehenden Liberaldemokraten, die Grünen sowie die Partei *Change UK* und die walisische *Plaid Cymru*. Alle anderen Parteien wurden sowohl von Gegnern als auch Befürwortern des Brexit gewählt, obwohl sich die *Labour*-Partei und die *Tories* offiziell zur Respektierung des Referendumsergebnisses bekannten und die schottischen Nationalisten ein zweites Referendum anstreben. ›Das Resultat bestätigt, dass die Wählerschaft in der Mitte gespalten ist und sich zwischen den beiden Optionen polarisiert hat‹, analysierte der Meinungsforscher John Curtice.«[188]

Interessant ist auch das Wahlergebnis in Schottland in Bezug auf ein neues Referendum über die Unabhängigkeit im Falle eines Brexits. Die mit Mehrheit für eine Unabhängigkeit Schottlands eintretende *Scottish National Party* (SNP) erreichte 37,8 % der Stimmen, die *Brexit Party* 14,8 %, die Liberaldemokraten 13,9 %, die *Conservative Party* 11,6 % und die *Labour Party* 9,3 %. Die Tatsache, dass die Mehrheit der Schotten gegen einen Brexit ist, findet sich hier erneut bestätigt.

Am 24. Mai 2019, dem Tag nach der Wahl, kündigte Theresa May ihren Rücktritt vom Amt der Premierministerin und als Parteivorsitzende für den 7. Juni 2019 an, wollte aber so lange im Amt bleiben, bis ein Nachfolger gewählt war. Dieser Schritt war schon länger erwartet worden, und die Unzufriedenheit mit den Ergebnissen ihrer Politik war seit Längerem offenkundig. In Hochstimmung hingegen war Nigel Farage. Sein Nationalpopulismus polarisierte und zerriss das Land zwar dauerhaft, aber sein politischer Erfolg war erheblich. Das Zweiparteiensystem liegt indes in Trümmern. Den Kräften, die die britische Politik seit Jahrzehnten bestimmt hatten, blieb plötzlich nur noch eine Statistenrolle. Sie hatten beim mit Abstand wichtigsten Thema der vorangegangenen Jahre keine klare Antwort oder einheitliche Position.[189] Nach dem Triumph seiner Brexit-Partei forderte Farage Mitspracherecht bei den Verhandlungen über Großbritanniens Ausstieg: »Wir sollten jetzt zum Team gehören, das ist ziemlich klar.«[190] Auch das noch, mochte manch neutraler Beobachter da denken. Der Wahlsieg der *Brexit Party* verhärtete in London die Fronten im Streit über den EU-Austritt weiter. Die *Labour Party* wollte eine Volksabstimmung, die Konservativen bis Ende Oktober 2019 nochmals nachverhandeln. Doch mit wem?[191]

Nach britischem Wahlrecht wurde der neue Vorsitzende der *Conservative Party* gleichzeitig auch Premierminister, das heißt, 160 000 Parteimitglieder der *Tories* bestimmten über Großbritanniens politische Zukunft. Erwartungsgemäß machte Boris Johnson, Nationalpopulist der ersten Stunde und fanatischer Brexit-Befürworter, das Rennen. Zuvor war Johnson Bürgermeister von London und Außenminister Großbritanniens. Direkt nach seinem Amtsantritt am 24. Juli 2019 besetzte Johnson mehr als die Hälfte der Regierungsposten neu. Mehrere Minister reichten aus eigenem Antrieb ihren Rücktritt ein, andere wurden entlassen. Bei seiner ersten Rede als Regierungschef im Unterhaus kündigte er an, er wolle Großbritannien zum »großartigsten Land dieser Erde« machen. Dass Boris Johnson und US-Präsident Donald Trump nationalpopulistische Brüder im Geiste waren, hatte sich ohnehin bereits seit Längerem abgezeichnet. Johnson rief die EU unverzüglich zu Neuverhandlungen des Austrittsvertrages auf, andernfalls gebe es einen Brexit ohne Vertrag. Boris Johnson wollte das Prinzip der Notfallklausel im Austrittsabkommen *(Backstop)* unbedingt wieder loswerden, auf das sich die vorangegangene britische Regierung bereits mit der EU geeinigt hatte. Die britische Gesellschaft war auch in der *Backstop*-Frage wiederum zutiefst gespalten (Abb. 24).

Der britische Premier Johnson stand vor einer kaum lösbaren Aufgabe. Er hatte seiner Partei Versprechen gegeben, die er nicht einlösen konnte, hatte einen Machtkampf mit dem britischen Parlament gesucht, den er nicht gewinnen konnte, und er hat der EU mit *»No Deal«* gedroht, ohne ein glaubwürdiges Drohpotenzial zu haben.[192]

> »Johnson fällt es schwer, weiter auf die EU zuzugehen. Jeder Schritt ist ein Beweis mehr, dass die Brexit-Befürworter, darunter Johnson, die Bürger vor dem Referendum belogen haben und seither weiter beschwindeln, damit die Widersprüche zwischen Wunsch und Realität nicht allzu offensichtlich werden.«[193]

Wer geglaubt hatte, das bisherige Chaos sei nicht mehr zu überbieten, wurde schnell eines Besseren belehrt. Die drastischen britischen Akte politischer Selbstbeschädigung gingen sogar auf noch intensivere Weise weiter. Im Stile eines mäßig begabten Taschenspielers bereitete Johnson seinen nächsten Trick vor. Vor dem am 31. Oktober 2019 geplanten EU-Austritt des Landes wollte er eine fünfwöchige Parlamentspause vom 10. September 2019 bis zum 14. Oktober 2019 erzwingen. Königin Elisabeth II., die

Johnson für sein politisches Kalkül einspannte und die die Pläne zunächst billigte, sollte am 14. Oktober 2019 formell das Programm von Johnsons Regierung im Parlament vorstellen. Mit diesem Schritt wollte Johnson den angekündigten Plänen der Oppositionsparteien zuvorkommen, die einen Brexit ohne Austrittsabkommen per Gesetz verhindern wollten. Mit der Zwangspause des Unterhauses wäre den Abgeordneten die Möglichkeit genommen worden, rechtzeitig ein neues Abkommen zu prüfen oder sogar eine alternative Lösung vorzuschlagen, um einen »harten Brexit« (ohne Abkommen) zu verhindern.

Abb. 24: Meinung der Briten: Weicher oder harter Brexit?

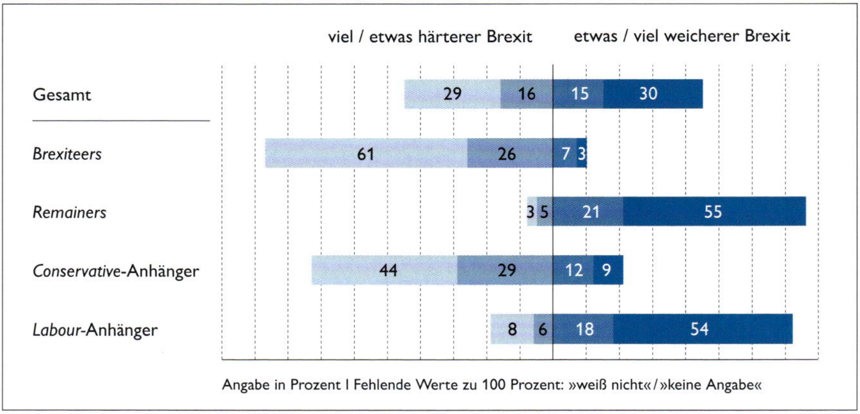

Quelle: Richard Hilmer/Tomislav Maršić, United Kingdom - als Königreich vereint, beim Brexit gespalten, Friedrich-Ebert-Stiftung, Berlin 2019, S. 18.

Den Parlamentariern gelang es noch vor der Zwangspause, gegen den Willen von Premierminister Johnson einen Gesetzentwurf zur Vermeidung eines ungeordneten EU-Austritts durch das Unterhaus zu bringen. Die Abgeordneten verabschiedeten den Gesetzentwurf in dritter Lesung mit 327 zu 299 Stimmen. Auch das britische Oberhaus billigte ihn. Für den Fall, dass bis zum 19. Oktober kein Abkommen mit der EU ratifiziert würde, zwang man Johnson dazu, eine dreimonatige Verlängerung der Ausstiegsfrist in Brüssel zu beantragen. Die Brexit-Krise erreichte damit einen kritischen Punkt, denn Boris Johnson wollte den Brexit am 31. Oktober 2019 unbedingt vollziehen. Es sollte erneut ausgelotet werden, ob die EU den *Backstop* doch noch zu streichen bereit war. »Wir wollen mit einem Deal austreten. Und wir werden am 31. Oktober austreten.

Das Beste wäre ein Deal, in dem der *Backstop* nicht mehr vorkommt«, sagte der Brexit-Minister Stephen Barclay. EU-Chefverhandler Michel Barnier hatte dieses Ansinnen allerdings bereits mehrfach und unmissverständlich abgelehnt, Bundeskanzlerin Merkel und der französische Präsident Macron ebenso. Der *Backstop* bedeutete aus Sicht der EU die Sicherung des Friedens in Nordirland.[194] Der Sprecher des Unterhauses, John Bercow, hatte die britischen Spielräume klar abgesteckt: Die einzige Möglichkeit eines Brexits, wann immer er komme, sei einer, den das Unterhaus befürwortet habe. Versuche, einen Rechtsbruch im Namen des Brexit-Votums zu rechtfertigen, seien vergleichbar mit dem eines Bankräubers, der seine Beute an eine Wohltätigkeitsorganisation spenden wolle. Das Parlament werde das nicht zulassen.[195]

Zunächst ging das Parlament unter Protest in die verordnete Zwangspause. Doch nicht für lange Zeit. Am 24. September 2019 stufte Großbritanniens Oberster Gerichtshof *(Supreme Court)* die von Premierminister Johnson angeordnete Zwangspause für das Parlament als unzulässig ein. Das Urteil fiel einstimmig aus. Die Zwangspause hindere das Parlament in »extremer Weise« an der Wahrnehmung seines verfassungsmäßigen Auftrages, führte die Vorsitzende Richterin Lady Brenda Hale bei der Urteilsverkündung aus. Das Parlament habe aber ein Recht darauf, in der Zeit vor einem wichtigen Ereignis wie dem geplanten EU-Austritt am 31. Oktober eine Stimme zu haben. Die von Johnson bei Königin Elisabeth II. erwirkte Anordnung zur Parlamentsschließung gleiche daher einem »weißen Blatt Papier«, so Lady Hale. Das Parlament sei nicht suspendiert. Der Parlamentssprecher rief es daraufhin unverzüglich wieder zusammen. Von da an verschärfte sich der Ton, den die Abgeordneten in den Debatten anschlugen, nochmals. Sowohl auf der Regierungsseite als auch bei der Opposition herrschte während der Sitzungen nunmehr offene Wut und eine vergiftete Atmosphäre. Vor allem Premierminister Boris Johnson war durch seine Wortwahl in die Kritik geraten. Er sprach von »Kapitulation« und »Verrat« im Hinblick auf den überfälligen EU-Austritt. Abgeordnete der Konservativen und der Opposition kritisierten die Kriegsrhetorik des Regierungschefs gleichermaßen als »abstoßend« und »respektlos«.[196]

Indes ging die »Brexit-Posse« noch weiter. Nach der wochenlangen Hängepartie und den sich anschließenden hektischen Verhandlungen konnte Premierminister Johnson einen Teilerfolg erzielen: Über ein »neues« Brexit-Abkommen mit der EU wurde am 17. Oktober 2019 Einigung erzielt. 67 Seiten des Vertragswerks waren neu. Zuletzt waren sich beide Seiten noch einmal entgegengekommen. Der umstrittene *Backstop* wurde gestrichen. Großbritannien verlässt demnach in Gänze die EU-Zollunion.

Nordirland solle zwar offiziell Mitglied des britischen Zollgebiets sein und damit auch von künftigen britischen Handelsverträgen profitieren, de facto gälten für Belfast aber weiter die Regeln des EU-Binnenmarkts. Bei Waren aus nichteuropäischen Ländern, die in die EU gelangten, sollten die britischen Behörden EU-Zölle erheben. Damit bliebe die Grenze auf der irischen Insel offen, Überprüfungen fänden in der Irischen See statt.[197]

Doch auch dieser Vertrag fand aus verschiedenen inhaltlichen und formalen Gründen keine Mehrheit im britischen Parlament. Immerhin hatte zuvor die Verabschiedung des *No-No-Deal*-Gesetzes dafür gesorgt, dass Großbritannien am 31. Oktober 2019 nicht ungeregelt aus der EU austreten konnte. Premierminister Johnson musste nachfolgend die EU um eine weitere Verlängerung der Austrittsfrist bis zum 31. Januar 2020 bitten, was auch gewährt wurde. In der britischen Politik hatte sich die Situation nochmals deutlich zugespitzt. War der Brexit bis jetzt schon gleichbedeutend mit Stillstand, drohte nunmehr noch die komplette Blockade des Parlaments hinzuzukommen.[198] Schließlich gelang es, sich gemeinsam auf Neuwahlen am 12. Dezember 2019 zu einigen.

Premierminister Johnson und die *Tories* gingen als klare Sieger aus der Parlamentswahl hervor (Abb. 25). Die Partei errang 365 Sitze und damit die absolute Mehrheit im Unterhaus. Die *Labour Party* kam auf ein historisch schlechtes Ergebnis von 203 Mandaten. Die proeuropäischen Liberaldemokraten erzielten 11 Mandate. Das neu gewählte Unterhaus verabschiedete am 20. Dezember 2019 schließlich Boris Johnsons Brexit-Gesetz. 358 Ja-Stimmen standen 234 Nein-Stimmen gegenüber. Damit hatte Johnson, der seit Anfang September 2019 keine Mehrheit mehr im Unterhaus hatte, freie Bahn für »seinen« Brexit-Deal und konnte Großbritannien wie geplant zum 31. Januar 2020 aus der Europäischen Union führen. In gewisser Weise waren alle Beteiligten und Beobachter froh, dass damit ein unwürdiges Schauspiel sein vorläufiges Ende gefunden hatte. Zwar waren in Großbritannien die Mehrheitsverhältnisse nunmehr klar, allerdings bedeutete das aus Brüsseler Sicht noch kein rasches Ende des Brexit-Streits. Johnson hatte mit der leeren Versprechung gepunktet, den Brexit schnell abzuhandeln. Die zukünftigen Beziehungen Großbritanniens zur EU müssen nun verhandelt werden. Dem Austrittsabkommen zufolge soll das Land bis Ende 2020 in einer Übergangsphase bleiben. Bis dahin will Johnson einen Vertrag über die künftigen Beziehungen mit der EU aushandeln, was aber nicht funktionieren kann. Eine Verlängerungsoption um bis zu zwei Jahre hat er ausgeschlossen. Sollte kein Anschlussabkommen zustande kommen, droht Ende 2020 erneut ein *No-Deal*-Szenario.

Abb. 25: Wahl in Großbritannien am 12. Dezember 2019

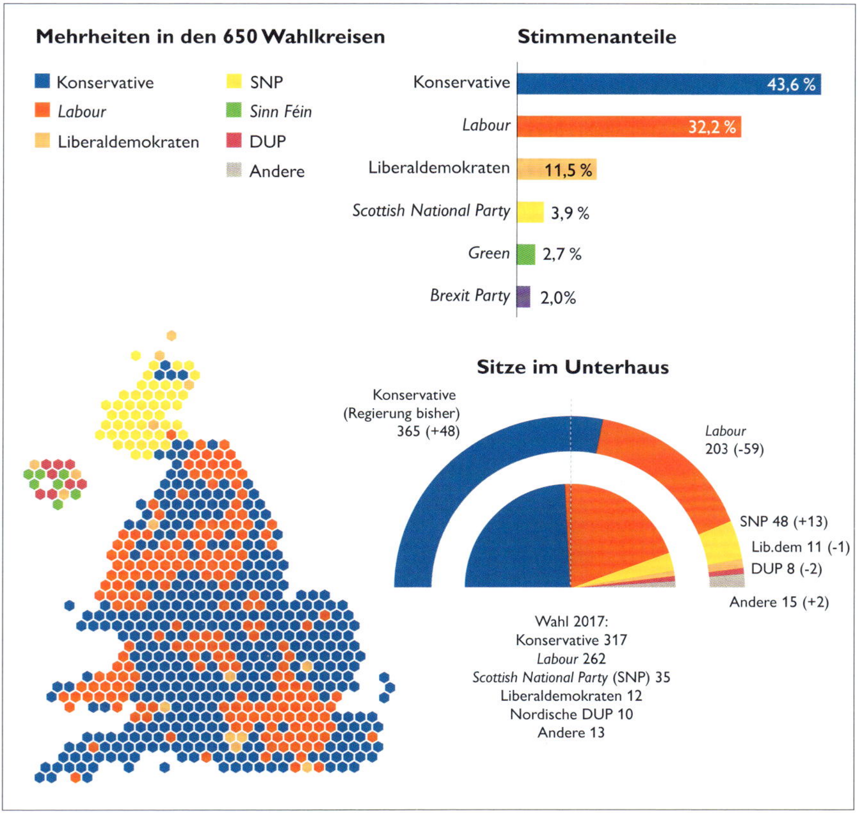

Quelle: bearbeitet nach Wiener Zeitung, Grafik: Bartz/Stockmar (M), CC BY 4.0

Ein weiteres Problem wird sich verschärfen: der drohende Zerfall Großbritanniens (Kap. 7). Die schottischen Nationalisten (SNP) gewannen 48 der 59 Sitze. Nicola Sturgeon, die schottische Regierungschefin, forderte umgehend, wie erwartet, ein neues Unabhängigkeitsreferendum. »Boris Johnson mag ein Mandat haben, England aus der EU zu führen, er hat aber ausdrücklich kein Mandat, Schottland aus der EU zu führen. Schottland muss über sein Schicksal selbst bestimmen«, sagte Sturgeon.[199] Die SNP schnitt deutlich besser ab als 2017, als sie 35 Mandate errungen hatte. Die *Tories* gewannen in Schottland hingegen nur sechs Sitze (2017: 13), *Labour* nur einen (2017: 7).

Da die Mitgliedschaft der Briten in der EU hauptsächlich ökonomische Gründe hatte, stellt sich eine grundsätzliche Frage: Kann Großbritannien wirtschaftlich Vorteile aus einem Brexit ziehen? Die Antwort lautet in allen denkbaren Szenarien Nein, denn infolge des Austritts werden alle Seiten verlieren. Wenn der Handel zwischen der Insel und dem Kontinent mit neuen Zöllen und administrativen Barrieren belastet wird, leidet das Vereinigte Königreich ungleich mehr, weil seine Wirtschaft deutlich stärker vom Handel mit der EU abhängt als umgekehrt. So entfallen fast 45% der britischen Güterexporte und 53% der Güterimporte auf die EU-27-Länder. Umgekehrt sind es nur 7% bzw. 4%.[200]

Eine Studie der Bertelsmann-Stiftung belegt[201]: Ein Brexit verteuert den Handel mit Waren und Dienstleistungen und vergrößert die Unsicherheit. Das dämpft Wettbewerb, Konsum und Investitionen. Die EU-Staaten müssten bei einem *No-Deal*-Szenario Einkommensverluste von 40 Milliarden Euro pro Jahr hinnehmen. Am härtesten würde das aber die Briten selbst treffen: Auf das Vereinigte Königreich würden Einkommensverluste von 57 Milliarden Euro pro Jahr und rund 900 Euro pro Einwohner zukommen. Die Deutschen müssten sich auf Einkommensverluste in Höhe von rund 10 Milliarden Euro pro Jahr und rund 115 Euro pro Person einstellen. Ein Brexit unter vertraglich geregelten Bedingungen könnte die negativen Folgen abschwächen. Die Autoren der Studie zeigen, dass sich im Fall eines solchen »weichen Brexit« die Einkommensverluste für Deutschland im Vergleich zum harten Brexit auf 5 Milliarden halbieren könnte. In Großbritannien wären die Einbußen mit rund 32 Milliarden Euro ebenfalls erheblich geringer als bei einem »harten Brexit«, bei dem die Einbußen 57 Milliarden umfassen würden. Die EU müsste bei einem »weichen Brexit« mit insgesamt rund 22 Milliarden Euro an jährlichen Einkommensverlusten rechnen. Bei einem »*No-Deal*-Szenario wären es 40 Milliarden Euro.

Allerdings gibt es für Großbritannien noch mindestens eine weitere Option. Es wird bislang immer angenommen, dass im Fall eines *No-Deal*-Brexits sowohl das Vereinigte Königreich als auch die EU 27 die bisher für den gemeinsamen Außenzoll bei der Welthandelsorganisation (WTO) hinterlegten Tarife anwenden würden. Das ist aber nicht zwingend. Großbritannien importiert viele Lebensmittel aus der EU, die viel stärker mit Zöllen belastet wären als etwa Bergbauprodukte oder Maschinen. Für eine rational handelnde britische Regierung wäre es optimal und auch statthaft, die im Rahmen der WTO vereinbarten Maximalzölle zu unterschreiten und auf das Ausschöpfen des Zollspielraums zu verzichten. Damit würde das Land nicht einen Großteil seiner Importe mit teilweise sehr hohen neuen Zöllen belasten. Der Preis dafür wäre, dass auch der Rest der Importe, der nicht aus der EU oder aus Ländern mit Freihandelsabkommen stammt, zollfrei sein oder den gleichen Konditionen unterworfen werden müsste.[202]

Die Bertelsmann-Studie zeigt auch, dass Länder außerhalb Europas vom Brexit profitieren.[203] Die US-Einkommen könnten bei einem *No-Deal*-Szenario um rund 13 Milliarden Euro jährlich steigen. Kein Wunder also, dass US-Präsident Donald Trump für einen möglichst harten Brexit wirbt und ein »fantastisches Handelsabkommen« in Aussicht stellt (Kap. 6.1). In China würden die Einkommen um rund 5 Milliarden Euro jährlich steigen, in Russland wäre mit einem leichten Anstieg von rund 260 Millionen Euro jährlich zu rechnen. Vom Brexit wären besonders europäische Wertschöpfungsketten negativ betroffen, wodurch der Handel innerhalb Europas teurer und die Wirtschaftsbeziehungen mit dem Rest der Welt attraktiver würden. Europaweit wären die Regionen im Süden Englands die größten Verlierer. Das liegt auch an der räumlichen Nähe und den engen Handelsbeziehungen zum europäischen Festland. Am stärksten wäre London betroffen. Hier würden die Einkommensverluste für alle Einwohner bei mehr als 5 Milliarden Euro pro Jahr liegen (pro Kopf ca. 2 800 Euro). Nach einer Studie der Universität Leuven[204] könnten 1,7 Millionen Arbeitsplätze durch einen Brexit verloren gehen, davon 500 000 in Großbritannien. Am zweitstärksten betroffen wäre laut der Studie Deutschland.

Die wirtschaftlichen Schäden des Brexits zeigen sich allerdings bereits vor seinem Vollzug. Die »Brexit-Bemühungen« hätten der Wirtschaft einen Schock versetzt, der im Vergleich zu anderen Vorkommnissen wie z. B. der Ölkrise 1973 oder dem Anschlag auf das *World Trade Center* 2001 ungewöhnlich sei, schrieb die *Bank of England* 2019 in einer Analyse zu den Folgen auf die Unternehmen. Es sei zu einer lang anhaltenden Unsicherheit gekommen, die auch drei Jahre nach dem Referendum noch nicht verschwunden sei.[205]

Das politische Chaos in Großbritannien strahlt dabei immer stärker auf die Wirtschaft aus. Die Wachstumsprognosen wurden gesenkt, die Inflationsrate stieg, und die Dynamik der Konsumausgaben verlangsamte sich. Besonders stark leiden aber die Investitionen: Die inländischen steigen kaum noch, und der Kapitalzufluss aus dem Ausland ist regelrecht eingebrochen.[206] Die Industrieproduktion schrumpft, und der Wechselkurs des Pfunds rutscht immer weiter ab. Brexit-Befürworter führen hierzu an, dass britische Exporte von einem schwachen Pfund profitierten, weil die Waren im Rest der Welt billiger würden. Dieser Effekt wird jedoch dadurch zunichtegemacht, dass Großbritannien stark darauf angewiesen ist, Güter zu importieren. 2018 betrug das Leistungsbilanzdefizit 31 Milliarden Pfund. Das Defizit ist mit 138 Milliarden Pfund besonders groß in der Handelsbilanz. Dies wird nur durch einen großen Überschuss bei den Dienstleistungen aufgewogen (107 Milliarden Pfund).[207] Doch im Dienstleistungssektor gibt es ebenfalls bereits Erosionstendenzen. Besonders das produzierende Gewerbe kämpfte Ende Oktober 2019 mit heftigen Problemen. Viele Kunden in EU-Staaten hatten ihre Lieferketten bereits von Großbritannien wegverlegt, um das Risiko von Versorgungsproblemen zu verringern. Zugleich waren Aufträge aus den USA und Asien wegen der weltweiten Konjunkturschwäche zurückgegangen. Das deutet darauf hin, wie schwierig Bestrebungen der britischen Regierung verlaufen könnten, nach dem Brexit Handelsabkommen mit den USA und mit asiatischen Staaten abzuschließen.[208]

Das prominenteste Beispiel für die wirtschaftlichen Schäden im Brexit-Vorfeld war im September 2019 die Pleite des großen Reiseveranstalters Thomas Cook. Zwar steckte der britische Reisekonzern schon seit Jahren in größeren Schwierigkeiten. Doch die Unsicherheit bezüglich des EU-Austritts von Großbritannien dürfte dem ältesten und zweitgrößten Reiseunternehmen der Welt schließlich den Todesstoß versetzt haben. Eigentlich war das 900 Millionen Pfund schwere Rettungspaket für Thomas Cook bereits verabredet, als die Banken zusätzliche Sicherheiten forderten. Der Grund: Das wegen der Brexit-Unsicherheiten stetig schwächer werden Pfund hielt zuletzt immer mehr Briten von Reisen ab. Je niedriger der Wert des Pfunds, desto teurer die Reise. Im Gegensatz zum Konkurrenten TUI bediente Thomas Cook eher das untere bis mittlere Preissegment, in dem die Reisenden nicht so ausgabefreudig sind.[209] Thomas Cook hatte 21 000 Beschäftigte in 16 Ländern. Deutsche Tochterunternehmen waren Condor, Neckermann Reisen, Bucher Reisen und Öger Tours. Zu lernen ist aus dem Fall, dass bereits die durch den drohenden Brexit verursachte Unsicherheit die Kraft hatte, Unternehmen in einer schwierigen Lage endgültig ins Straucheln zu bringen.[210]

Ein weiteres Beispiel sind die Fluchten britischer Unternehmen und britischen Anlagekapitals von der Insel. Der angekündigte Austritt Großbritanniens aus der EU führte bereits dazu, dass über 100 britische Firmen ihren Sitz allein in Nordrhein-Westfalen genommen haben.[211] Aus dem gleichen Grund sind fast 100 internationale Unternehmen von Großbritannien in die Niederlande umgezogen. 325 weitere Firmen haben Interesse gezeigt, ihren Standort dorthin zu verlegen.[212] Aktienfonds für britische Standard- und Nebenwerte haben seit dem Brexit-Votum im Juni

Abb. 26: Direktinvestitionen: Brexit trifft Briten

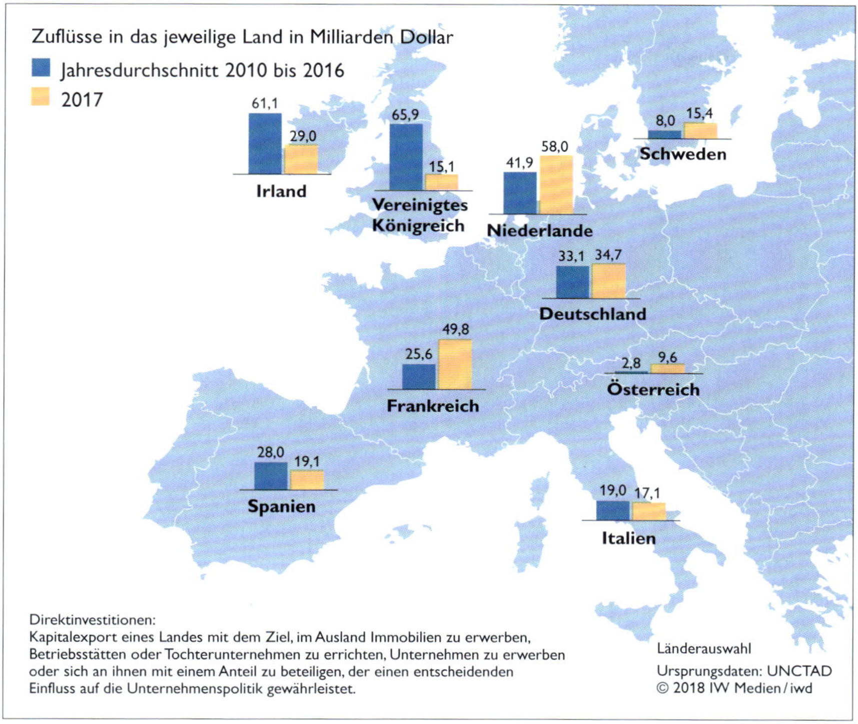

Quelle: www.iwd.de/artikel/britische-wirtschaft-rutscht-ab-398799/.

2016 gut elf Milliarden Euro an Abflüssen hinnehmen müssen. Allein im Juni 2019 verbuchten die Fonds Abflüsse von insgesamt 2,5 Milliarden Euro.[213] Auch die Direktinvestitionen in Großbritannien brachen dramatisch ein (Abb. 26).

Als ökonomisches Fazit bleibt daher festzustellen: Der Brexit verursacht entweder großen Schaden – oder sehr großen Schaden. Angesichts dieser Prognosen bleiben die EU-Bürger aber gelassen (Abb. 27): Zwar sehen 40% in dem Ausstieg der Briten eine Schwächung der EU, aber jeder Zweite schätzt die Auswirkungen als eher gering ein (34%) oder erhofft sich sogar eine Stärkung der EU (16%).[214] Die Brexit-Fans haben einen Slogan, der von Nigel Farage stammt: »Gebt uns unseren Pass zurück!« Dieser Spruch dokumentiert, dass einige Briten ernsthaft glauben, sie lebten auf einer Insel. Dies gilt zwar geografisch, aber nicht wirtschaftlich.[215]

Abb. 27: EU nach dem Brexit: Stärkung oder Schwächung?

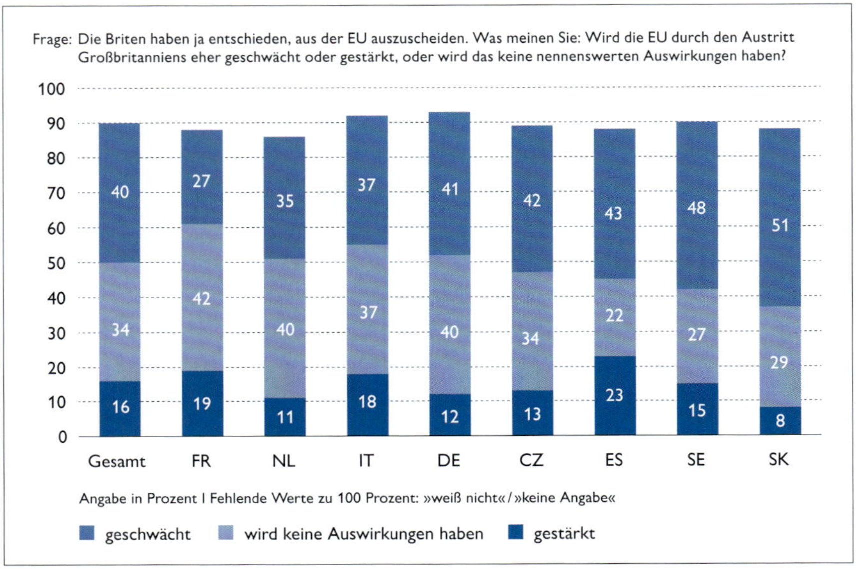

Quelle: Richard Hilmer, Was hält Europa zusammen? Die EU nach dem Brexit, Eine repräsentative Acht-Länder-Studie, Friedrich-Ebert-Stiftung, Berlin 2017, S. 4.

4.3 Die Sogwirkung des »britischen Modells«

Die Gefahr ist real, dass Großbritannien nicht der letzte Exit-Staat bleibt. In mehreren europäischen Ländern gab und gibt es starke Strömungen, die ebenfalls dafür plädieren, den Staatenverbund zu verlassen. Diese Forderungen kommen wie in Großbritannien hauptsächlich von nationalpopulistischen Parteien und Politikern (Kap. 3). Nationalpopulisten diskutieren und fordern den Austritt ihrer Nationalstaaten aus der Europäischen Union in Deutschland, Belgien, Bulgarien, Dänemark, Estland, Finnland, Frankreich, Irland, den Niederlanden, Rumänien, Polen, Portugal, Schweden, Spanien, Tschechien und Österreich. In mehreren EU-Mitgliedstaaten stellten oder stellen EU-kritische nationalpopulistische Parteien allein oder in Koalitionen die Regierung (Polen, Ungarn, Finnland, Italien, Lettland, Litauen, Slowakei, Tschechien, Österreich), in anderen EU-Mitgliedstaaten sind sie stark ins Parlament eingezogen (Deutschland, Dänemark, Schweden, Frankreich).[216] Und auch wenn in vielen dieser Staaten

Abb. 28: Vorbild Großbritannien?

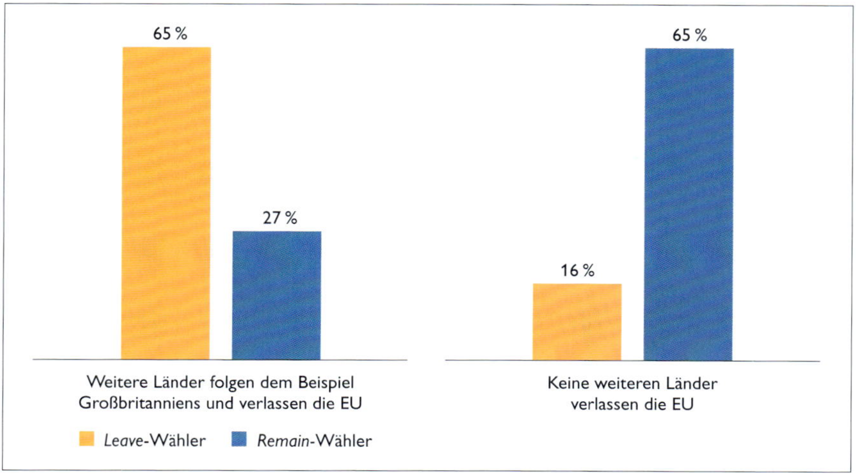

Quelle: https://de.statista.com/infografik/8719/.

keine Mehrheit für einen Austritt stimmen würde, so ist EU-Skepsis stark verbreitet (Abb. 28).

Wenn es nach den Brexit-Befürwortern in Großbritannien geht, sollte sich dieses Szenario auch in anderen EU-Mitgliedstaaten abspielen. So wünschen sich 65 % der *»Leave«*-Wähler, ihr Land möge mit gutem Beispiel vorangehen, und in den kommenden Jahren sollten ihm weitere Länder folgen. Die *»Remain«*-Wähler wünschen sich mehrheitlich, dass die EU mit all ihren Mitgliedstaaten auch in Zukunft bestehen bleiben möge (Abb. 26). Diese zu erwartende Zerrissenheit der britischen Gesellschaft könnte aber auch auf die Gesellschaften weiterer EU-Staaten zutreffen, falls dort Referenden angesetzt würden.

Im Rahmen einer Umfrage[217] wurde 2017 in den EU-Mitgliedstaaten untersucht, inwieweit ein Brexit-Ansteckungseffekt zu erwarten sei. Die Teilnehmer wurden gefragt, ob der Austritt eines Mitgliedstaates dazu führen könne, dass andere Länder diesem Beispiel in Zukunft folgten. Die Frage war, inwieweit der Aussage zugestimmt werde, dass sich innerhalb der nächsten 10 Jahre weitere Mitgliedstaaten dazu entschließen würden, aus der Europäischen Union auszutreten. Eine Mehrheit der Öffentlichkeit (55 %) aus neun Ländern stimmte dieser Aussage zu, wobei die Anzahl derer, die dem voll und ganz zustimmten (15 %), beinahe gleich hoch war wie die jener, die nicht zustimmten (18 %). In der Zeit nach dem britischen

Referendum und während der Zeit des »Austritt-Hickhacks« gab es sogar Anzeichen dafür, dass die öffentliche Unterstützung für die EU in anderen Mitgliedstaaten leicht zugenommen hatte.

Da unter den Mitgliedstaaten Uneinigkeit darüber besteht, was die EU eigentlich sein soll, könnten nach dem Brexit weitere Länder versucht sein, nur die wirtschaftlichen Vorteile abzuschöpfen. Hierbei existieren drei Alternativen[218]:

- *Das »Modell Norwegen«*: Die Norweger haben bei zwei Volksabstimmungen in den Jahren 1973 und 1994 Nein zur EU gesagt. Aber das Land gehört zum Europäischen Wirtschaftsraum (EWR). Norwegen ist Teil des europäischen Binnenmarkts, aber nicht der Zollunion. Im seit 1994 bestehenden EWR mit derzeit 31 Staaten können also Waren- und Dienstleistungen über Grenzen hinweg angeboten werden, Arbeitnehmer in jedem Mitgliedsland ihr Geld verdienen und Kapital ohne Hindernisse von Land zu Land transferiert werden. Hinzu kommt eine Zusammenarbeit in Politikbereichen wie Wettbewerb, Verkehr, Energie und Wirtschaft. Im Unterschied zur EU-Vollmitgliedschaft fehlen jedoch die Bereiche Agrar, Fischerei, Zollunion, Handel, Justiz- und Innen- sowie die Außen- und Sicherheitspolitik. Die norwegische Wirtschaft ist sehr zufrieden damit, aber der Zugang zum europäischen Binnenmarkt hat seinen Preis. Denn auch EWR-Länder zahlen Mitgliedsbeiträge. Die Regierung in Oslo überweist jedes Jahr ca. 800 Millionen Euro an die EU.
- *»A la carte« wie die Schweiz*: Die Schweiz ist wie Norwegen, Liechtenstein und Island Mitglied der Europäischen Freihandelszone EFTA. Im Jahr 1992 lehnten die Schweizer in einer Volksabstimmung ab, dem EWR beizutreten. Die Regierung in Bern handelte deshalb bislang mit der EU mehr als 120 bilaterale Abkommen aus. Diese ermöglichen der Schweiz gleichfalls eine weitgehende Teilnahme am EU-Binnenmarkt, allerdings ohne den Dienstleistungssektor.
- *Das Nachbarschafts-Modell (Zollunion)*: Hierbei wird der Außenzoll gemeinsam festgesetzt, wodurch ein Staat den Spielraum für eine eigene Zollpolitik verliert. Mit der Türkei wurde 1995 eine Zollunion vereinbart, die mithilfe von Übergangsfristen verwirklicht werden sollte. Ausgenommen waren landwirtschaftliche Produkte. Damit wurden viele Zölle zwischen der EU und der Türkei abgeschafft, gleichzeitig wurde angestrebt, nach außen den EU-Außenzoll anzusetzen. Zwar ist kein gemeinsamer Markt mit gemeinsamer Standardsetzung vorgesehen, aber EU-Standards im Sinne von Einfuhrverpflichtungen sind einzuhalten.

Die grundsätzlichen Möglichkeiten für ein zukünftiges Verhältnis zwischen der EU und Großbritannien zeigt die Abbildung 29. Die existierenden Vereinbarungen zwischen der EU und Norwegen, der Schweiz und Kanada bzw. der Türkei sind auf den 25 Feldern der Matrix eingezeichnet. Bislang müssen die Partner der EU umso mehr politische Zugeständnisse machen, je stärker sie Zugang zum EU-Wirtschaftsraum bekommen möchten.[219]

Abb. 29: Optionen zwischen Großbritannien und der EU

Ausmaß des Zugangs zum Binnenmarkt	Vollständig			UK mit		EU-Mitglied
	Groß			Kontinental-partnerschaft	Norwegen	
	Mittel			Schweiz		
	Gering		Kanada (Türkei)			
	Nein/kaum	WTO-Staat				
		Nein/kaum	Gering	Mittel	Groß	Vollständig
		Aušmaß an Zugeständnissen an die EU bei Personenfreizügigkeit für EU-Bürger Regulierungssouveränität (Rechtsharmonisierung mit EU) Nettozahlungen an die EU				

Quelle: Andreas Maisch, Zukunft der EU-Integration und der Globalisierung, Heinrich-Böll-Stiftung, Juni 2017, S. 4.

Was Großbritannien nach dem Brexit konkret will, ist seit dem Referendum weitgehend offengeblieben. Es gab eine Initiative der Regierung May, die sich am ehesten an das »Norwegen-Modell« anlehnte. Bekannt wurde sie als »Chequers-Plan«. Dieses 83 Seiten lange Dokument wurde am 12. Juli 2018 als innenpolitischer Kompromiss zwischen den Lagern veröffentlicht. In ihm wird das Verhältnis Großbritanniens zur EU im Anschluss an den Brexit konzipiert. Es finden sich darin die Kapitel ökonomische Partnerschaft, Sicherheit, Kooperation und institutionelle Arrangements. Es schlägt eine Freihandelszone für Güter vor, um weiter reibungslosen Handel zu gewährleisten. Unterstützt werden soll dies durch gemeinsam vereinbarte Zollregeln, aber nur soweit das für den reibungslosen grenzüberschreitenden Handel notwendig ist. Hierzu vorgesehen ist ein Assoziierungsabkommen mit der EU, die Skizze eines Kooperationsgerüsts zwischen London und Brüssel mit einem *Governing Body* aus Regierungsvertretern beider Seiten und einem »Gemeinsamen Komitee« zur Umsetzung und Einhaltung der Brexit-Vereinbarung. Die endgültige Fassung des Dokuments entstand bei einer Kabinettssitzung auf dem Landsitz Chequers am 6. Juli 2018. Es war von Beginn an umstritten. David Davis, bis dahin Brexit-Minister im Kabinett, und der damalige Außenminister Boris Johnson traten sogar von ihren Ämtern zurück, weil sie den Plan ablehnten. Auch als Premierminister ist Johnson bei seiner vehementen Ablehnung geblieben und hat den »Chequers-Plan« bereits mehrfach für tot erklärt.

Als Fazit bleibt: In den zwei Jahren dieses quälenden Austrittsprozesses fand die EU zu einer bemerkenswerten Einigkeit. Die Wahrung der Einheit als übergeordnetes Ziel war vor allem ein Selbstschutz, da sich die 27 verbleibenden Länder nicht von London spalten lassen wollten. Es herrscht ein großes Interesse daran, dass es keine Nachahmer gibt.[220] Der politische und ökonomische Preis eines Exits nach britischem Vorbild ist bereits Anfang 2020 so hoch, dass es sich für andere Staaten kaum lohnt, einen EU-Austritt in Erwägung zu ziehen. Der Brexit hat gezeigt, was passiert, wenn sich ein Land nicht entscheiden kann, welche Vorteile der EU-Mitgliedschaft es aufgeben will, um Souveränität zurückzuerlangen. Für die EU war es daher ein positiver Prozess, sich mit dieser Abwägung auseinanderzusetzen.[221]

5 Sturm auf Europa: Zerreißprobe Flüchtlingspolitik

»Jedes Land macht, was es will. Es war nie so eklatant wie heute, dass es gar kein gemeinsames Europa gibt. Die Flüchtlinge halten Europa einen Spiegel vor. Und was sieht man darin? Eine große Leere. Europa schaut in den Spiegel und sieht: nichts. Ein Albtraum.«[222]

Die steigende Zahl von Geflüchteten und von Migrantinnen und Migranten in vielen EU-Staaten und deren gesamtgesellschaftliche Folgen werden häufig als »EU-Flüchtlingskrise« bezeichnet, und zwar, seit sich die Zahl der Asylbewerber 2014 auf rund 627 000 erhöhte und 2015 auf über 1,3 Millionen fast verdoppelte. Diese lag 2016 nochmals bei 1,26 Millionen und ging infolge der Schließung der Balkanroute, des EU-Türkei-Abkommens vom März 2016 und weiterer Maßnahmen 2017 auf rund 650 000 zurück. Die anfängliche starke Zunahme deckte verschiedene Mängel des bestehenden Asylsystems der EU auf. Im Krisenverlauf missachteten einige EU-Staaten zentrale Vereinbarungen, die aus dem Schengener Abkommen von 1985 und dem Dubliner Übereinkommen von 1990 hervorgegangen waren, und verweigerten sich einer gerechten Verteilung der Geflüchteten. Dies wiederum stellte die Tragfähigkeit der EU-Verträge, die Integrationskraft der EU und das Solidaritätsprinzip in ihr infrage und führte dazu, dass die Asylpolitik der Europäischen Union, die europäische Migrationspolitik sowie die jeweilige nationale Einwanderungs- und Flüchtlingspolitik öffentlich debattiert wurden. Als Bestandteil der Krise gilt auch das Erstarken nationalpopulistischer und rassistischer Kräfte in vielen EU-Staaten, die Menschen als Spielball von Interessenpolitik und nationalen Egoismen missbrauchen.

5.1 Einwanderungs- und Asylpolitik in der EU

Mit der Gründung der Europäischen Union wurde auch die Migrationspolitik zu einem Politikfeld der Gemeinschaft. In einem Europa ohne Binnengrenzen spielten die Bereiche Integration, Migration und Asylrecht eine immer größere Rolle. So erließ die EU vor allem im Bereich der Asylpolitik verschiedene Richtlinien, welche die Mitgliedstaaten verpflichtend in nationales Recht umsetzen mussten. In der europäischen Migrations- und Asylpolitik werden drei Phasen[223] unterschieden:

- 1957–1990: koordinierte Politik der EU-Staaten,
- 1990–1999: verstärkte Zusammenarbeit zwischen den EU-Staaten,
- 1999–heute: gemeinsame Migrationspolitik.

In der ersten Phase (1957–1990) verfügte die Gemeinschaft nicht über eigene Kompetenzen im Bereich Migration und Asyl. Das war Aufgabe der einzelnen Mitgliedstaaten, die ihre Politik fallweise koordinierten, so z.B. in den Bereichen der grenzüberschreitenden Kriminalität oder des Terrorismus. In einer zweiten Phase (1990–1999) einigten sich einige europäische Staaten unter dem Eindruck steigender Asylbewerberzahlen auf drei Abkommen, die festlegten, welches Land für die Behandlung eines Asylantrages zuständig sein sollte:

- Die beiden Schengener Abkommen wurden zunächst von fünf Staaten außerhalb der europäischen Verträge unterzeichnet. Das erste Schengener Abkommen (»Schengen I«) vom 14. Juni 1985 regelte, dass innerhalb des Schengen-Gebietes die Personenkontrollen bis auf Stichproben hinter den Landesgrenzen wegfielen, Personen an den Außengrenzen zu Drittstaaten aber nach einem einheitlichen Standard kontrolliert wurden. Dazu wurden das Schengener Informationssystem (SIS, ein elektronischer Fahndungsverbund) geschaffen und einheitliche Einreisevoraussetzungen für Drittausländer (also nicht der EU oder dem Europäischen Wirtschaftsraum angehörigen Personen) festgelegt. Am 19. Juni 1990 unterzeichneten die teilnehmenden Länder dann das Schengener Durchführungsübereinkommen (»Schengen II«), in dem die konkreten Verfahrensabläufe der Umsetzung in gesetzlicher und technischer Hinsicht festgelegt sind. Benannt wurden die Abkommen nach dem Unterzeichnungsort, der Gemeinde Schengen im Großherzogtum Luxemburg. Die Zahl der Staaten, die sich an »Schengen« beteiligen, ist im Laufe der Jahre gestiegen. Heute sind in der Schengen-Kooperation fast alle EU-Mitgliedstaaten vertreten, darüber hinaus aber auch die Nicht-EU-Mitglieder Schweiz, Liechtenstein, Island und Norwegen (Abb. 30).
- Das Dubliner Abkommen von 1997 ist ein völkerrechtlicher Vertrag, der bestimmt, welcher Staat für die Prüfung eines in einem Mitgliedstaat der Europäischen Gemeinschaft gestellten Asylantrags zuständig ist. Formal ist das Übereinkommen weiterhin gültig, es wird faktisch jedoch nicht mehr angewendet, sondern wurde im Rahmen des Gemeinsamen Europäischen Asylsystems durch die Dublin-II- und die Dublin-III-Verordnung ersetzt.

Abb. 30: Der Schengen-Raum

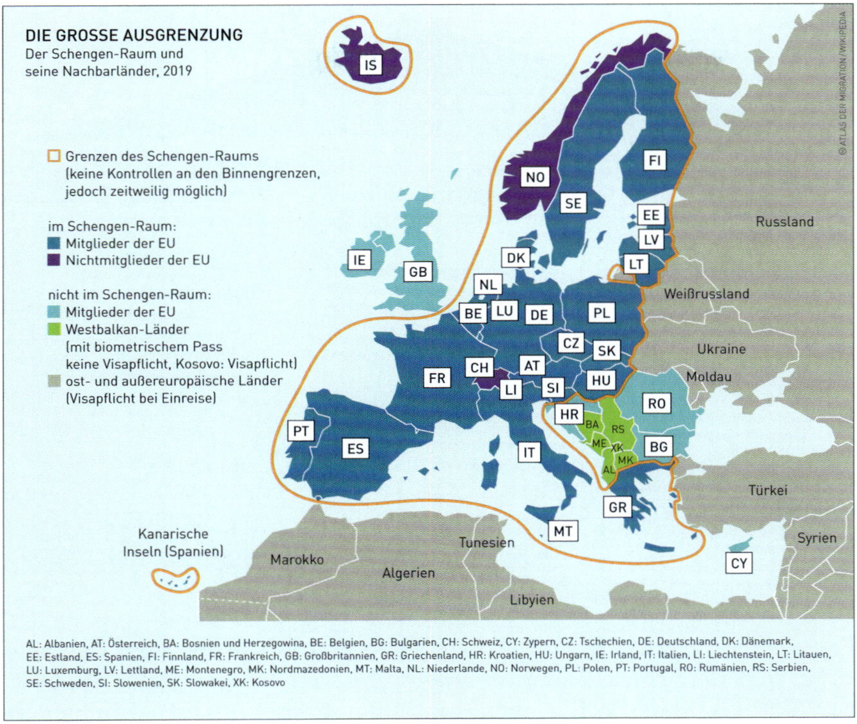

Quelle: Rosa-Luxemburg-Stiftung, Atlas der Migration – Daten und Fakten über Menschen in Bewegung, Berlin 2019, S. 31.

- Der Vertrag von Maastricht (1993 in Kraft getreten) legte u. a. fest, dass Asylpolitik als Aufgabe von »gemeinsamem Interesse« betrachtet, also gemeinschaftlich geregelt werden sollte. Nach diesem Abkommen tragen drei Säulen die Europäische Union (Abb. 31). Die Einwanderungs- und Asylpolitik ist Teil der dritten Säule, in der es um die »polizeiliche und justizielle Zusammenarbeit« geht. Mit dem Vertrag von Amsterdam 1999 wurde die Zusammenarbeit in den Bereichen Asyl, Einwanderung und Zivilrecht in das Beschlussfassungsverfahren der Gemeinschaftsmethode überführt. Mit der Ratifizierung des Vertrages von Lissabon 2009 wurde die Säulenstruktur aufgehoben und deren Inhalte in einem Vertrag zusammengefasst, welcher die Rechtspersönlichkeit der Europäischen Union begründete.

Abb. 31: Die drei Säulen des Maastricht-Vertrages

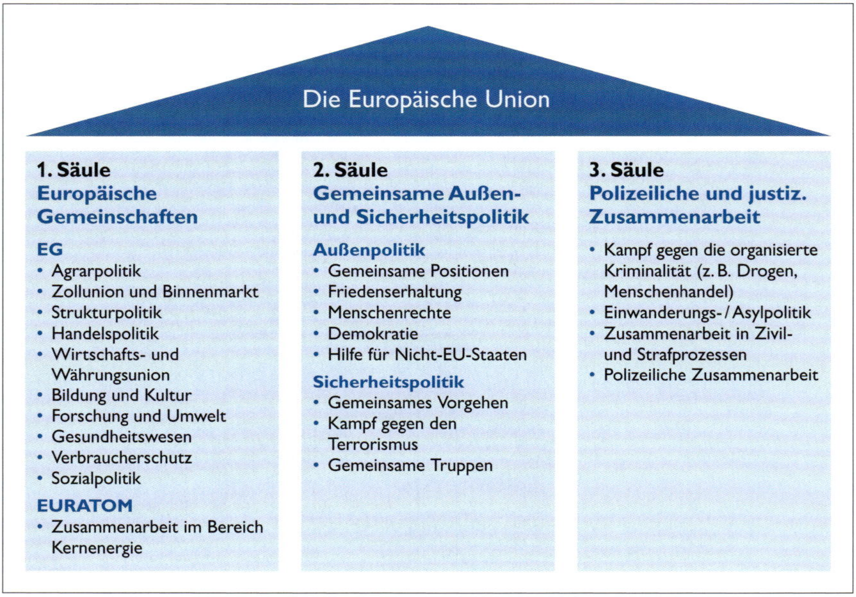

Erst seit dem Amsterdamer Vertrag, der 1999 in Kraft trat, wird die Politik in den Bereichen Migration und Asyl in Teilen gemeinsam geregelt. Bis 1990 verfügte die EU über keine migrationspolitischen Kompetenzen. Jeder Staat regelte seine Belange selbst. Danach gewann die europäische Migrationspolitik an Gewicht. Durch den Vertrag von Amsterdam wurden den Organen der EU neue Befugnisse übertragen, sodass diese nach einem bestimmten institutionellen Mechanismus Rechtsvorschriften im Bereich Asyl ausarbeiten konnten. Der Vertrag von Amsterdam verlagerte mithin die Kompetenzen der einzelnen Mitgliedstaaten zum Thema Migration nach Brüssel. Eine inhaltliche Ausgestaltung des geschaffenen Rechtsrahmens entwickelten die Staats- und Regierungschefs Europas 1999 in der finnischen Stadt Tampere, indem sie ein Programm zum Aufbau eines gemeinsamen Asylsystems sowie zur Schaffung eines gemeinsamen Raumes der Freiheit, der Sicherheit und des Rechts ausarbeiteten.[224]

In den folgenden Jahren wurde die europäische Asylpolitik zunehmend ausgeweitet. 2004 entstand etwa im Rahmen des Haager Programms die Grenzschutzagentur Frontex. Des Weiteren gilt durch die Verträge von Nizza 2001 und Lissabon 2007 für alle Bereiche der europäischen Asyl-

und Migrationspolitik die qualifizierte Mehrheit sowie das ordentliche Gesetzgebungsverfahren. Der Vertrag von Lissabon, der mithin erstmals Mehrheitsentscheidungen der Mitgliedstaaten auch gegen die Stimme einzelner Staaten ermöglichte, wandelte die Art und Weise der Asylmaßnahmen von der Festlegung von Mindeststandards in ein gemeinsames System mit einheitlichem Status und Verfahren um. Dieses System umfasste dabei folgende Aspekte:

- einen einheitlichen Asylstatus,
- einen einheitlichen subsidiären Schutzstatus,
- eine gemeinsame Regelung für den vorübergehenden Schutz,
- gemeinsame Verfahren für die Gewährung und den Entzug des Asylstatus bzw. des subsidiären Schutzstatus,
- Kriterien und Verfahren zur Bestimmung des Mitgliedstaates, der für die Prüfung eines Asylantrags zuständig ist,
- Normen für die Aufnahmebedingungen sowie
- die Partnerschaft und Zusammenarbeit mit Drittländern.

Seit dem Vertrag von Lissabon gilt nach Artikel 80 des Vertrages über die Arbeitsweise der Europäischen Union (AEUV) ausdrücklich der Grundsatz der Solidarität und der gerechten Aufteilung der Verantwortlichkeiten unter den Mitgliedstaaten. Schließlich entstand bis 2013 auch das Gemeinsame Europäische Asylsystem (GEAS). Den Kern bildet die sogenannte Dublin-III-Verordnung, die regelt, welcher Mitgliedstaat für die Bearbeitung der Asylanträge zuständig ist. Neben dieser bilden die folgenden drei Rechtsinstrumente die Grundpfeiler des GEAS:

- *Die Aufnahmerichtlinie* legt gemeinsame Standards für die Lebensbedingungen von Asylantragstellern während des Asylverfahrens fest, z. B. in Bezug auf Unterbringung, Versorgung, besondere Bedarfe oder Zugang zum Arbeitsmarkt.
- *Die Qualifikationsrichtlinie* enthält Vorgaben zu den Kriterien für den internationalen Schutz, also die Anerkennungsvoraussetzungen für Geflüchtete und »subsidiär Schutzberechtigte«. Außerdem regelt die Richtlinie ein Mindestniveau an Rechten für Personen, denen nach der Richtlinie internationaler Schutz gewährt wurde.
- *Mit der Verfahrensrichtlinie* werden Mindeststandards für die Durchführung des Asylverfahrens festgelegt.

Die Qualifikationsrichtlinie ist eine wichtige Besonderheit, denn sie geht weit über das bisherige internationale Recht hinaus. Die Begriffe »Geflüchteter« und »Asylberechtigter« bedeuten im EU-Recht fast dasselbe. Es geht dabei um Menschen, die als politisch Verfolgte Anspruch auf Asyl haben. »Politische Verfolgung« bezeichnet dabei eine individuelle

Verfolgung, die im Heimatstaat aufgrund individueller Merkmale wie z. B. ihrer Religionszugehörigkeit, ethnischer Abstammung, Hautfarbe, sexueller Orientierung oder politischer Einstellungen erlitten wird. Die Genfer Flüchtlingskonvention als völkerrechtliche Norm oder auch Artikel 16a des Grundgesetzes in Deutschland schützen Menschen vor dieser Art von Hetzjagd. Sie schützen aber nicht »kollektiv Verfolgte« wie Opfer von Kriegen oder Bürgerkriegen. Diese Menschen fallen nicht unter die Definition der Verfolgung aufgrund individueller Merkmale. Keine nationale oder internationale Rechtsnorm schützte also bisher die Opfer von Kriegen und Bürgerkriegen, wohl auch deshalb, weil sich die Staaten hinsichtlich der Bewältigung eines zu erwartenden Massenansturms im Kriegs- oder Bürgerkriegsfall schlicht überfordert wähnten. Die EU hingegen nahm sich, weltweit einmalig, auch des Schutzes der Opfer von Kriegen und Bürgerkriegen an und bezeichnet diese Menschen als »subsidiär Schutzberechtigte«. Subsidiär schutzberechtigt sind in Ländern der EU, mit Ausnahme von Großbritannien, Irland und Dänemark, Geflüchtete, denen trotz fehlender individueller Verfolgung im Sinne der Genfer Flüchtlingskonvention nach Artikel 15 der Richtlinie 2011/95/EU (Qualifikationsrichtlinie) ein ernsthafter Schaden drohen würde, wenn sie in ihr Herkunftsland zurückkehren würden. »Subsidiärer Schutz« bedeutet in der Regel vorübergehende Aufnahme in einem Mitgliedstaat der EU, bis eine sichere Rückkehr in das Heimatland möglich ist. Die EU fügte also der Kategorie »Geflüchtete« die neue, international einzigartige Kategorie »subsidiär Schutzberechtigte« hinzu und versah sie mit Rechtsansprüchen. Damit ging und geht die EU-Gesetzgebung weit über das hinaus, was in Deutschland und den anderen Mitgliedstaaten an Schutzrechten verankert war und ist. Die Problematiken, die sich aus einer solchen Regelung angesichts weltweit fortschreitender staatlicher Fragilität mit entsprechender Gewaltanwendung rivalisierender Machtakteure ergeben, waren bereits damals mehr als deutlich zu erkennen.

Die Europäische Union kann nur dann tätig werden, wenn der EU-Vertrag dazu eine rechtliche Grundlage bietet. In der Einwanderungspolitik sind dies die Artikel 79 und 80 des Vertrags über die Arbeitsweise der Europäischen Union (AEUV). Da die EU in diesem Rahmen das Initiativmonopol besitzt, gehen Richtlinien und Verordnungen auf sie zurück. Das gilt heute auch für die Bereiche Einwanderungs- und Asylpolitik.

5.2 Die EU und die Migrationskrise

In den Jahren 2015 und 2016 erlebte die EU einen beispiellosen Zustrom von Geflüchteten und Migranten. Über eine Million Menschen erreichten die Europäische Union, die meisten davon auf der Flucht vor Krieg in Syrien und anderen Ländern. Seit August 2015 prägt der Begriff »Flüchtlingskrise« die öffentliche Debatte in den EU-Staaten. Die hohe Aufmerksamkeit, die dem Thema »Migration« seither zukommt, ist gleichzeitig Symptom und Beschleuniger einer politischen Problematik, die in der Europäischen Union zu nachhaltigen Verwerfungen geführt hat.[225] Diese Entwicklungen dienten auch als Revitalisierungsprogramm einer politischen Strömung, der die Krisenthemen auszugehen schienen: des Nationalpopulismus (Kap. 3).

Die eigentliche Ursache der »Krise« war aber nicht die Massenflucht Not leidender Menschen, sondern sie steckte in den Konstruktionsfehlern des Gemeinsamen Europäischen Asylsystems (GEAS) und der mangelhaften Umsetzung der zahlreichen asylrechtlichen Richtlinien und Vorgaben der EU-Kommission.[226] Es handelte sich also nicht um ein Versagen der EU, sondern um ein Versagen der Mitgliedstaaten der EU, die für die Umsetzung des Unionsrechts verantwortlich waren.[227] Bei gutem Wetter waren sie Verpflichtungen eingegangen, an die sich einige plötzlich nicht mehr gebunden fühlten, als Regen und Sturm einsetzten.

Der Europäische Gerichtshof (EuGH) begründete bereits in den frühen 1970er-Jahren eine »Pflicht zur Solidarität«, die sich unmittelbar aus der Mitgliedschaft eines Staates in der EU ergab. Vor dem Hintergrund der Krise in der Migrations- und Asylpolitik ist dies auch heute noch aktuell, weil ein Zusammenhang herstellt wird zwischen dem Willen zur gegenseitigen Solidarität und dem Fundament der EU, auf dem diese als Rechtsgemeinschaft ruht. Eine europäische Rechtsgemeinschaft steht und fällt also mit der Bereitschaft der Mitgliedstaaten, das supranationale Recht zu akzeptieren und die eigene Politik am europäischen Solidaritätsprinzip auszurichten. Das gilt auch und gerade in solchen Fällen, in denen EU-Beschlüsse derzeitigen nationalen Interessen widersprechen.[228] Ohne den Willen der Mitgliedstaaten, in der eingegangenen Gemeinschaft Solidarität in Bezug auf die gemeinsam vereinbarten Ziele auf Basis des Gemeinschaftsrechts auszuüben, kann die EU nicht bestehen.[229]

Aufgrund ihrer geografischen Lage sind Spanien, Italien und Griechenland die erste Anlaufstelle für Geflüchtete, die aus Afrika oder Asien kommen. Dies hat seit vielen Jahren zu einer Ungleichverteilung und zu einer sehr hohen Belastung der südlichen Schengen-Staaten geführt. Das »Dublin-System« hat den Ländern, in denen Geflüchtete zuerst in die EU einreisen, automatisch die Zuständigkeit für das Asylverfahren zugewiesen. Dieses System funktionierte in der Vergangenheit nur unzureichend. Die Regierungen der südeuropäischen EU-Staaten fühlten sich aufgrund der hohen Belastungen alleingelassen und forderten deshalb immer wieder konkrete europäische Solidarität. Erst als im Zuge der »Flüchtlingskrise« ab 2015 auch andere EU-Staaten wie Deutschland, Schweden, Österreich oder Ungarn mit stark steigenden Geflüchtetenzahlen konfrontiert waren, wurden die Schwachstellen des »Dublin-Systems« offensichtlich.[230]

Im »Sommer der Migration« 2015 kollabierte schließlich dieses System. Hunderttausende Menschen, besonders aus der Bürgerkriegsregion Syrien, suchten sich einen Weg von der Türkei nach Griechenland. Von dort gelangten sie über die sogenannte »Balkanroute« in den mitteleuropäischen Teil der EU, die unvorbereitet war und unkoordiniert reagierte. Die Zunahme wurde in Europa als »Krise« eingestuft, nachdem sich die Zahl der Neuzugänge 2015 auf über 1,3 Millionen fast verdoppelt hatte. Sie lag 2016 nochmals bei 1,26 Millionen und ging, wie oben erwähnt, infolge der Schließung der Balkanroute, des EU-Türkei-Abkommens und weiterer Maßnahmen 2017 auf rund 650 000 zurück. Geflüchtete kamen vor allem über drei Routen[231] in die EU (Abb. 32):

- *über die östliche Mittelmeerroute* von der Türkei nach Griechenland, meist auf dem Seeweg über die östliche Ägäis nach Lesbos. Von dort gelangten sie über Rumänien oder Serbien oder die westliche Balkanroute (Albanien, Montenegro oder Nordmazedonien) nach Ungarn, Österreich, Deutschland und weiter nach West- und Nordeuropa. Diese Routen nutzten 2015 vor allem Menschen aus Syrien, Afghanistan, Pakistan und der Subsahara, aber auch Nordafrikanerinnen und -afrikaner aus Tunesien und Marokko, denen die Türkei die Visapflicht 2013 erlassen hatte.
- *über die zentrale Mittelmeerroute* von Libyen nach Italien (Lampedusa, Sizilien) oder Malta. Diesen Weg nutzten 2015 vor allem Menschen aus Subsahara-Afrika, die über die Sahelzone zur Mittelmeerküste Nordafrikas kamen. Geflüchtete aus Syrien nutzten die Route 2015 kaum noch, da Ägypten und Algerien ihnen den Zugang nach Libyen durch Visapflicht erschwert hatten.
- *über die westliche Mittelmeerroute* von Marokko nach Spanien auf dem Seeweg oder über die spanischen Enklaven Ceuta und Melilla. Dieser Fluchtweg verlor wegen der enorm verstärkten Grenzzäune und Grenzkontrollen an Bedeutung.

Die schon seit Langem bestehenden Widersprüche in der Migrationsfrage traten offen zutage. Nachdem Mitgliedsländer begannen, bei ihnen eingereiste Flüchtlinge nicht zu registrieren, um zu verhindern, dass sie bei

Abb. 32: Hauptfluchtrouten in die EU

Quelle: dpa-Grafik 23294, www.dpa.de.

einer Weiterreise in andere EU-Staaten zu ihnen zurückgeschickt werden konnten, war das Dublin-Abkommen faktisch nicht mehr wirksam. Einige Länder gestatteten es Asylsuchenden, durch ihr Gebiet zu reisen, andere bestanden auf ihrem Recht, sie zurückzuschicken, und wieder andere führten erneute Grenzkontrollen innerhalb des Schengen-Raumes ein, um sie an der Einreise zu hindern.[232] Die koordinierte Asyl- und Flüchtlingspolitik der EU war zusammengebrochen. Ab September 2015 gingen immer mehr EU-Mitgliedstaaten zu Grenzkontrollen über. Im Februar 2016 setzte Österreich die Schließung der Balkanroute an allen EU-Grenzübergängen durch. Die Schengener Freizügigkeit geriet in eine Art *Stand-by*-Modus. Der kleinste gemeinsame Nenner in der EU scheint es seitdem zu sein, die Einwanderungskontrollen erneut in die Türkei und nach Afrika zu verlagern. In sogenannten *Hotspot*-Zentren entlang der griechischen und italienischen Küste sortieren die Europäische Grenz- und Küstenwache Frontex und das Europäische Unterstützungsbüro für Asylfragen (EASO) die Ankommenden, verweigern vielen den Zugang zum Asylsystem der EU und schicken sie zurück.[233]

Im Frühjahr 2015 schlug die Kommission im Rahmen ihrer Europäischen Agenda für Migration ein Konzept von Erstaufnahme- und Registrierungszentren vor. Sie sollten vor allem in Griechenland und Italien eingerichtet werden. Zweck war es, die ankommenden Geflüchteten direkt an der EU-Außengrenze zu identifizieren, zu registrieren und ihnen Fingerabdrücke abzunehmen. Auf einem EU-Sondergipfel am 23. September 2015 wurde vereinbart, elf arbeitsfähige *Hotspots* (sechs in Italien, fünf in Griechenland) einzurichten. Drei erste solche Zentren waren für die griechischen Inseln unmittelbar vor der türkischen Küste vorgesehen. Die in Betrieb befindlichen *Hotspots* in Griechenland dienten dann seit Frühjahr 2016 hauptsächlich als Abschiebezentren, um das EU-Türkei-Abkommen zur Rücknahme der von dort kommenden Geflüchteten umzusetzen.

Dieses »EU-Türkei-Flüchtlingsabkommen« vom 7./8. März 2016 steht besonders in der Kritik, da es im Grunde den Offenbarungseid einer gemeinsamen EU-Politik darstellt. Im Kern wurde folgendes vereinbart:

- Alle neuen »irregulären Migranten«, die ab dem 20. März 2016 auf den griechischen Inseln ankommen und die kein Asyl beantragen oder deren Antrag als unbegründet oder unzulässig abgelehnt wird, werden auf Kosten der EU in die Türkei zurückgebracht. Nach Registrierung der Geflüchteten werden deren Asylanträge auf Einzelfallbasis bearbeitet. Jegliche Art von Kollektivausweisung ist vertraglich ausgeschlossen.
- Für jeden aus Syrien stammenden Menschen, der von den griechischen Inseln in die Türkei zurückgebracht wird, soll ein anderer syrischer Geflüchteter aus der Türkei in die EU umgesiedelt werden (1:1-Neuansiedlungsregelung).
- Die Türkei wird alle notwendigen Maßnahmen ergreifen, um zu verhindern, dass neue See- oder Landwege für eine illegale Migration aus der Türkei in die EU entstehen.

- Sobald die unkontrollierten Grenzübertritte zwischen der Türkei und der EU beendet oder ihre Zahl erheblich reduziert sind, wird eine Regelung zur freiwilligen Aufnahme syrischer Flüchtlinge aus humanitären Gründen aktiviert.

EU-weit leben in Schweden pro 1 000 Einwohner die meisten Flüchtlinge und Asylbewerber (28,1, Abb. 33). Es folgen die Länder Zypern, Malta, Österreich, Deutschland und Griechenland mit Werten zwischen 10 und 24,9. In allen anderen EU-Staaten liegt der Wert unter 10. Die Zahl der in Deutschland neu registrierten Flüchtlinge nimmt seit der »Geflüchtetenkrise« kontinuierlich ab und lag zuletzt unter dem Niveau von 2014.

Abb. 33: Geflüchtete und Asylbewerber in EU-Staaten 2018 (je 1 000 Einwohner)

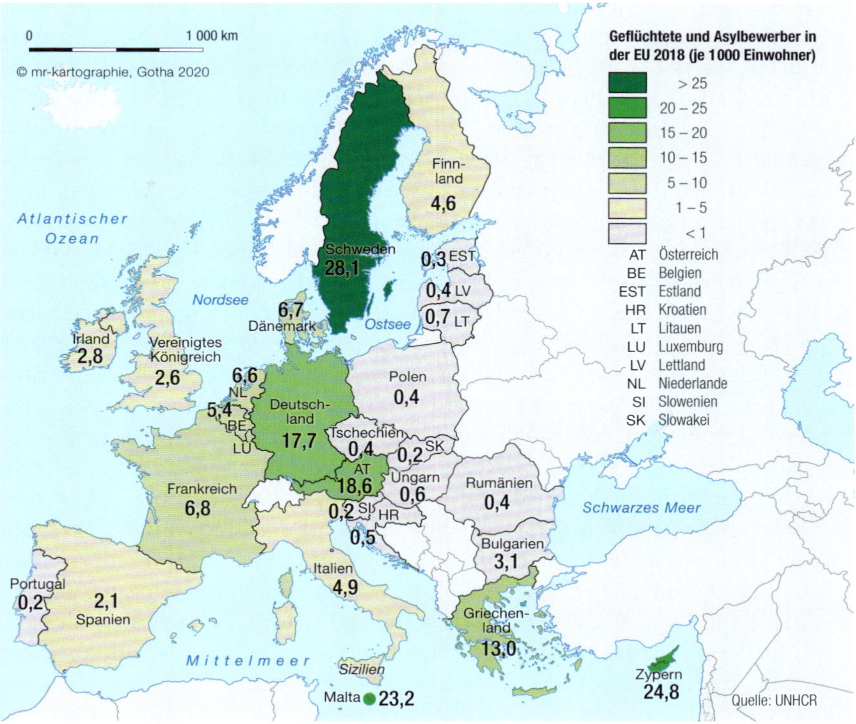

Die europäischen Staaten haben in jahrzehntelanger Arbeit die Asylpolitik ausgearbeitet – von einer informellen Koordinierung hin zu einem supranationalen Politikbereich. Das bedeutet insbesondere, dass Regelungen mehrheitlich und auch gegen den Willen einzelner Mitgliedstaaten entschieden werden dürfen. In manchen Mitgliedstaaten wird das geschaffene europäische Recht allerdings schlicht nicht beachtet. Auch im Hinblick auf die Dublin-Regelungen verhalten sich die Mitgliedstaaten sehr unterschiedlich. Ungarn zum Beispiel setzte die Bestimmungen aus, weil es sich mit den Flüchtlingsströmen überfordert fühlte, und nahm keine Flüchtlinge mehr zurück. Auch Griechenland verstieß gegen die Dublin-Regelungen, indem es Flüchtlinge unregistriert Richtung Norden weiterreisen ließ. Doch nicht nur die Dublin-Verordnung, sondern auch die Schengen-Regeln wurden nicht eingehalten. Das führte z. B. in Griechenland zu Problemen, wohin zahlreiche Geflüchtete unkontrolliert kamen, ohne dass die Personalien korrekt erfasst oder der Grenzschutz ordnungsgemäß durchgeführt worden wären. Hier wird deutlich, dass europäisches und internationales Recht gern dann beachtet werden, wenn es einzelnen Nationalstaaten einen Vorteil bringt. Im anderen Falle lassen sich zahlreiche Verstöße und divergierende Interpretationen der gemeinsamen Regeln feststellen.

Anstatt an einem Strang zu ziehen, beschuldigten sich die einzelnen EU-Mitgliedstaaten gegenseitig, für das Ausmaß der Flüchtlingskrise verantwortlich zu sein. Weder gemeinsame Lösungsversuche wie die Verteilung von Geflüchteten wurden umgesetzt, noch richteten die einzelnen Staaten ihre Handlungen am geltenden europäischen Recht aus. Die Mitgliedstaaten fanden stets gute Gründe, ihre Partner nicht oder nur eingeschränkt zu unterstützen. Auch Deutschland sprach sich lange gegen verbindliche Quoten für die Verteilung von Flüchtlingen innerhalb der EU aus und verwies auf das geltende Dubliner Übereinkommen. Diese Entwicklung führt zwei Probleme vor Augen: Erstens ist die Dublin-Regelung nicht geeignet, in der EU ankommende Flüchtlinge gerecht unter den Mitgliedstaaten zu verteilen. Zweitens waren und sind die EU-Mitgliedstaaten kaum bereit, über die Regelung hinaus freiwillig Flüchtlinge aus anderen EU-Partnerstaaten aufzunehmen. Europäische Solidarität in der Flüchtlingspolitik war und ist ein Lippenbekenntnis[234]. Anders formuliert: In der Krise herrschten ausgeprägter Nationalismus und Intergouvernementalismus zulasten der Unionsstrukturen. Gleichzeitig schlossen sich einige Staaten auch zusammen, um gemeinsam eine Politik zu machen, die anderen Mitgliedstaaten schadete. In Anbetracht dieser Situation gab es nichts, was Europa zusammengehalten hätte, und gleichzeitig wirkten viele Maßnahmen gegeneinander. Dieses Verhalten hat weitreichende Konsequenzen.

Es lässt sich folgern, dass die nationalstaatlichen Alleingänge erst die eigentliche Krise geschaffen haben, da Probleme wie die Ungleichverteilung oder die schlechten Fluchtbedingungen erst richtig durch Abschottungsmaßnahmen bzw. das unerwartete Verhalten einzelner Nationalstaaten entstanden. Das hängt insbesondere damit zusammen, dass z. B. Grenzzäune oder stärkere Kontrollen in einzelnen Ländern zu plötzlichen Veränderungen in großem Ausmaß geführt haben, auf die die Staaten nicht schnell genug reagieren konnten. Es lässt sich mit einigem Recht behaupten, dass die eigentliche »Krise« politisch bewusst herbeigeführt wurde, und zwar von den Mitgliedstaaten, in denen nationalpopulistische Kräfte an den Regierungen beteiligt waren. Diese Kräfte wissen, dass ihre Wahlerfolge unmittelbar vom Vorhandensein großer krisenhafter Entwicklungen abhängen. Daher sind sie keine Krisenlöser, sondern Krisensucher, und das wurde im Zuge der »Geflüchtetenkrise« ab 2015 exemplarisch vorgeführt.

Abb. 34: Illegale Grenzübertritte in die EU

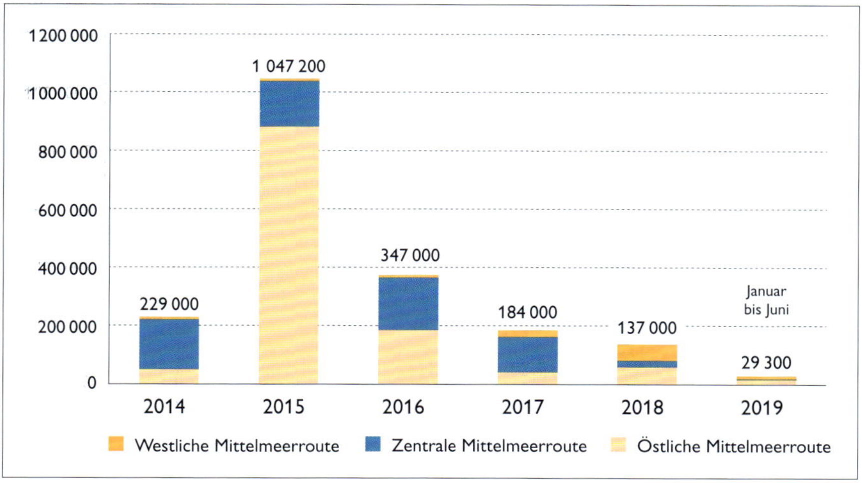

Quelle: Frontex.

Die derzeitige Diskussion in den Gesellschaften der EU hat mit der Realität immer weniger zu tun. Stattdessen kultivieren nationalpopulistische Kräfte Mythen und halten sie am Leben. Die folgenden halten sich besonders hartnäckig[235]:

- *Europa befinde sich in einer Migrationskrise.* Fakt ist: Die rekordhaften Migrationsströme in die EU, die 2015 und 2016 zu beobachten waren, haben 2017 und 2018 stetig nachgelassen (Abb. 34). Die Mehrheit der Geflüchteten und Migranten bleibt in an ihre Heimatländer angrenzenden Staaten. Die EU unterstützt Drittländer im Rahmen von Partnerschaften dabei, Instabilität, Vertreibung und Migration zu bekämpfen.

- *Die EU schütze ihre Grenzen nicht.* Richtig ist: Die neue Europäische Grenz- und Küstenwache unterstützt mit etwa 900 Grenzschutzbeamten die eigenen Kapazitäten der Mitgliedstaaten, die mehr als 100 000 Grenzschutzbeamte im Einsatz haben. Darüber hinaus stellen neue Vorschriften sicher, dass jede Person, die die Außengrenzen überschreitet, mit allen Sicherheitsdatenbanken abgeglichen wird. Die EU arbeitet zudem daran, kriminelle Schleuser- und Menschenhändlernetze zu zerschlagen. Im Rahmen der »Operation Sophia« wurden z. B. mehr als 151 mutmaßliche Schleuser und Menschenhändler aufgegriffen und 551 Schiffe neutralisiert.
- *Die EU lasse die Mitgliedstaaten im Stich.* Richtig ist: Die EU hat für die unter Druck stehenden Mitgliedstaaten Finanzmittel in nie da gewesener Höhe bereitgestellt. Dazu gehörten Griechenland (2 Milliarden EUR), Italien (885 Millionen EUR) und Spanien (708 Millionen EUR). Die Kommission schlug weiterhin vor, die Finanzmittel für Migrationssteuerung und Grenzsicherung im nächsten EU-Haushalt (2021 bis 2027) auf 34,9 Milliarden EUR zu verdreifachen. Die EU unterstützt die Mitgliedstaaten darüber hinaus mit Grenzschutzbeamten der Europäischen Grenz- und Küstenwache, Asylbeamten des Europäischen Unterstützungsbüros für Asylfragen und Sicherheitsbeamten von Europol.
- *Die EU verhindere die Rückführung straffälliger Migranten.* Richtig ist: Migranten, die Straftaten begehen, unterliegen dem Strafrecht. Die EU-Mitgliedstaaten können Asylanträge ablehnen oder den Flüchtlingsstatus aberkennen, wenn ein Asylbewerber eine Gefahr für die Sicherheit eines Mitgliedstaats darstellt oder wegen einer besonders schweren Straftat verurteilt wurde. Ohne Flüchtlingsstatus haben diese Personen kein Bleiberecht in Europa und müssen in ihre Herkunftsländer rückgeführt werden.

Auch bei der Umsetzung der Europäischen Migrationsagenda der Kommission gibt es Fortschritte[236]:

- 2018 wurden rund 150 000 irreguläre Einreisen über die EU-Außengrenzen (25 % weniger als 2017) festgestellt. Dies war der niedrigste Stand seit fünf Jahren; er lag damit mehr als 90 % unter der Zahl im Jahr 2015.
- Die Maßnahmen der EU haben dazu beigetragen, dass seit 2015 fast 730 000 Menschen auf See gerettet wurden.
- Für Millionen Asylsuchende, Flüchtlinge und Vertriebene wurden Programme aus dem Nothilfe-Treuhandfonds der EU für Afrika finan-

ziert: Mehr als 5,3 Millionen Schutzbedürftige erhielten grundlegende Unterstützung, Informationskampagnen wurden durchgeführt, die fast eine Million Menschen erreichten, und mehr als 60 000 Menschen wurde nach ihrer Rückkehr bei der Wiedereingliederung geholfen.

- Außerdem hat der EU-Treuhandfonds für Afrika seit seinem Anlaufen 2017 entscheidend zur freiwilligen humanitären Rückkehr von mehr als 37 000 schutzbedürftigen Migrantinnen und Migranten aus Libyen in ihre Herkunftsländer beigetragen.
- Gegen kriminelle Schleusernetze wurde gezielt vorgegangen: Allein 2018 spielte das Europäische Zentrum zur Bekämpfung der Migrantenschleusung bei über hundert Fällen von Menschenschmuggel eine Schlüsselrolle. Gemeinsame Ermittlungsgruppen bekämpfen die Schleuserkriminalität in Ländern wie dem Niger.
- 34 710 Personen, die internationalen Schutz benötigen, wurden aus Italien und Griechenland umgesiedelt.
- Zwischen 2015 und 2017 wurden über 140 Milliarden EUR aus dem Asyl-, Migrations-und Integrationsfonds für Maßnahmen zur Förderung der Integration und der legalen Migration bereitgestellt.
- Förmliche Rückübernahmeabkommen oder praktische Vereinbarungen über die Rückführung und Rückübernahme wurden inzwischen mit 23 Herkunfts-und Transitländern geschlossen.
- Parallel dazu wurden 2018 über 80% der humanitären Hilfe der EU zur Deckung des Bedarfs von Flüchtlingen und Vertriebenen eingesetzt.

Einfacher als eine Faktenanalyse ist aber eine Politik mit der Angst, wie sie die Geschäftsgrundlage nationalpopulistischer Parteien ist.

5.3 Politik mit der Angst

Nationalpopulisten stellen sich nicht mehr grundsätzlich gegen die EU auf, auch weil sie auf deren Transferleistungen nicht verzichten wollen. Hinzu kommt, dass laut Umfragen viele Menschen in den Mitgliedstaaten Europa positiv sehen. Daher geht es darum, die EU in eine andere Richtung zu verschieben: wieder mehr Nationalstaat. Das Thema Migration hat dabei in den Gesellschaften Europas zu neuen politischen Verwerfungen und Polarisierungen geführt. Demokratien sind unter Druck geraten, und die »Geflüchetenkrise« wird mit einer Spaltung Europas in Verbindung gebracht. Das Mercator Forum Migration und Demokratie (MIDEM) der Technischen Universität Dresden kommt in seinem Jahresbericht 2018 »Migration und Populismus« zu folgenden Ergebnissen[237]:

Migration hat bestehende Konfliktlinien in und zwischen den europäischen Gesellschaften offengelegt oder verschärft. Sie ist dabei Katalysator, aber nicht Ursache. Oftmals sind es eher kulturelle Fragen wie z. B. unterschiedliche Vorstellungen von Identität, Zugehörigkeit und Fremdheit, welche nationalpopulistische Parteien begünstigen. Für sie ist die öffentliche Bedeutung des Themas Migration zentrale Voraussetzung für die Mobilisierung der eigenen Anhängerschaft beim Protest gegen die »herrschende Elite«. Nimmt die öffentliche Bedeutung zu, können nationalpopulistische Parteien mit Zugewinnen bei Wahlen rechnen. Nationalpopulisten haben daher maßgeblich zu einer diskursiven Verschiebung des Diskurses in Richtung einer vornehmlich negativen bzw. problematisierenden Darstellung des Themas Asylsuche beigetragen. Nationalpopulismus lebt von den Bedrohungsgefühlen, Feindbildern und negativen Emotionen, die Migration in Teilen der Bevölkerung erzeugt. Zu diesem Zweck politisieren und skandalisieren Nationalpopulisten Migration gezielt.

Es ist von der Existenz einer »Wirkungskette« auszugehen, die Stimmenzuwächse für nationalpopulistische Parteien erzeugt[238]: Ausgangspunkt

Abb. 35: Deutsche wünschen europäische Lösung

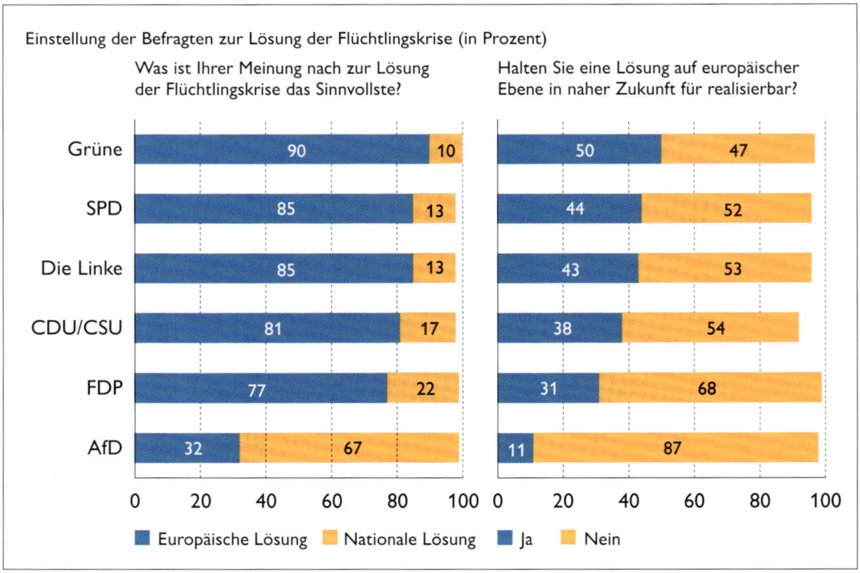

Quelle: https://de.statista.com/infografik/14504/einstellung-der-befragten-zur-loesung-der-fluechtlingskrise/; 29.06.2018.

sind plötzlich auftretende Migrationsbewegungen und der damit verbundene Anstieg der Flüchtlings- bzw. Zuwanderungszahlen. Als Folge setzen im Aufnahmeland Medienberichterstattung und politische Debatten über »Migration und Flüchtlinge« ein. Dies aktiviert die in Teilen der Bevölkerung latent vorhandene Skepsis gegenüber Migration und die damit verbundenen Ängste und Befürchtungen. Migration bringt diese Ängste und Befürchtungen nicht hervor, sondern regt sie an und verstärkt sie. Nationalpopulistische Parteien bestätigen und verstärken nunmehr diese Ängste und Befürchtungen und machen die Problematik »Migration und Geflüchtete« zum Schwerpunkt ihrer politischen Kampagnen. Die Aktivierung migrationsfeindlicher Einstellungen, verbunden mit der weitverbreiteten Unzufriedenheit mit dem Migrationsmanagement der Regierungen und der Europäischen Union, schlägt sich letztlich in Wählerstimmen für nationalpopulistische Parteien nieder. Die Wirkungskette »Migration-Nationalpopulismus« mündet in der Regel in eine restriktivere Ausrichtung der Migrations- und Geflüchtetenpolitik Auch nichtpopulistische Regierungen wie in Deutschland haben einen restriktiveren Kurs eingeschlagen. Eine Besonderheit dieser Wirkungskette ist, dass sie auch dann angestoßen wird bzw. anhält, wenn faktisch gar kein starker Anstieg der Geflüchtetenzahlen mehr vorhanden ist.

In Europa ist das Beharren auf nationalstaatlicher Souveränität im Bereich der Asyl- und Migrationspolitik nach wie vor stark ausgeprägt. Demgegenüber wird Migration allerdings hauptsächlich als europäisches Thema wahrgenommen (Abb. 35). In Umfragen gibt ein Großteil der Befragten an, dass Migration die wichtigste Herausforderung für die EU sei. Kaum ein Thema wird so eng mit der EU verbunden. Damit unterstreicht die Migrationsthematik zwar die Bedeutung der EU, verpflichtet diese aber zugleich, Wege zu einer Lösung zu finden.[239]

Die Herausforderung »Migration« fand immer dann eine hohe Beachtung, wenn sie so wie in Italien und Ungarn in politischen Kampagnen zum öffentlichen Thema gemacht wurde. Im Europawahlkampf 2019, aber auch in nationalen Wahlen zielten nationalpopulistische Parteien deshalb insbesondere auf Polarisierungs- und Skandalisierungsstrategien ab.[240] Sie betrieben gezielt die Dämonisierung von Migranten als Eindringlingen, die die »Kultur« des eigenen Nationalstaates zerstören wollen. Die Grenzen des Sagbaren und des Anstandes wurden dabei immer weiter verschoben. Der damalige italienische Innenminister und Chef der nationalpopulistischen *Lega*, Matteo Salvini, bezeichnete Geflüchtete als »Menschenfleisch« und untersagte Schiffen mit aus Seenot geretteten Geflüchteten, in italienischen Häfen anzulegen. In einem Parteiblatt der in Österreich damals regierenden

FPÖ erschien ein Gedicht, das Geflüchtete mit Ratten gleichsetzte und vor einer Vermischung der Kulturen warnte. Die Alternative für Deutschland (AfD) spricht von »Messereinwanderung« oder »barbarischen, muslimischen, gruppenvergewaltigenden Männerhorden«. Es wird Angst geschürt vor der Einwanderung, und diese Stimmungsmache hat Folgen: Die Zahl rassistisch motivierter Anschläge und Angriffe auf Geflüchtete stieg nach 2015 stark an.[241] In einem Flyer zur Europawahl 2019 führt die AfD weiter aus:

> »Im Gegensatz zur in der ›Charta der Grundrechte‹ postulierten ›Achtung der Vielfalt der Kulturen und Traditionen der Völker Europas und der nationalen Identität der Mitgliedstaaten‹ betreibt die EU eine Immigrationspolitik, die die europäische Zivilisation in Gefahr bringt. In Afrika werden bis 2050 etwa 800 Mio. Menschen mehr leben als heute. Hunderte Millionen nach Europa Auswanderungswilliger werden erwartet. Eine Öffnung Europas für Zuwanderung aus anderen Kontinenten würde in kurzer Zeit zur Marginalisierung der einheimischen Bevölkerungen führen.«[242]

Nationalpopulistische Parteien sind dort erfolgreich, wo es ihnen gelingt, die öffentliche Aufmerksamkeit auf Fragen der Zuwanderungs-, Asyl- und Flüchtlingspolitik zu lenken. Der Aufstieg der spanischen Partei *Vox* ist das jüngste Beispiel. Die Partei hat sich beim Thema Migration in den Monaten vor der nationalen Parlamentswahl im November 2019 ein Alleinstellungsmerkmal erarbeitet. Mit migrationsfeindlichen Äußerungen adressierte sie mit Erfolg die Sorgen einer Minderheit von Spaniern, die die Einwanderung aus mehrheitlich muslimischen Ländern mit Argwohn betrachten.[243] Ein halbes Jahr nach der letzten Parlamentswahl konnte *Vox* seinen Wähleranteil noch einmal um fünf Prozent steigern und wurde damit drittstärkste Kraft im spanischen Parlament (Kap. 3).

Nationalpopulistische Kampagnen richten sich in der Regel nicht gegen eine EU-Binnenmigration. In Europa haben deutlich mehr Menschen eine negative Haltung gegenüber einer Migration von außerhalb der EU. Doch auch hier gibt es Unterschiede: Während die Hälfte der Nord- und Westeuropäer diese Migration überwiegend positiv sieht, betrachten nur etwas mehr als 40 % der Südeuropäer die Zuwanderung von Menschen aus Nicht-EU-Staaten als etwas Positives. Befragte aus Mittel- und Osteuropa sind nochmals deutlich skeptischer: Weniger als 30 % können der Migration aus Nicht-EU-Ländern etwas Positives abgewinnen.[244] Die hanebüchene Propaganda der Nationalpopulisten gegen Einwanderer verfängt insgesamt bei denen am besten, die den wenigsten Kontakt zu ihnen haben.

Neben den Einstellungen gegenüber der Migration sowie der Geschwindigkeit ihres Anstiegs stellen Politisierungsstrategien zur Erhöhung öffentlicher Aufmerksamkeit einen Schlüssel zum Erfolg nationalpopulistischer Parteien dar. Das Thema nimmt bei ihnen mehr Raum in den Wahlprogrammen ein als bei anderen Parteien. Teilweise bilden Migration und Flüchtlinge den Schwerpunkt gezielter Kampagnen, die sich zumeist gegen migrationsfreundliche Eliten richten. Migration wird polarisierend als gesellschaftliches Konfliktfeld dargestellt und mit Problemen wie Arbeitslosigkeit und Kriminalität sowie eng mit der Krise des Sozialstaates verknüpft.[245] Was Nationalpopulisten in Europa eint, ist die Ablehnung der Migration und der EU in ihrem jetzigen Zustand. Wie aber eine andere EU aussehen soll, ist eine offene Frage. Nur eines soll sie nicht sein: supranational.

Ein weiteres Mittel zur Erhöhung der öffentlichen Aufmerksamkeit liegt in der Skandalisierung migrationspolitischer Ereignisse. Es ist z.B. Italiens ehemaligem Innenminister Matteo Salvini gelungen, sich während seiner Amtszeit mit Provokationen und medienwirksamen Aktionen gegen Rettungsschiffe im Mittelmeer, denen er untersagte, in italienische Häfen einzulaufen, in den Schlagzeilen zu halten. Tatsächlich nutzte das Salvinis *Lega*[246], die zur Europawahl 2019 den Slogan »Stopp für Bürokraten, Banker, Gutmenschen, Menschenschmuggler« plakatierte. Die *Lega* betreibt auch aktiv die Zusammenarbeit europäischer nationalpopulistischer Parteien: Auf ihre Einladung hin versammelten sich in Mailand eine Woche vor der Europawahl elf nationalpopulistische Parteien und warben für eine gemeinsame Allianz, die das Ziel hat, die EU im Kern zu verändern.

Nationalpopulistische Parteien waren auch im Vorfeld der Europawahlen 2019 (Kap. 2) bemüht, das Thema Migration gezielt zu politisieren, um dessen Bedeutung im Wahlkampf zu erhöhen. In den jeweiligen Wahlprogrammen nahm es einen viel breiteren Raum ein als noch beim letzten Mal. Generell ist gegenüber 2014 eine thematische Verschiebung von der Kritik der EU-Währungspolitik hin zu einer Kritik der EU-Migrations- bzw. Flüchtlingspolitik zu beobachten.[247] Dies verwundert kaum, benötigen Nationalpopulisten doch krisenhafte Ereignisse von einiger zeitlicher Dauer (Kap. 3), um erfolgreich zu sein. Während die Finanz- und Schuldenkrise der Jahre 2008 ff. im Jahr 2019 im öffentlichen Bewusstsein kaum noch eine Rolle spielte, war die »Geflüchtetenproblematik« bei vielen Menschen als Besorgnis und Angst erzeugende Krise noch präsent.

Im Grunde lassen sich die europäische und die nationale Dimension des Themas Migration nicht voneinander trennen. Nationalpopulistische Parteien nutzten dies auch im Europa-Wahlkampf 2019 aus. Im eigenen Land wurden Ängste vor Souveränitätsverlust und Überfremdung geschürt

Abb. 36: Wahlplakate von AfD und FPÖ zur Europawahl 2019

Quelle: www.afd.de.

Quelle: www. www.fpoe.eu.

(Abb. 36) und die Europawahl zum Referendum über die Ausrichtung der künftigen Migrationspolitik erklärt. Europaweit diente die Ablehnung der Migration als Argument für die Bildung einer Allianz nationalistischer Kräfte, welche die EU radikal im Sinne uneingeschränkter nationalstaatlicher Souveränität umbauen wollen.[248]

Insgesamt gelingt es nationalpopulistischen Parteien sehr gut, mit der Fokussierung, Polarisierung und Skandalisierung des Themas Migration politisch erfolgreich zu sein. Das hat zusammenfassend vier entscheidende Gründe[249]:

1. Migration ist in den Augen der europäischen Bevölkerung nach wie vor eines der wichtigsten politischen Themen.
2. Viele Menschen in Europa verbinden die Problematik mit der EU. Migration ist derzeit das europäischste aller politischen Themen.
3. Das Thema weist nach wie vor ein hohes Mobilisierungspotenzial insbesondere in islam- und migrationsfeindlichen Wählerschichten auf. Gleiches trifft (noch) nicht auf Themen wie wirtschaftliches Wachstum oder Gesundheitsversorgung zu, die in manchen Ländern Europas besonders wichtig sind.
4. Migration wird in den medialen Diskursen der meisten europäischen Länder überwiegend als sicherheitspolitisches Problem dargestellt. Das verschärft die Ängste vieler Menschen und spielt Nationalpopulisten in die Hände.

Noch vor wenigen Jahren wurde in der EU diskutiert, wie eine faire und humane Aufnahme von Flüchtlingen aussehen könnte. Heute konzentrieren sich die meisten europäischen Regierungen auf die Frage, wie die Einreise von Geflüchteten vermieden werden könne. Diese Entwicklung ist zweifelsohne mit dem Aufstieg nationalpopulistischer Parteien verbunden. Ihr Einfluss auf die Migrationspolitik hat stark zugenommen, seitdem sie in einigen Ländern an Regierungskoalitionen beteiligt sind.[250] Aber selbst wenn sie nicht an der Macht sind, können Nationalpopulisten Einfluss auf migrationspolitische Entscheidungen haben, da sie weitgehend die politischen Diskurse zu diesem Thema bestimmen. Die Große Koalition in Deutschland hat, wie bereits erwähnt, nach 2015 eine Reihe überwiegend restriktiv ausgerichteter Maßnahmen im Bereich des Aufenthalts- und Asylrechts ergriffen. Auch in Ländern wie Schweden haben Regierungen einen strengeren Kurs eingeschlagen. Als Strategie hat sich dieser Schwenk in der Flüchtlingspolitik selten positiv auf die Zustimmungsrate zu den Regierungsparteien ausgewirkt.[251]

Nach der schweren Krise 2015 und in den folgenden Jahren hat die Europäische Union in der Asyl- und Migrationspolitik einiges richtig gemacht:

Zu nennen wären die Stärkung des Grenzschutzes, die Aufnahme- und Registrierungszentren, die Reformen bei den Asylprozeduren, die Kooperation mit Herkunfts- und Transitstaaten und vieles mehr. Es wurde aber auch mindestens ein schwerwiegender politischer Fehler begangen, der den Aufstieg des Nationalpopulismus in Europa am Ende noch stärkte. Die Rede ist von den Maßnahmen zur gerechten Verteilung der Geflüchteten auf die EU-Staaten. Bereits im September 2015, als Ungarn, Polen, Tschechen und Slowaken per Mehrheitsentscheidung zur Aufnahme von Flüchtlingen gezwungen werden sollten, war zu erkennen, dass daraus nichts werden würde. Die »Umverteilung« war gut gemeint: Sie sollte die Last auf viele Schultern verteilen und Solidarität erzwingen. In Wahrheit war es angesichts nationalpopulistischer Agenden in den EU-Staaten eine nicht praktikable Idee. Leider bildet diese Idee aber den Grundpfeiler der Dublin-Reform und blockiert die gesamte politische Debatte in der EU über Migration und Flucht. Seither sind die EU-Innenminister keinen Millimeter weitergekommen, weil das Klima derart vergiftet ist, dass es nicht einmal mehr gelingt, das Gezerre um die Schiffbrüchigen im Mittelmeer zu beenden und sich auf ein vorläufiges Prozedere für deren Verteilung zu einigen.[252]

Die akute »Flüchtlingskrise« von 2015 ist überwunden: Durch koordinierte europäische Migrationspolitik ist die Zahl der irregulären Einreisen von 1,2 Millionen (2015) auf 138 000 (2018) zurückgegangen. Migration wird aber auch künftig eine große Herausforderung bleiben. Wenn Reisefreiheit und offene Grenzen in der EU beibehalten werden sollen, dann braucht es europäische Lösungen und keine nationalen Alleingänge. Die EU hat dabei mehr Fortschritte gemacht, als oft behauptet wird. Besonders in Migrationsfragen wird ein Kompromisswille aller Mitgliedstaaten allerdings dringend gebraucht. Die EU kann nicht bei der Ankunft jedes neuen Schiffes mit Geflüchteten über Ad-hoc-Lösungen für die Menschen an Bord debattieren. Es braucht eine solidarische Reform des Dublin-Systems, um die Verantwortung jedes Landes für sein Hoheitsgebiet und die nötige Solidarität untereinander in das richtige Verhältnis zu bringen. Diese Solidarität müssen die Mitgliedstaaten unter Beweis stellen, wenn sie den Schengen-Raum ohne Binnengrenzen erhalten wollen.[253]

6 Die Interessenpolitik der Nachbarschaft

Als größter Wirtschaftsraum der Welt hat die EU auf globaler Ebene erhebliches Gewicht (Abb. 37), z. B. in internationalen Organisationen oder bei der Verhandlung von Handelsabkommen. Mit einem Anteil von 17,2 % an der globalen Wirtschaftsleistung stand die EU 2018 auf dem ersten Platz vor den USA (16,1 %) und China (16,3 %). Anlässlich des ersten Irakkrieges 1991 bezeichnete der damalige belgische Außenminister Mark Eysken die Europäische Union daher als »wirtschaftlichen Riesen«, aber auch als »politischen Zwerg und militärischen Wurm«. Sie hat sich seither bezüglich der wirtschaftlichen Stärke nicht verändert, wohl aber seit dem Lissabon-Vertrag (Kap. 1) im Hinblick auf ihre politische Wahrnehmung in der Welt.[254]

Abb. 37: Bedeutung der EU als Handelspartner

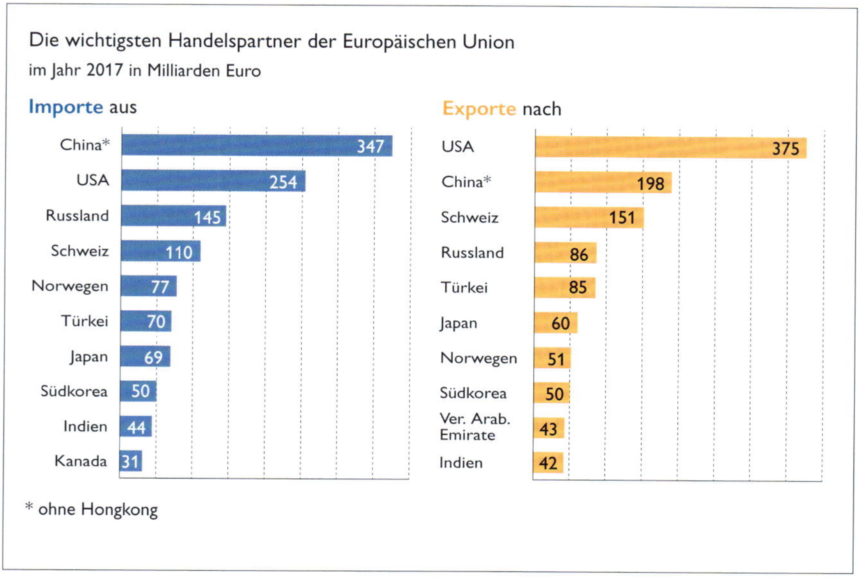

Quelle: www.ednh.news/wp-content/uploads/2018/03/Handelspartner_de.

Die Turbulenzen in der Weltpolitik, allen voran die Abwendung der USA von der etablierten Weltordnung, bergen neue Chancen und ermöglichen neue Allianzen. Die Europäische Union will ihre Interessen künftig entschiedener vertreten und zum *Global Player* im »neuen strategischen Kontext« aufsteigen. So formulierte es der damalige EU-Kommissionspräsident Jean-Claude Junker im September 2018 in seiner Rede zur Lage der EU. »In einer ungewisseren Welt müssen wir durchsetzungsfähiger und effektiver werden, um unsere Interessen zu verteidigen«, heißt es auch in einem Strategiepapier des EU-Ratspräsidenten Donald Tusk im Mai 2019. Durch die offensive Wortwahl wird deutlich, dass die EU ihre Position auch im direkten Konflikt mit Amerika und China behaupten will. Nach Jean-Claude Junker geht es um eine »Weltpolitikfähigkeit«.[255]

Die vergangenen Jahre stimmen allerdings hinsichtlich der außenpolitischen Zukunftsperspektiven der EU nicht sehr optimistisch. Eine neue Konkurrenz der Großmächte schiebt die regelgestützte internationale Ordnung beiseite, und verschiedene Aspekte der Globalisierung werden genutzt, um Länder auseinanderzudividieren statt zu einen.[256] Daher sind die »Interessen der Nachbarschaft« auch von besonderer Bedeutung für die Entwicklung der EU. Tragen diese Interessen und die darauf gerichtete Politik eher zum Abbruch oder zum Aufbruch der EU bei? Auf jeden Fall könnten sie dem Zusammenhalt in der EU und deren politischem Gewicht schaden, denn es ist deutlich der Versuch zu erkennen, national und bilateral mit EU-Staaten zu interagieren. In diesem Zusammenhang sind drei Partner und Rivalen einer besonderen Analyse wert: die *Global Player* USA, Russland und China.

Allen dreien geht es offensichtlich darum, die EU in ihrer Bedeutung zu schwächen und am besten nur mit einzelnen Staaten zu interagieren. Die gewählten Methoden sind dabei durchaus unterschiedlich und entsprechen den jeweiligen Fähigkeiten der Rivalen: Die USA versuchen das Ziel mit ökonomischer Erpressung und Stimulierung bilateraler Abkommen zu erreichen, Russland bedient sich verschiedener Desinformationskampagnen im Internet und nationalpopulistischer Strömungen in der EU, und China versucht es mit einer wirtschaftlichen Überwältigung (finanziell) schwächerer EU-Staaten.

Neuere Umfragen brachten 2019 Ergebnisse, die noch vor wenigen Jahren so nicht erwartet worden wären (Abb. 38). Bei der Frage, von welchem Land die größte Bedrohung für die internationale Sicherheit ausgehe, votierten Anfang 2019 56 % der Befragten für Russland, 55 % für die USA und 16 % für China (Mehrfachnennungen waren möglich). Vor allem die 30- bis 44-Jährigen sahen die internationale Sicherheit am stärksten

Abb. 38: Welches Land ist am gefährlichsten?

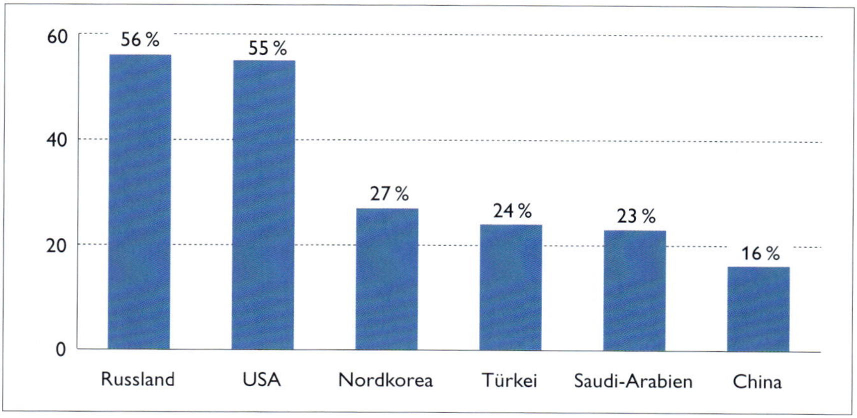

Quelle: Internationale Politik, Januar/Februar 2019, S. 4.

durch die USA bedroht (63 %), gefolgt von den 45- bis 59-Jährigen (58 %). Dagegen bewerten die über 60-Jährigen Russland als das gefährlichste Land (60 %).[257]

6.1 Interesse am Zerfall in Einzelteile: Trump und die EU

»Normalerweise versucht Trump die EU kleinzureden,
weil es ihm darum geht, sie kleinzumachen.
Denn sie ist in Wahrheit ziemlich groß und stark.«[258]

Im Wahlkampf 2016 und nach seiner Amtseinführung entwickelte und propagierte Donald Trump eine Programmatik, die häufig als »Trumpismus« bezeichnet wird: ein Gemisch aus Elitenfeindlichkeit, Nationalismus, teilweise Rassismus, Frauenfeindlichkeit, Homophobie, Unilateralismus, Antiglobalismus und Protektionismus.[259] Dabei handelt es sich um die klassische Kombinationsideologie des Nationalpopulismus, abgeschaut von bereits länger wirkenden europäischen Bewegungen.[260]

Donald Trump, der eine Weltmacht via Twitter-Account führt, hat Drohungen, politische Unklarheit und Erpressung zum erfolgreichen Politikmodell entwickelt. Die USA seien jahrelang, so Trump, von anderen »abgezockt« worden. Um diesen Zustand zu beenden, setzt der amerikanische Präsident auf seine *»America first«*-Strategie, wonach sämtliche internationalen Beziehungen, Verträge, Bündnisse und Organisationen daraufhin geprüft werden, ob sie in erster Linie US-Interessen dienen. Das ist ein bisschen wie Klavierspielen mit Fausthandschuhen. Auch die Europäische Union ist betroffen, denn es ist natürlich leichter, bilateral mit einzelnen, den USA nicht ebenbürtigen Staaten zu verhandeln, als einem starken Partner EU auf Augenhöhe begegnen zu müssen. Daher haben die USA mit diversen Versuchen begonnen, die einheitliche Haltung der EU-Staaten zu untergraben und einzelne Länder, insbesondere Ostmitteleuropas, aus dem Politikverbund herauszulösen. Dies geschieht zunächst auf wirtschaftlichem Gebiet, zielt aber auch auf die gegenwärtige internationale politische Machtverteilung ab. Die EU muss gegen diese Vorgehensweisen und die erratischen Politikschwankungen dringend eine eigene Strategie entwickeln. Sie steht dabei vor grundlegenden Fragen: Ist die Handelspolitik der US-Regierung eine Strategie, die das Ziel hat, geopolitische Rivalen zu schwächen, auch wenn enge Partner wie die EU darunter leiden? Oder will Trump tatsächlich die liberale multilaterale Ordnung zerstören? Die EU muss sich für beide Möglichkeiten rüsten.[261]

Beispiel Brexit (Kap. 4): Die Trump-Regierung tut viel, um die EU zu schwächen. Sie unterstützt auch vehement einen *No-Deal*-Brexit Großbritanniens. Auf der Gegenseite tut sie nichts, um die weitere europäische Integration zu fördern. Als Nationalist und Protektionist ist Trump an der Schwächung der EU interessiert. Er setzt klar auf nationale Souveränität, nicht auf multinationale Organisationen. Der Fokus liegt auf der Arbeit mit Nationalstaaten, manchmal auch unter Umgehung der europäischen Institutionen. »Je weiter sich Großbritannien von der EU entfernt, desto mehr Gewicht verliert Brüssel international, vor allem in Handelsfragen. Wenn Trump also versucht, Brexit-Hardlinern wie Boris Johnson oder Nigel Farage den Rücken zu stärken, dann tut er das, um amerikanische Interessen durchzusetzen, nicht etwa britische.«[262]

Als Nationalpopulist hat Trump eine klare Haltung: Die Brexit-Entscheidung der Briten begrüßte er außerordentlich und ließ verkünden, dass er hart daran arbeiten werde, schnell ein »großartiges« Handelsabkommen zwischen den USA und dem Vereinigten Königreich zu verarbreden. »Es wird ein toller, großer Deal, sobald Britannien die Fesseln der EU abgeworfen hat«, so Trump. Es würde Großbritannien allerdings nicht leichtfallen, die bisherige Handelstätigkeit mit der EU durch verstärkte Exporte in die USA zu ersetzen. 2017 gingen 18% der britischen Exporte in die USA und nur 11% aus den USA nach Großbritannien. Im Vergleich dazu waren es mit der EU 45% und 53%. Eine von der britischen Regierung in Auftrag gegebene Studie zeigte 2018, dass das britische Bruttosozialprodukt bei einem Freihandelsabkommen mit den USA nur um 0,2%

wachsen würde, während es infolge des Brexits um 2% bis 8% schrumpfen könnte. Aufgrund der ökonomischen Rahmenbedingungen »Größe des Handelspartners«, »Distanz zwischen den beiden Staaten« und »Intensität der wirtschaftlichen Vernetzung« wären die Briten daher mit der EU eindeutig besser dran.[263] Aber Fakten sind weder die Stärke von Trump noch die der britischen Nationalpopulisten.

Den Brexit habe er vorausgesagt, und bislang laufe es sehr gut, so Trump. Wenn es einen *No-Deal*-Brexit gebe, sei dies eine Entscheidung der britischen Regierung, die die USA »mit Begeisterung unterstützen«. Trump ist an einem erfolgreichen Komplettausstieg Großbritanniens aus der EU gelegen.[264] Wenn die USA den Briten sagen, nach dem Brexit werde ihre globale Bedeutung steigen, gehört das zur Strategie. Eintreten wird wahrscheinlich das Gegenteil.[265]

Beispiel Handelsstreit mit der EU: Es ist z.B. erklärtes Ziel der Trump-Regierung, die Einfuhr von Stahl und Aluminium deutlich zu verringern. Damit soll heimischen Herstellern eine hohe Kapazitätsauslastung garantiert werden. Der Blick richtet sich dabei ausdrücklich auch auf die EU.

Abb. 39: Zölle zwischen den USA und der EU

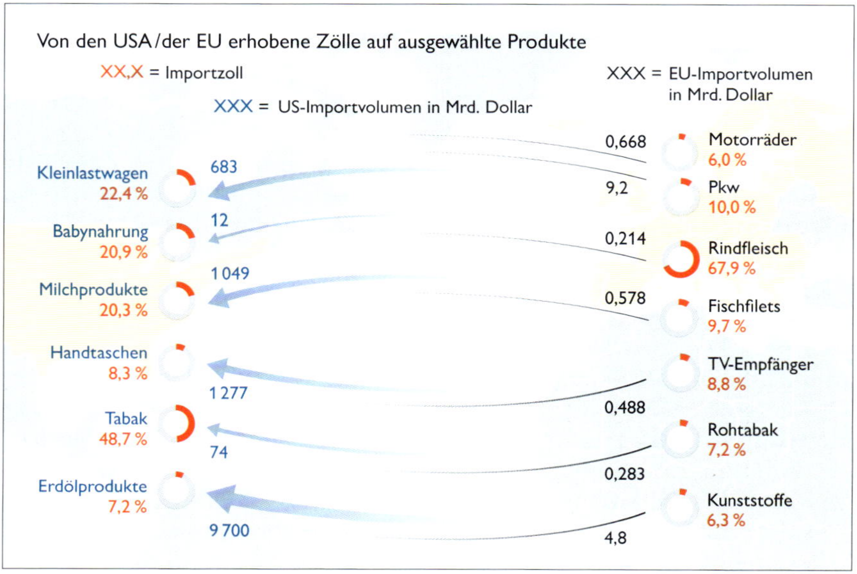

Quelle: www.welt.de/img/wirtschaft/mobile174668371/3687937107-coriginal-w1200/DWO-WI-Handelsstreit-as-1-2-jpg.

Am 23. März 2018 traten weltweite US-Zölle in Höhe von 25% auf Stahl und in Höhe von 10% auf Aluminium in Kraft. Kanada, Mexiko und die EU waren davon anfangs noch ausgeschlossen, seit dem 1. Juni 2018 gelten die Zölle allerdings auch für ihre Produzenten.

Trump geht es im Handelsstreit mit Europa nicht nur um Stahl und Aluminium. Er beklagt ein aus seiner Sicht generell eklatantes Ungleichgewicht im transatlantischen Warenverkehr. Immer wieder werden aus Washington aber auch neue Androhungen für US-Strafzölle laut. Dahinter steht die Behauptung, Handelspartner würden amerikanische Unternehmen benachteiligen. Ein Beispiel ist die Androhung von Zöllen auf französischen Wein im Sommer 2019, mit der die USA auf die von Frankreich beschlossene Digitalsteuer für global agierende Internetfirmen, viele davon aus den USA, reagieren wollen. Auch wegen der europäischen Subventionierung des Flugzeugherstellers Airbus drohen die USA mit Strafzöllen u.a. auf Pasta, Oliven, Käse und Whiskey.[266]

Das Sichtfeld des US-Präsidenten ist dabei stark eingeschränkt, und seine Ideen basieren überwiegend nicht auf Fakten. Die USA hatten 2017 mit 566 Milliarden Dollar (12% mehr als im Jahr zuvor) das höchste Handelsdefizit seit der Finanzkrise. Das könne aus Sicht von Donald Trump auf keinen Fall an der mangelnden Wettbewerbsfähigkeit der US-Produkte, sondern nur an den unfairen Handelspraktiken von Amerikas Handelspartnern liegen. Also sei es nur recht und billig, wenn er Strafzölle auf Stahl und Aluminium erhebe und so für Gerechtigkeit sorge. So weit die Logik von *»America First«*.[267]

Immer wieder hat Trump den Europäern auch mit höheren Zöllen auf Autoimporte gedroht. Ein Vergleich der aktuellen Einfuhrzölle seitens der EU und der USA auf Autos und Produkte aller Handelssparten scheint dem amerikanischen Präsidenten auf den ersten Blick recht zu geben: Die EU verlangt bislang zum Teil deutlich höhere Zölle als die USA. Während die USA auf importierte Pkws nur 2,5% Zoll erheben, verlangen die Europäer umgekehrt das Vierfache. Auch ist der Anteil der zollfreien Importe in die USA mit 48% deutlich höher als umgekehrt der der Europäischen Union (26%).[268] Eine genauere Betrachtung zeigt allerdings ein differenzierteres Bild, das Trump bewusst ausblendet.[269] Die US-Hersteller hatten 2016 mit 2,1 Millionen verkauften Pkw in Europa einen Marktanteil von 14%. Dieser war fast doppelt so hoch wie der Marktanteil deutscher Hersteller in den USA. Andere europäische Autobauer spielen dort so gut wie keine Rolle. Besonders gut laufen in der EU Premium-SUVs, hergestellt in den USA. In den USA kaufen die Autofahrer vor allem *Light Trucks* (große SUVs und *Pick-ups*). *Light Trucks* machen fast drei Viertel der amerikanischen Produktion aus, sind aber in Europa nur schwer verkäuflich und werden daher kaum exportiert. Das gilt auch für klassische Pkws, wie sie in Europa vornehmlich nachgefragt werden. Da die US-Hersteller derartige Modelle kaum bauen, lassen sich damit auch keine Exportgeschäfte in Europa machen. Und noch ein Detail gehört zu einer ehrlichen Analyse: Auf die bei Amerikanern beliebten Pick-ups wird, sollten sie aus Europa in die USA importiert werden, nicht der übliche Pkw-Zoll von 2,5% fällig, sondern ein Satz von 25%. Der damalige Präsident Lyndon B. Johnson führte ihn 1963 als Vergeltungsmaßnahme dafür ein, dass Deutschland und Frankreich den Import amerikanischen Hühnerfleischs beschränkt hatten. Daher heißt dieser Zoll noch heute *Chicken Tax*.[270]

Handelsdefizite lassen sich generell nicht durch Zölle abbauen, denn solche Abgaben bewirken zunächst einmal lediglich, dass die Preise für das zu verzollende Produkt in dem Land steigen, das den Zoll erhebt. Wie sich das auf die Handelsbilanz auswirken wird, kann niemand sagen. Deren Saldo ist indes nur eine buchhalterische Größe, die für sich nichts darüber aussagt, ob es einem Land gut geht oder schlecht. Es müssen weitere Bilanzen, mindestens aber die Kapitalbilanz, mit einbezogen werden. Der amerikanische Kapitalmarkt ist sehr attraktiv, weshalb Ausländer ihr Geld oft in den USA anlegen. Aber Zahlen lassen sich auf Twitter, im Fernsehen und im Wahlkampf gut instrumentalisieren: Ein Defizit ist schlecht, und die anderen sind schuld. »Wenn ein Land viele Milliarden Dollar verliert durch Handel mit fast jedem Land, mit dem es Geschäfte macht, sind Handelskriege gut und leicht zu gewinnen.«[271] Dieser Tweet des amerikanischen Präsidenten könnte in die Geschichte eingehen als der größte und teuerste Unsinn, der jemals von einem Spitzenpolitiker verbreitet wurde.

Die EU, so der Stand Sommer 2019, ist grundsätzlich gesprächsbereit, um Handelshemmnisse abzubauen oder gar nicht erst entstehen zu lassen. Unklar ist, ob auch die Trump-Administration Interesse an »fairen Deals« hat. Es war geplant, mit der EU in Verhandlungen über die Abschaffung von Zöllen auf Industriegüter zu treten. Das geplante Abkommen hierzu sollte eigentlich dazu beitragen, die Einführung von Sonderzöllen auf europäische Autos zu verhindern. Die USA blockierten aber den Start der Verhandlungen, weil sie den Handel mit landwirtschaftlichen Erzeugnissen einbeziehen wollten. Aus EU-Sicht ist dies jedoch ausgeschlossen, da vor allem Frankreich Einbußen für seine Landwirte befürchtet, sollten sämtliche Einfuhrbeschränkungen wegfallen.

Das Weiße Haus betrachtet die bisherigen Verbündeten heute nicht nur als wirtschaftliche, sondern auch als politische Rivalen. Die US-Regierung verachtet Multilateralismus und die meisten internationalen Verträge, während Europa ebendiesen Multilateralismus nicht nur preist, sondern benötigt, um handlungsfähig zu sein.[272] Das Vorgehen der Trump-Administration, ökonomisch starke europäische Länder zu vernachlässigen, anzugreifen bzw. ökonomisch zu bedrohen und stattdessen jenen Ländern Aufmerksamkeit zu schenken bzw. konziliant gegenüberzutreten, die ein besonders schwieriges Verhältnis zu Brüssel haben, ist eine umfassende Strategie. Ziel ist es, die Spaltung der Europäischen Union voranzutreiben und zu vertiefen. In diesem Sinn hat Trump auch den Brexit-Hardliner und britischen Interims-Premierminister Boris Johnson wiederholt unterstützt.[273]

Weil sie ihm als Inbegriff einer internationalistischen Verirrung gilt, hat Trump für die EU nur Verachtung übrig.[274] Aus seiner Sicht hält die EU die europäischen Nationen klein, statt sie *»great«* sein zu lassen. Deshalb unterstützte Trump den Brexit *(»It's going to be a wonderful thing«)* und schlug den maßgeblich für das positive Brexit-Votum verantwortlichen Nationalpopulisten Nigel Farage als britischen Botschafter in den USA vor. Die Präsidentin des nationalpopulistischen *Rassemblement National* (früher *Front National*), Marine Le Pen, ließ Trump im Trump-Tower empfangen und nominierte mit Ted Malloch einen Mann als EU-Botschafter in Brüssel, von dem die Aussage überliefert ist, er habe auf einem früheren Posten mitgeholfen, die Sowjetunion zu Fall zu bringen, und vielleicht gebe es noch eine Union, die ein wenig Zähmung gebrauchen könne.[275] So ermutigt Trump die Anti-EU-Kräfte, die in ihm scheinbar einen mächtigen Schutzpatron für ein »Europa der Vaterländer« gefunden haben.[276]

Es ist daher an der Zeit, sich mit dem Politikstil Donald Trumps auseinanderzusetzen. Sein Geschäftsmodell scheint es zu sein, zunächst andere Länder durch Drohungen und unvorhersehbare Entscheidungen zu Entgegenkommen zu nötigen. Aber wäre er wirklich so töricht, seinen Worten auch Taten folgen zu lassen? Niemand hat es bisher darauf ankommen lassen. Trump glaubt als »erfolgreicher« Unternehmer an »Deals«, wie er selbst einmal verkündete. Dass er als Geschäftsmann auch schon pleite war, verschweigt er dabei bewusst. »The Donald« stellt seine Pleiten heute als kalkulierte Restrukturierungen dar.[277] Die Europäer sollten aus der jüngeren Geschichte des Kontinents gelernt haben, dass eine »Beschwichtigungspolitik« nicht bei jedem Politikertyp wirkt. Zuweilen führt Unnachgiebigkeit und Härte mittel- bis langfristig zu besseren Ergebnissen, denn:

> »Im Laufe der ersten zwei Jahre von Trumps Präsidentschaft haben wir gesehen, wie die Europäer quasi alle möglichen Herangehensweisen ausprobiert haben. Kanzlerin Angela Merkel hat Trump eigentlich von Anfang an abgeschrieben. Der französische Präsident Emmanuel

Macron hat eine umfassende Charmeoffensive gestartet und versucht, sich mit Trump anzufreunden. Die britische Premierministerin Theresa May ging zunächst auf Trump zu, musste sich dann aber gegen ihn stellen, als er London und das Vereinigte Königreich beschimpfte. All diese Ansätze führten zum selben Ergebnis, keiner war besser als der andere. Das zeigt, dass Trump wirklich eine grundsätzliche Ausrichtung hat: Ich halte sie für feindlich gegenüber Europa und feindlich gegenüber Bündnissen.«[278]

6.2 Destabilisierung als Strategie: Putin und die EU

»Die gegenwärtige Elite in Moskau hat zwar nicht das Potenzial, ihr Land sinnvoll zu modernisieren; aber sie hat den Willen und (...) auch die Kapazitäten, das europäische Projekt in Schwierigkeiten zu bringen. (...) Die Spaltung der EU, gerade in Bezug auf ihre ›Ostpolitik‹, und zunehmend auch die Diskreditierung des europäischen Staats- und Gesellschaftsmodells, das sind Ziele, die in Reichweite liegen.«[279]

Die Beziehungen zwischen der EU und Russland sind seit 2014 wegen der rechtswidrigen Annexion der Krim durch Russland, der russischen Unterstützung der Rebellen im Osten der Ukraine, der Politik Russlands in seiner Nachbarschaft, der Desinformationskampagnen Russlands und der negativen Entwicklungen im eigenen Land stark belastet. Aufgrund der Intervention des Landes in Syrien haben sich die Spannungen verschärft. Seit 2014 verlängert die EU die Sanktionen gegen Russland regelmäßig und verfolgt den Ansatz des »selektiven Engagements«.[280]

Als Beispiele für von Russland betriebene »Unfreundlichkeiten oder Feindseligkeiten« gegenüber der EU gelten:[281]

- die Aktivitäten der vom russischen Staat kontrollierten Medien (»Informationskrieg«).
- die Unterstützung rechts- oder nationalpopulistischer Parteien in der EU durch Russland.
- Russlands Spionage gegen EU-Staaten und -Unternehmen
- die Gewinnung ehemaliger Politiker aus der EU und insbesondere Deutschland für eine Zusammenarbeit mit Unternehmen, die vom russischen Staat kontrolliert werden.

Nachrichtendienste der EU-Staaten haben Informationen, dass Russland nicht nur systematisch Falschinformationen produziert und verbreitet, sondern mit einem hybriden Maßnahmenbündel versucht, die EU strategisch zu schwächen und zu spalten. Dazu gehören neben Cyberaktivitäten und Geldspritzen für rechtsextreme und nationalpopulistische Parteien auch Interventionen russischer Geheimdienste innerhalb der EU-Mitgliedstaaten.[282] Russland sieht vor allem in Wahlen eine Möglichkeit, den Westen zu destabilisieren und gezielt nationale Probleme für sich zu instrumentalisieren. Hauptziel ist, das Vertrauen in Wahlprozesse zu schwächen.[283]

Das Zweite Deutsche Fernsehen (ZDF) strahlte 2015 eine Dokumentation mit dem Titel »Machtmensch Putin – Gegner oder Partner Europas?« aus. Sie zeigt auf, wie Russland die EU spalten und ihre Macht brechen will: Das Land unterstützt in Europa EU-feindliche Parteien und bombardiert die öffentliche Meinung mithilfe von »Internet-Trollfabriken« und einem TV-Sender. Als Troll bezeichnet man im Netzjargon eine Person, die ihre Kommunikation im Internet auf Beiträge beschränkt, die auf emotionale Provokation anderer Gesprächsteilnehmer zielen. Interessant waren insbesondere die von den Journalisten zusammengetragenen Details zu einem Neun-Millionen-Euro-Kredit, den eine kremlnahe Bank den französischen Nationalpopulisten des *Front National* (heute: *Rassemblement National*) gewährte. Laut geleakten E-Mails, so zeigt die Dokumentation, sei an das Geld die Bedingung geknüpft gewesen, dass die Partei von Marine Le Pen Putins Ukraine-Politik gutheiße. Und der *Front National* sei laut ZDF nicht die einzige europafeindliche und nationalpopulistische Partei, die vom Kreml gestützt werde: Auch die britische UKIP, die ungarische *Jobbik*, die griechische »Goldene Morgenröte« und die Freiheitliche Partei Österreichs (FPÖ) seien Partner Putins.[284] Auch der italienische Nationalpopulist und *Lega*-Chef Matteo Salvini hat mit Putin-T-Shirts posiert.

Von Italien bis Estland fordern nationalpopulistische Parteien die EU heraus, indem sie ihre besondere Nähe zu Moskau zur Schau stellen. Einige treten gegen die westlichen Sanktionen ein, die aufgrund der Annexion der Krim und des Krieges in der Ostukraine verhängt wurden, andere hoffen auf billiges Gas, den Bau von Kernkraftwerken oder pflegen allgemein enge Kontakte zu Moskau. Anderen, so etwa den Parteivorsitzenden Marine Le Pen in Frankreich, Matteo Salvini in Italien oder Wolen Siderow in Bulgarien, wurden finanzielle Hilfen aus Moskau nachgewiesen.[285] Mit ihrer EU-Feindschaft (Kap. 3) sind die europäischen Nationalpopulisten natürliche Verbündete des Kremls. Aber ihre Stärke ist nicht das Werk Moskaus, sondern sie rührt aus den Entwicklungen in den europäischen Gesellschaften.[286] Russland fungiert als Verstärker und Durchlauferhitzer, weil seine strategischen Zielsetzungen der Verteidigung »traditioneller Werte« gegen eine »liberale Internationale aus Homosexuellen und vaterlandslosen Gesellen« den nationalpopulistischen Ausrichtungen wunderbar ins Kalkül passen.

Die Intention, das Establishment anzugreifen, vereint auch die Alternative für Deutschland (AfD) mit dem russischen Präsidenten, der die Macht des Westens brechen will, indem er diesen zu spalten versucht. E-Mails aus dem Kreml belegen, wie Russland AfD-Politiker für die eigenen Zwecke ausnutzen will.[287] Beispiel: eine E-Mail ans Moskauer Präsidialamt vom April 2017 mit Vorschlägen, wie die russische Führung die Politik im Ausland z. B. durch die Organisation von Kundgebungen, Medienkampagnen sowie die Vernetzung nationalpopulistischer Parteien in Europa beeinflussen könne.[288] Abgeschickt hat diese Pjotr Premjak, früher leitender Geheimdienstmitarbeiter und heute für das russische Parlament (Duma) tätig. Er hat die Echtheit der Mail bestätigt. In den Vorschlägen kommt auch der AfD-Politiker Markus Frohnmaier vor. Er sei ein Mann, heißt es dort, den man nach seiner Wahl in den Bundestag eventuell lenken könne, einer, »der zu uns gehört und den wir absolut unter Kontrolle haben«. Es gibt allerdings keine Belege dafür, inwieweit das Strategiepapier umgesetzt wurde. Inzwischen sitzt Frohnmaier für die AfD im Bundestag, setzt sich für die Aufhebung der Sanktionen gegen Russland ein, hat gute Kontakte in die russische Politik und äußert sich in russischen Staatsmedien im Sinne Russlands. Der Abgeordnete bestreitet allerdings einen Einfluss der russischen Seite auf seine politische Arbeit und sprach auf seiner Facebook-Seite im April 2019 von »selektiver Berichterstattung« und »bewusster Manipulation«.

Bedenklich sind auch weitere Presseberichte. Der russische Propaganda-TV-Sender *Russia Today* (RT), der nach eigenen Angaben über 600 Millionen Menschen im Ausland erreicht und auch auf *YouTube* sehr erfolgreich ist, diene, so heißt es, als Teil eines Netzwerks zur Manipulation und Störung gesellschaftlicher Diskussionen.[289] Der Sender gibt an, dem Publikum die »russische Sichtweise« auf das internationale Geschehen spiegeln und ein Gegengewicht zu »westlichen Medien« darstellen zu wollen. Den Start des deutschsprachigen Programms 2014 habe nach Senderangaben eine an »Meinungsvielfalt und Informationsfreiheit in Europa« interessierte Zielgruppe sehnsüchtig herbeigesehnt. Kommentar der Wochenzeitung Die Zeit:

> »Schon der Muttersender erschafft mit seinem wilden Mix aus gezielten Manipulationen, obskuren Theorien und fragwürdigen Experten ein Paralleluniversum, das mit der Realität wenig gemein hat und dazu dient, die Sicht der russischen Regierung durchzusetzen oder Zweifel an

> anderen zu wecken. Nicht alles ist gelogen und verbogen, manch kritischer Beitrag hat seine Berechtigung, das sei vorweg gesagt. Echte Nachrichten und Analysen neben irrelevant Buntem und purem Unsinn – das macht diese Art der Propaganda aus. Insgesamt ist es haarsträubend, was dort als Journalismus verkauft wird, nun auch auf Deutsch.«[290]

In Deutschland bekäme *Russia Today* gar keine Sendelizenz, weil hier staatlich finanzierte Rundfunkangebote nicht zulassungsfähig sind. RT hat eine britische Lizenz, und wer eine Lizenz in einem europäischen Mitgliedstaat besitzt, kann damit europaweit ausgestrahlt werden. Inwieweit sich dies nach dem Brexit ändert, bleibt abzuwarten.

Propaganda wird auch im Internet verbreitet, gesteuert z. B. von einer »Trollfabrik« (Abb. 40) aus Sankt Petersburg, die russische »Wahrheiten« in soziale Medien einspeist.

> »Für Staaten wie Russland ist das Internet ein Geschenk: Es erlaubt, Meinungen und Wahlen in anderen Ländern zu manipulieren, ohne einen Schuss abzufeuern, viel Geld auszugeben oder das eigene Personal unnötig in Gefahr zu bringen. Es ermöglicht, Demokratien vom Schreibtisch aus zu unterspülen und zu verunsichern.«[291]

Die gezielte Streuung von Desinformation ist eine strategische Waffe von Regierungen. Natürlich richten sich Desinformationskampagnen zunächst an die jeweils eigene Bevölkerung. Es handelt sich bei den Ländern, die eine solche Politik betreiben, meist um autoritär geführte Staaten, die gerne die Inhalte und Qualität der kursierenden Informationen steuern wollen. Die Taktik der Zensur funktioniert allerdings in Zeiten des Internets nicht mehr, es sei denn, der Zugang oder bestimmte Seiten werden gesperrt. Stattdessen lautet die Erfolg versprechende Strategie, im Netz mitzumachen und so viel wie möglich gefällige oder falsche Information zu streuen, sodass die Rezipierenden nicht mehr wissen, was nun stimmt und was nicht. Darüber hinaus kann auch aufgezeigt werden, wie uneinig der politische Gegner in Bezug auf das eigene Land (im vorliegenden Falle Russland) ist, wenn es gelingt, echte oder bestellte positive Meinungen aus »Gegnerländern« mitgeteilt zu bekommen. In Bezug auf die EU-Sanktionen gegen Russland werden z. B. Nachrichten als hilfreich angesehen, die zeigen, wie gespalten die EU und die einzelnen Länder in dieser Frage sind und dass es neben den negativen Meinungen des politischen Mainstreams auch andere politische Kräfte gibt. Es bleiben mithin zwei Optionen zur Beeinflussung der öffentlichen Meinung: die Unterstützung freundlich gesinnter politischer Kräfte mit zunehmender Relevanz, wie z. B. die nationalpopulistischen Parteien in der EU, oder der massive Einsatz von Trollen, die bestimmte erwünschte Meinungen im Heimatland und international verbreiten. Dabei geht es in Bezug auf die EU vorwiegend um folgende Themen: die sogenannten Eliten gegen das Volk, die Bedrohung traditioneller Werte, den Verlust der Souveränität und die Fremdbestimmung europäischer Nationalstaaten sowie den bevorstehenden Kollaps der EU.[292]

Abb. 40: Die Verteilung deutschsprachiger Tweets, die Twitter der »Trollfabrik« in Sankt Petersburg zurechnet

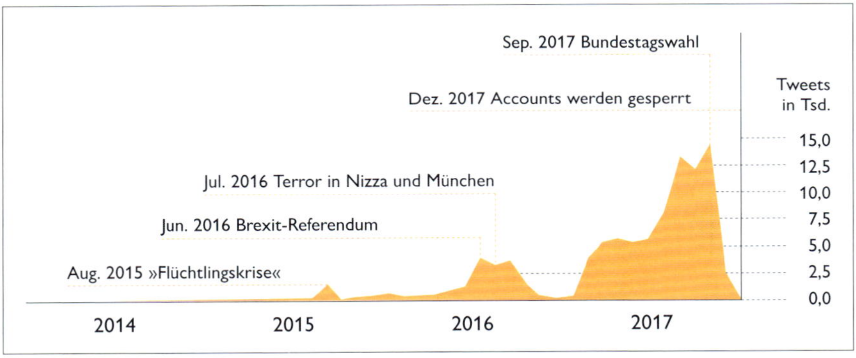

Quelle: https://www.zeit.de/2019/21/russland-trolle-twitter-europawahl-daten-manipulation/Seite-4.

Ein Beispiel: Ein scheinbar vielseitig interessierter EU-Bürger meldet sich bis zu 60 Mal pro Tag in verschiedenen EU-Sprachen. Er provoziert, verdreht Fakten, kommentiert Urteile des Europäischen Gerichtshofs für Menschenrechte, die Krimkrise oder die »Katalonienfrage« und macht Stimmung gegen Muslime, für den Brexit, für Trump und gegen die EU. Doch etwas ist merkwürdig: Innerhalb von vier Wochen heißen mehr als 800 Accounts zeitweise genauso wie dieser Twitter-Nutzer. Es handelt sich offenbar um ein virtuelles Namensschild, das im Internet weitergereicht wird. Die Angelegenheit kann bis nach Sankt Petersburg in die russische »Trollfabrik« *Internet Research Agency* (IRA) zurückverfolgt werden.[293] Diese soll laut US-Sonderermittler Robert Mueller auch versucht haben, die US-Präsidentschaftswahlen 2016 zugunsten von Donald Trump zu beeinflussen.[294] Der IRA geht es offenkundig auch darum, westliche Gesellschaften z. B. in den USA oder der EU zu polarisieren und das Vertrauen in Wahlen zu erschüttern.[295]

Ideengeber und zentrale Figur der *Internet Research Agency* (IRA) ist der Oligarch Jewgenij Prigoschin, der die »Trollfabrik« auch mit ca. 1,25 Millionen Dollar monatlich finanziert haben soll. Prigoschin besitzt ein Gastronomie-Imperium mit mehreren Luxusrestaurants und diversen Cateringfirmen. Zu seinem Reichtum kam er durch die Nähe zum russischen Präsidenten. Prigoschin, der als Vertrauter Putins gilt, erhielt zahlreiche große Staatsaufträge und bezeichnet sich in Briefen als »Berater des Präsidenten«.[296]

> »Ob Prigoschin mit der Gründung der ›Trollfabrik‹ im Auftrag des Kreml handelte oder von sich aus - vielleicht auch um Putin zu gefallen und neue Staatsaufträge gewinnen zu können -, ist schwer auszumachen in einem System, in dem Staat und Privatwirtschaft so verschmolzen sind. Dass sich beide Seiten aber informell abstimmen, erscheint Beobachtern in Russland als sehr wahrscheinlich.«[297]

Es herrscht ein Kampf um die Deutungshoheit im Netz, weshalb auch die EU reagiert hat. Das »Strategische Kommunikationsteam Ost« *(East StratCom Task Force)* des Europäischen Auswärtigen Dienstes (EEAS) der EU nahm am 1. September 2015 die Arbeit auf. Die *Task Force* kümmert sich zum einen um die Aufklärung von Desinformationskampagnen aus dem Osten, zum anderen aber auch um die Verbreitung »positiver Kommunikation« über die EU. Auf dem Blog EUvsDisinfo sind in einer Datenbank über 5 000 Desinformationsfälle von prorussischen Medien in 18 Sprachen aufgelistet.[298]

Der Vollständigkeit halber sei erwähnt, dass der russische Präsident Putin und seine Administration jegliche Strategie bezüglich der hier dargestellten Inhalte bestreiten. Es gebe keine Desinformationskampagnen, die EU sei Partner Russlands und nicht Gegner, und die nationalpopulistischen Parteien in der EU seien keine prorussischen Kräfte.

Die EU möchte gern eine gemeinsame Außenpolitik definieren, doch Russland hat es geschafft, die Mitgliedstaaten gegeneinander auszuspielen. Der russische Präsident Wladimir Putin nutzt die ambivalenten Beziehungen der einzelnen Länder zu Russland, um die EU zu spalten. Zwar bemüht sich die EU-Kommission um eine klare Linie gegenüber Russland und um eine einheitliche Strategie, die EU-Mitgliedstaaten stehen Russland aber vollkommen gespalten gegenüber. Die Kompetenzlage in der Energie-, Außen-, Sicherheits- und Verteidigungspolitik ist innerhalb der Europäischen Union stark fragmentiert, was zu unterschiedlichen Vorgehensweisen zwischen Ost und West in den Beziehungen zu Russland führt.[299]

6.3 Wirtschaft als Waffe: China und die »Neue Seidenstraße«

> *»China nutzt (...) sein Gewicht als Investor und Handelspartner gezielt und strategisch. Pekings Ziel ist, wichtige und einflussreiche Länder und Regionen politisch zu neutralisieren. In der EU ist das schon zu einem gewissen Grad gelungen: Griechenland und Ungarn gelten als Einfallstore für chinesische Machtprojektion in Europa.«*[300]

Die EU sieht sich auch mit den Ansprüchen Chinas auf eine globale Machtposition konfrontiert. China füllt immer dynamischer die Lücke, die bisher zwischen dem formalen Status des Landes und seiner faktischen Rolle existiert.[301]

Die 2013 vorgestellte *Belt Road Initiative* (BRI) ist Chinas größtes Infrastrukturprojekt der Geschichte. Die Volksrepublik investiert ca. eine Billion Dollar und entwickelt u. a. eine moderne Handelsroute von Peking bis nach Duisburg. Diese »Neue Seidenstraße« hat weitreichenden Einfluss auf die Nachbar- und Transitstaaten sowie die übrigen Länder der Welt. Die Initiative soll es China ermöglichen, die Führung im internationalen Handel zu übernehmen. Die BRI umfasst über 1 000 Projekte in mehr als 50 Ländern in Asien, Europa, Afrika und sogar Teilen der Karibik. Die asiatisch-europäischen Handelskorridore sind bis zum östlichen Mittelmeer geplant und bilden damit einen interkontinentalen Wirtschaftsraum, der bis zu 4,4 Milliarden Menschen umfasst. Das Hauptziel ist es,

Abb. 41 – Die »Neue Seidenstraße«

Exportgüter in kürzester Zeit durch ein komplexes Verkehrsnetz nach Europa zu liefern.

Die Volksrepublik China investiert, nimmt Risiken auf sich und verändert die Welt, deren Strukturen und Machtverhältnisse. Fraglich ist, ob diese Entwicklung als Segen oder Fluch für die übrigen Länder der Welt gesehen werden kann. Während manche Kommentatoren die »Neue Seidenstraße« (Abb. 41) als große Chance für wirtschaftlichen Aufschwung und eine neue Art von Entwicklungspolitik wahrnehmen, sind andere deutlich skeptischer. Kritiker sehen hinter den Handelskooperationen China als alleinigen Profiteur, als einen Akteur, der Länder von sich abhängig mache und ohne Rücksicht auf Rechtsstaatlichkeit handele.

Es wäre zu kurz gegriffen, die Initiative für die »Neue Seidenstraße« nur unter wirtschaftlichen Aspekten zu betrachten, denn sie umfasst Elemente, die auch die Gewichte in der internationalen Politik verschieben:[302]

- Bei der Schaffung neuer internationaler Organisationen wie der *Asian Infrastructure Investment Bank* (AIIB) hat die Volksrepublik weit mehr Einfluss als bei der Weltbank. Neue Institutionen wie die AIIB beeinflussen auch die liberale Weltordnung westlicher Prägung.
- Die Teilnahme an multilateralen Handelsmechanismen hat ebenfalls politische Implikationen: China unterzeichnete zum Beispiel im Juli 2016 das Transitsystem TIR der Vereinten Nationen, das den grenzüberschreitenden Containertransport auf der Straße erleichtert. Das Land erweitert so seine Präsenz auf einem weiteren Feld der Handelspolitik und verknüpft die Finanzierung technischer Infrastruktur mit dem Abbau politischer Handelsschranken.
- Zu einem großen Teil werden Investitionsvorhaben oder andere wirtschaftliche Kooperationen mit den Einzelstaaten Europas bilateral verhandelt. Das verbessert die chinesische Verhandlungsposition und erschwert es der EU, mit einer Stimme zu sprechen.

Bereits im Jahr 2017 wies der damalige deutsche Außenminister Sigmar Gabriel auf den zunehmenden politischen Einfluss Chinas hin und sprach von der Ausnutzung bestehender politischer Spannungen innerhalb der EU. Als Beispiel gilt Griechenlands Entscheidung im Menschenrechtsrat der Vereinten Nationen, gegen eine Deklaration zu stimmen, die sich kritisch bezüglich Chinas Menschenrechtssituation äußerte. Griechenland ist das europäische Land, das bisher am stärksten in die BRI involviert ist, durch den strategisch wichtigen Hafen von Piräus.[303]

China handelt nicht aus altruistischen oder karitativen Motiven, sondern verbindet eine konkrete Strategie der globalen Einflussnahme und Positionsverbesserung mit der BRI-Initiative, und zwar sowohl auf wirtschaftlichem als auch politischem Gebiet. China erhofft sich von der BRI zunächst den Zugang zu neuen Märkten, die Sicherung von Handelsrouten und Energiezufuhr sowie Absatzmärkte für seine industriellen Überkapazitäten. Die chinesische Regierung dehnt dabei den geografischen Radius der BRI kontinuierlich aus. Die Grundlage des BRI-Projektes sind dabei zwei Vereinbarungen. Auf der einen Seite stellt China die Infrastruktur für teilnehmende Länder bereit und verbindet diese somit. Auf der anderen Seite sollen diese ihre Waren- und Finanzmärkte für China öffnen und darüber hinaus ihre wirtschaftlichen Entwicklungspläne mit China koordinieren.[304] Die BRI ist zudem auch nicht mehr nur auf wirtschaftliche Ziele beschränkt. Die »Vision für die maritime Kooperation« enthält ein Unterkapitel zu sicherheitspolitischen Fragen. Dort ist zu lesen, dass die chinesische Regierung die Sicherheit für die rasch steigenden Investitionen und die wachsende Zahl chinesischer Bürger in politisch fragilen Ländern entlang der BRI selbst in die Hand nehmen will. China eröffnete 2015 seine erste internationale Militärbasis in Dschibuti, einem zentralen Drehpunkt der »Maritimen Seidenstraße«. Eine neue Industrie privater chinesischer Sicherheitsunternehmen hat sich darüber hinaus dem Schutz von BRI-Projekten verschrieben.[305]

Unter den »BRI-Nehmerländern« finden sich auch EU-Mitgliedstaaten wie z.B. Ungarn. Das Land ist seit 2004 Mitglied der EU und pflegt bereits seit 70 Jahren gute diplomatische Beziehungen zu China. Im Juni 2015 unterzeichneten China und Ungarn einen Vertrag über die gemeinsame Förderung von Baumaßnahmen im Rahmen der BRI. Zudem unterschrieben Ungarn und Serbien im November 2015 und Mai 2017 einen Vertrag über die Modernisierung der Bahnstrecke zwischen Budapest und Belgrad. Er umfasst die Erweiterung, Modernisierung und teilweise Verlegung der Strecke auf ungarisches Gebiet und trägt den offiziellen Titel *»Belgrade-Budapest High-Speed Railway Link«*.[306] Ausgeschrieben wurde das Projekt durch die Joint-Venture-Gesellschaft *Chinese-Hungarian Railway Nonprofit Ltd.*. Diese besteht aus der ungarischen Staatsbahn (15%) und den zwei chinesischen Unternehmen *China Railway International Corporation* sowie *China Railway International Group* (85%). Das Projekt soll im Jahre 2020 beginnen und eine Laufzeit von etwa drei Jahren haben. Es handelt sich um die 336 km lange Strecke zwischen Belgrad und Budapest.[307]

Vor allem im Bereich des wirtschaftlichen und organisatorischen Unterbaus erhofft sich Ungarn große Vorteile, denn die ungarische Infrastruktur ist bislang nur mangelhaft ausgebaut und benötigt zahlreiche Investitionen. Kritiker betonen jedoch, dass Ungarn diesbezüglich nur wenig profitieren wird. Die Bahnstrecke würde keine ungarischen Städte verbinden, und auch der geografische Schwerpunkt sei nicht zentral für Ungarns wirtschaftliche Situation.[308] Die Maßnahmen auf ungarischem Gebiet müssen durch Ungarn bezahlt werden. Und 85 % der Investitionen, die sich auf über 1,7 Milliarden Euro belaufen, sind von der chinesischen Export-Import Bank kreditfinanziert.[309] Die restlichen 15 % werden direkt durch die ungarische Regierung bezahlt. Insgesamt wird der ungarische Abschnitt etwa 1,8 Milliarden Euro kosten. Staaten, die in der Schuld der Chinesen stehen, werden sich aller Erfahrung nach bei pekingkritischen Positionierungen eher zurückhalten oder entsprechende europäische Vorhaben sogar blockieren. So stimmte Ungarn bereits 2017 gegen eine kritische Positionierung der EU bezüglich der Folter in China.[310]

Ein weiteres Beispiel für chinesisches Engagement in der EU ist Griechenland. Der staatliche chinesische Logistikkonzern *China Ocean Shipping Company (Cosco)* pachtete 2016 für 650 Millionen Dollar 51 % des Containerhafens Piräus. Laufzeit: 35 Jahre. Später übernahm das Unternehmen für fast 370 Millionen Euro auch noch knapp 70 % der Anlagen.[311]

In diesem Zusammenhang muss eine politische Spaltung der EU befürchtet werden. Dies zeigt sich dadurch, dass die europäischen Länder, die von chinesischen Investitionen profitieren, keine chinakritischen Kurse mehr verfolgen. So fordern sie weder die Rechtsstaatlichkeit noch die Einhaltung der Menschenrechte in China ein, welche Grundwerte der Europäischen Union sind. Derartig vermehrte Uneinigkeiten in der Europäischen Union bewirkten zugleich auch Handlungsunfähigkeit. Die EU kann dadurch in einigen Politikfeldern nicht mehr einheitlich auftreten.

Auf dem Balkan zeigt sich exemplarisch, wohin das chinesische Infrastrukturprogramm auch volkswirtschaftlich führen könnte, nämlich in eine Verschuldungsfalle und in finanzielle Abhängigkeit von China. Der EU-Beitrittskandidat Montenegro bekommt eine neue Autobahn nebst Moracica-Brücke (195 Meter hoch) vom chinesischen Staat finanziert und gebaut. Die Kosten belaufen sich auf knapp eine Milliarde Euro. Für das wirtschaftlich schwache Land ist dieses Kreditvolumen atemberaubend, denn es macht fast ein Viertel des Bruttoinlandsprodukts aus. Dafür nimmt sich China nicht nur das Recht, die Autobahn von einem chinesischen Bauunternehmen mit chinesischen Materialien und chinesischen Arbeitern fertigen zu lassen. Peking könnte noch andere Ansprüche erheben, sollte Montenegro die Schulden irgendwann einmal nicht mehr bezahlen können, was nicht unwahrscheinlich ist.

Experten befürchten daher, dass China im Falle von Zahlungsschwierigkeiten der Nehmerländer (Abb. 42) dort großen Einfluss bekommen könnte: entweder über Deals, die geschlossen werden, oder dadurch, dass China gleich ganz die Kontrolle über wichtige Projekte wie Häfen und Bahnstrecken bekommt.[312] Negativbeispiel hierbei ist Sri Lanka 2017: Auch dort hatte China im BRI-Rahmen Geld investiert und den Hafen Hambantota ausgebaut. Als Sri Lanka dann aber die Kredite nicht bedienen konnte, musste es den Hafen und ein Industriegebiet für 99 Jahre an ein chinesisches Unternehmen verleasen.[313]

Insofern wird auch das chinesische BRI-Engagement in Italien kritisch gesehen. Zum ersten Mal ist ein großes, aber klammes Land der Eurozone betroffen. Italien unterzeichnete im März 2019 eine Grundsatzvereinbarung über die italienische Teilnahme am chinesischen Infrastrukturprojekt der »Neuen Seidenstraße«. Dabei soll Italien den Chinesen den Zugang zu den europäischen Märkten erleichtern, unter anderem mithilfe chinesischer Investitionen in die Häfen von Genua und Triest. Noch bevor die Diskussion über chinesische Beteiligungen an italienischen Häfen in Norditalien begann, hatte Chinas staatlicher Logistikkonzern Cosco bereits eine Minderheitsbeteiligung am neuen Containerhafen Vado bei Savona erworben, der ausgebaut wurde und Ende 2019 seinen Betrieb aufnahm.[314]

Abb. 42: Schuldenrisiken in »BRI-Teilnehmerstaaten« 2018

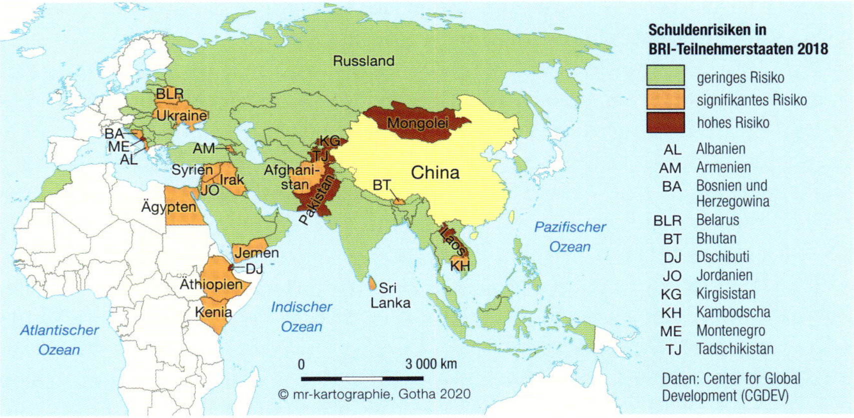

Bereits mit ca. 100 Ländern weltweit hat China im Rahmen des BRI-Projekts Kooperationsabkommen unterzeichnet, darunter einige EU-Staaten. Etwaige Versuche der EU, im Bedarfsfall z.B. durch verschärfte Sanktionsmaßnahmen eine gemeinsame Haltung gegen China aufzubauen, dürften damit erschwert werden. Auch Frankreichs Staatspräsident Emmanuel Macron ist skeptisch: »Diese Straßen dürfen nicht einer neuen Hegemonie den Weg bereiten, durch die jene Länder, durch die sie verlaufen, zu Vasallen werden.«[315]

Als Fazit lässt sich feststellen, dass China sich in der Welt neu aufstellt und das traditionelle Politik- und Wirtschaftsmodell des Westens vor Herausforderungen stellt. Die »Neue Seidenstraße« gilt als Symbol für Chinas Macht, die nicht ohne Grund auch die Sorge der EU und ihrer Mitgliedstaaten steigen lässt. Es wird deutlich, dass China versucht, politischen Einfluss zu bekommen, und nicht nur ein Infrastrukturprojekt verfolgt. Dies lässt sich an der geografischen Auswahl der Länder, aber auch an den Abhängigkeitsverhältnissen erkennen, die die Chinesen durch Investitionen in europäischen Ländern schaffen.

Insgesamt ist das Vertrauen der Menschen in Deutschland in die USA, Russland und China deutlich gesunken. Die autoritären Tendenzen eines geopolitisch aggressiven Russlands haben sich spürbar verstärkt. Die andere östliche Großmacht, China, versucht sich zwar verstärkt als zuverlässiger Handelspartner zu profilieren, setzt dabei aber rücksichtslos ihre eigenen Interessen durch. Mit der Wahl Donald Trumps zum Präsidenten der USA haben sich zuletzt auch die Beziehungen zu den USA drastisch verschlechtert.[316] Seine Regierung hat es geschafft, dass heute das Vertrauen der Deutschen in die USA noch geringer ist als das in China oder Russland (Abb. 43): ein historisch einmaliger Tatbestand.

Zur Interessenpolitik der »Nachbarschaft« lässt sich nach Meinung des deutschen Politikwissenschaftlers Herfried Münkler zusammenfassend feststellen: Die aufgrund ihrer derzeitigen grundlegenden Krise ohne Frage eingeschränkte Handlungsfähigkeit der EU kommt besonders ungelegen, weil sie in eine Zeit fällt, in der sie sich einer Reihe äußerer Herausforderungen zu stellen hat und angesichts der anstehenden Neuordnung der globalen Einflusskonstellationen eine gewichtige Rolle spielen sollte. Oder sie muss das akzeptieren, was andere vorgegeben und beschlossen haben. Ein wiedererstarktes Russland nimmt Einfluss auf die inneren Entscheidungsprozesse der Europäer und sucht Teile der politischen Klasse in einzelnen Ländern auf seinen Kurs zu bringen, China baut im Rahmen seiner »Seidenstraßenstrategie« Abhängigkeiten auf dem Balkan auf, und die USA unter Donald Trump versuchen die Europäer gegeneinander auszuspielen, wo sie es können. Die EU ist porös geworden, denn die äußeren Attacken zeigen Wirkung.[317] Auch das trägt zum Abbruch der EU bei und muss bei der Formulierung eines erneuerten Integrationsfundaments bedacht werden.

Abb. 43: Vertrauen in internationale Partner

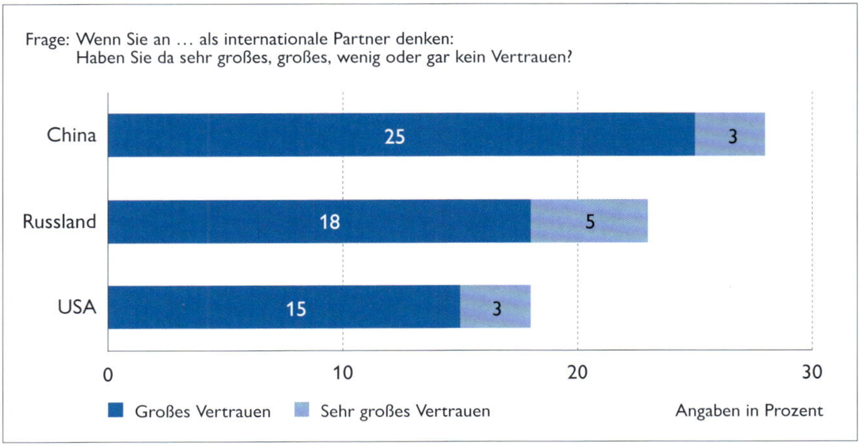

Quelle: Richard Hilmer, Europäische Integration – Sorgen und Erwartungen, Friedrich-Ebert-Stiftung, Berlin 2019, S. 12.

Über die *Global Player* USA, Russland und China hinaus, die, wie beschrieben, Rivalen der EU sind und durchaus Interessenpolitik zu deren Lasten betreiben, müssen auch weitere »Nachbarn« und deren Einflusssphären berücksichtigt werden. Im Bestreben, einen Ring stabiler Staaten im Osten und Süden ihrer Grenzen von Weißrussland bis Marokko aufzubauen, muss die EU erkennen, dass ihre Gestaltungsspielräume auch in der unmittelbaren Nachbarschaft enger geworden sind. Insbesondere drei Staaten spielen hier neben Russland eine aktive Rolle: die Türkei, Iran und Saudi-Arabien.[318]

7 Separatismus: Die Erschütterung europäischer Nationalstaaten

Seit Mitte der 1990er-Jahre eskalieren weltweit immer mehr innerstaatliche Konflikte – häufig mit fatalen Folgen für die Bevölkerungen der betroffenen Regionen. Auch dort, wo Auseinandersetzungen in den vergangenen Jahren scheinbar beendet werden konnten, wurde eine nachhaltige und tragfähige Lösung nur sehr selten erreicht, weil die Konfliktursachen bestehen blieben. Viele innerstaatliche Konflikte, die zur Fragilität von Staaten führen, haben auch eine ethnische Dimension. In ihnen werden Aspekte wie Sprache, Kultur und Abstammung zu Instrumenten der Mobilisierung.[319] Innerstaatliche Konflikte sind eine Herausforderung, die auch die Europäische Union in den kommenden Jahren intensiv beschäftigen wird.

Separatismusbemühungen und Forderungen nach Unabhängigkeit sind weltweit überall dort anzutreffen, wo eine unfreiwillige oder als solche empfundene Integration einer Volksgruppe mit einer eigenen kulturellen Identität vorliegt, welche dem »Mutterstaat« nicht entspricht und daher minorisiert wird. Auch mehrere Staaten in der Europäischen Union stehen vor der Herausforderung regionaler separatistischer Bewegungen.[320] Separatismus ist thematisch von Regionalismus und Nationalismus abzugrenzen. Separatismus formuliert als Folge eines extremen regionalen Nationalismus die Maximalforderung einer Sezession. Es ist dabei die politische Absicht eines bestimmten Teils der Bevölkerung, sich aus einem zentral organisierten Staatenbund zu lösen, um einen eigenen Staat zu gründen oder sich einem anderen Staat anzugliedern.[321]

Regionaler Separatismus ist ein Phänomen, das in Europa seit über 50 Jahren eine Rolle spielt. Nationalstaatliche Grenzen werden zunehmend auch in der EU infrage gestellt, denn Unabhängigkeitsbewegungen haben an Bedeutung gewonnen. Der Separatismus in Staaten der EU (Abb. 44) hat mehrheitlich ethnopolitische Hintergründe, wobei angestammte, unveränderliche Unterschiede zwischen Gruppen und Gemeinschaften zu Gegenständen der Auseinandersetzung werden. Immer mehr Menschen in den verschiedenen Gemeinschaften glauben, dass sie sich für eine Loslösung vom »Mutterland« einsetzen müssen, weil ihre Kultur und Sprache, aber auch ihr Lebensstandard einer existenziellen Bedrohung ausgesetzt seien. Der Nationalstaat als Zwischenebene (Mezzoebene, Kap. 1) gerät auch durch den regionalen Separatismus immer mehr unter Druck. Obwohl andere Gründe vorliegen als beim Regionalismus, wo es um die Stärkung der föderalen Strukturen der Mikroebene geht, gerät die Makroebene der EU als Staatenverbund von Nationalstaaten ebenfalls unter Druck, zumal einige der Mitgliedstaaten zentralistisch verfasst sind.

Abb. 44: Unabhängigkeitsbestrebungen in der EU

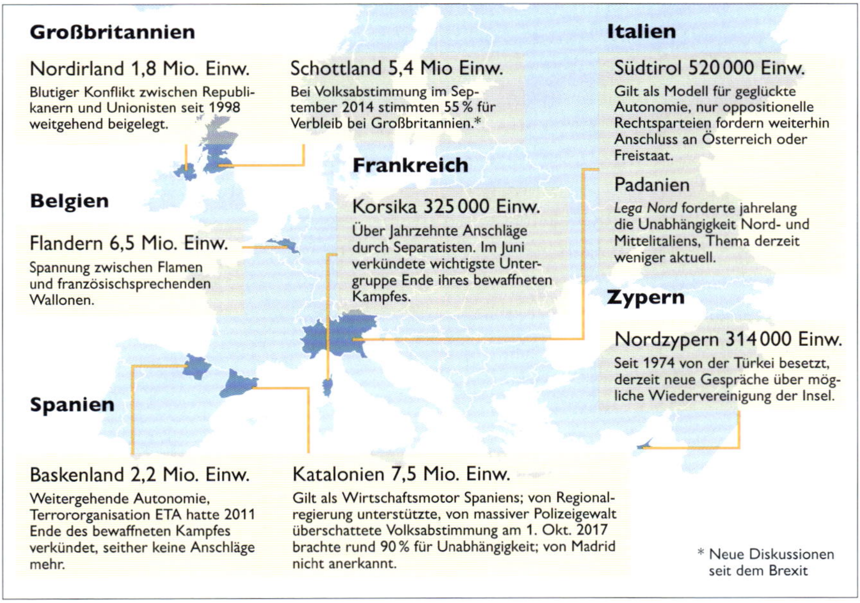

Quelle: https://image.kurier.at/images/cfs_932w/2312352/46–103955836.jpg.

Eine Voraussetzung für separatistische Bewegungen ist, dass es eine Vorstellung von »Nation« und »Staat« gibt, die von den regionalen Bevölkerungen angenommen wird. Kulturelle Faktoren allein sind aber keine hinreichenden Erklärungen für den Erfolg separatistischer Parteien, in Einzelfällen nicht einmal notwendige Voraussetzungen.[322] Zweifellos ist eine starke regionale Identität hilfreich, aber meistens bedarf es zusätzlicher ökonomischer Begründungen, um Wähler zu überzeugen. Ein wesentliches Argument ist dabei die wirtschaftliche Ausstattung einer Region. Deren relativer

Reichtum hängt vom Vorhandensein »natürlicher Ressourcen« (Bodenschätze, Energieträger etc.) ab, aber auch von Ressourcen im weiteren Sinne, wie z.B. einer vorteilhaften geografischen Lage, effizient arbeitenden Institutionen, einer guten Infrastruktur oder vorhandenem Humankapital.[323] In den meisten Ländern existieren Transfermechanismen, mithilfe derer auf diesen Ressourcen basierende Einnahmen von reicheren auf ärmere Regionen umverteilt werden. Solche Transfers sind oft der maßgebliche Faktor, der über eine breite Unterstützung einer separatistischen Bewegung durch die Bevölkerung entscheidet.[324] Bedeutend sind dabei nicht nur die umverteilten Summen, sondern auch die politischen Entscheidungsprozesse. Wesentlich ist dabei nicht zuletzt die politische Machtstellung einer Region. Ist diese politisch dominant, hat sie unabhängig von ihren Ressourcen wenige Anreize, sich vom Rest des Landes abzuspalten, da sie direkt über Umverteilungsmechanismen mitentscheiden kann.[325]

Auf der anderen Seite ist die Aufgabe nationalstaatlicher Kompetenzen in der EU zugunsten einer supranationalen Organisationsform in den 1990er- und 2000er-Jahren immer weiter vorangeschritten, sodass ein Weg von der Wirtschaftsgemeinschaft zur politischen Union deutlich zu erkennen ist (Kap. 1). Hierin scheint ein Widerspruch und Spannungsfeld zu bestehen: Fortschreitende Integration der Nationalstaaten in die EU einerseits, fortschreitende Desintegration der Nationalstaaten selbst anderseits. Der amerikanische Soziologe Daniel Bell formulierte das so: »Der Nationalstaat ist zu klein für die großen Probleme und zu groß für die kleinen Probleme heutiger Gesellschaften.«[326]

Mehrere Staaten in der EU stehen vor der Herausforderung, unterschiedliche historisch gewachsene Identitäten in ein politisches Gemeinwesen zu integrieren. Regionalismus bezeichnet dabei allgemein eine verstärkte Orientierung von Menschen an der eigenen Region, die mit einer entsprechenden Distanzierung oder Opposition gegenüber dem die Region umgebenden Organisationsraum wie dem Staat einhergeht.[327] In der Geschichte des Regionalismus in Europa können drei Typen (und Phasen) unterschieden werden:[328]

- *der »alte« Regionalismus* als eine Bewegung, die konservativ-traditionalistisch ausgerichtet war und insbesondere die »Volkstumsidee« pflegte,
- *der »neue« Regionalismus* als Protestbewegung gegen die vereinheitlichende Politik von Nationalstaaten seit den 1970er-Jahren, der teilweise auch mit Gewalt einhergeht, sowie
- *der »postmoderne« Regionalismus*, der nicht von Minderheiten geführt wird, sondern von europäischen und regionalen Institutionen unterstützt wird. Hierbei geht es um den Bedeutungszuwachs der »Mikro-

ebene (grenzüberschreitende) Regionen« zulasten der »Mezzoebene Nationalstaat«, wie er in Kap. 1 beschrieben wurde.

Für die Frage des »Abbruchs« oder »Aufbruchs« der Europäischen Union ist der zweite Typus relevant. In der EU existieren Volksgruppen, deren Gemeinwesen durchaus als Nation bezeichnet werden kann, die aber keinen eigenen Staat darstellen.[329] Bei derartigen »Minderheitennationen« gibt es vier prägende Elemente[330]:

- *Es handelt sich um substaatliche, intergenerationelle und überpersonale Gruppen*, die sich in kultureller Hinsicht und durch eigene Mythen und Symbole von der übrigen Bevölkerung unterscheiden.
- *Ihre Gruppenkultur hat eine besondere Bedeutung für die Identität*, ist aber veränderbar und weist eine gewisse Pluralität auf.
- *Sie gelten als »alteingesessen«*, da sie infolge von Staatsbildungsprozessen bzw. territorialen Veränderungen und nicht aufgrund von Einwanderung entstanden sind.
- *Sie fordern Selbstbestimmungs- und -regierungsrechte*, um bestimmte Angelegenheiten selbstständig regeln zu können.

Die Geschichte spielt bei den meisten Unabhängigkeitsbewegungen für ihre Legitimation eine entscheidende Rolle. Sie beziehen sich häufig auf historische Kontexte und Epochen, in denen die Region unterdrückt und an der Ausübung ihrer kulturellen Eigenarten gehindert wurde. Oft werden Ungerechtigkeiten der Vergangenheit in die Gegenwart transportiert. Damit wird die eigene Volksgruppe emotionalisiert und eine Art »kollektive Identität der Benachteiligung« gegenüber dem übergeordneten Nationalstaat hergestellt.[331] Darüber hinaus wird eine kulturelle Einzigartigkeit gegenüber dem Nationalstaat betont. Die Besonderheiten werden oft auch als gefährdet oder unterdrückt beschrieben. Der eigenen Region werden kulturelle Werte zugeschrieben, die sie angeblich vom übrigen Teil des Staates unterscheide. Damit wird eine Homogenisierung der eigenen regionalen Bevölkerung praktiziert, die eine klare Abgrenzung zum gesamten Nationalstaat und zu benachbarten Regionen zur Folge hat.[332]

Nationalstaatliche Grenzen werden zunehmend auch in der EU infrage gestellt. Es ist bemerkenswert, dass diese Entwicklung im Rahmen der europäischen Integration mit einem weitreichenden Bedeutungsverlust von Binnengrenzen einhergeht. Dies zeigt, dass Staatlichkeit, die nicht auf einem fortwährend freiwilligen Zusammenschluss unterschiedlicher Volksgruppen beruht, bei entsprechenden Rahmenbedingungen zu separatistischen Tendenzen und letztlich zu fragiler Staatlichkeit führen kann.

Einige EU-Staaten haben regionale Autonomierechte in ihre Verfassungen aufgenommen, entweder durch eine Föderalisierung (z. B. Belgien) oder durch die Gewährung spezieller Autonomierechte für historische Minderheiten bzw. Regionen, ohne diese spezifisch zu benennen (z.B. Spanien und Italien). Andererseits schließen zahlreiche Verfassungen von EU-Staaten regionale Autonomierechte, insbesondere die asymmetrische Gewährung von Kompetenzen explizit aus oder beschränken sie stark und heben den unitarischen Charakter des Staates hervor (z.B. Frankreich und Rumänien).[333]

Die Stärkung der Regionen als Mikroebene hat in der EU bereits Tradition. Die europäischen Verträge haben sich im Laufe der Zeit immer mehr den Anliegen der europäischen Regionen geöffnet. Artikel 198a des Vertrages von Maastricht von 1992 sah die Einrichtung eines beratenden Ausschusses aus Vertretern der regionalen und lokalen Gebietskörperschaften vor. 1994 wurde daraufhin der Europäische Ausschuss der Regionen (AdR) als Versammlung der Regional- und Kommunalvertreter der EU installiert. Er soll den Regionen, Bezirken, Provinzen, Städten und Gemeinden im institutionellen Gefüge der EU unmittelbar Gehör verschaffen. Der Ausschuss der Regionen wurde verpflichtet, zur Tätigkeit des Rates und der Kommission in bestimmten Themenbereichen Stellung zu nehmen und konnte von diesen EU-Organen auch zu anderen Themen gehört werden. Der Vertrag von Lissabon 2007 schließlich garantiert dem AdR ein Anhörungsrecht im ordentlichen Gesetzgebungsverfahren.

Auch wenn der Traum europäischer Regionalisten vom Ende des Nationalstaats in der EU nicht wahr wurde, ist es den Regionen gelungen, sich Anerkennung und Gehör auf europäischer Ebene zu verschaffen. Seit dem Vertrag von Lissabon sind die europäischen Verträge nicht mehr »regionenblind«. Statt eines »Europas der Regionen« wurde ein »Europa mit Regionen« verwirklicht.[334] Doch der Ausschuss der Regionen hat auch viele Hoffnungen auf eine wirksamere Vertretung der Regionen enttäuscht. Kritiker monieren, es handele sich dabei mehr um eine »folkloristische Schaubühne«.[335] Ein Problem besteht darin, dass es eine allgemein akzeptierte Definition von »Region« in der EU nicht gibt. Die Größe und die Machtbefugnisse der Regionen sind in den EU-Staaten sehr unterschiedlich. Die Bandbreite reicht von den deutschen und österreichischen Bundesländern mit eigener Regierung und Gesetzgebungsgewalt über die Regionen in Belgien und die Autonomen Gemeinschaften in Spanien über die relativ schwachen Regionen Italiens (mit Ausnahme der Regionen mit Sonderstatut) bis hin zu dezentralen Verwaltungseinheiten ohne autonome Gestaltungsmöglichkeiten wie etwa in Polen und Rumänien. Die Mehrheit der Staaten Europas hat noch keine Regionen oder Länder mit einem Mindestmaß an Gesetzgebungsbefugnissen bzw. mit politischer Autonomie. Nur 43,5% der Einwohner der EU leben in Regionen mit

Gesetzgebungsbefugnissen, während die Mehrheit in ihrer unmittelbaren politischen Erfahrung diese Regierungsebene gar nicht kennt.[336] Politischer Widerstand gegen eine Aufwertung der Regionen entstand vor allem in den zentralistischen Mitgliedstaaten, da man Angst hatte, ein Kompetenzzuwachs der Regionen könne zulasten der nationalstaatlichen Aufgaben gehen. In Ländern mit separatistischen Bestrebungen wird es sogar als gefährlich angesehen, auf regionale Ansprüche einzugehen.

Spätestens seit den 2000er-Jahren existieren drei besondere Brennpunkte separatistischen Strebens in der EU: Katalonien (Spanien), Schottland (GB) und Flandern (Belgien). Darüber hinaus verstärken sich separatistische Tendenzen auch z. B. in Südtirol, Korsika, Zypern, im Baskenland und weiteren Regionen. Dabei zeigen die Beispiele Schottland und Katalonien, dass die erfolgreichsten Autonomiebewegungen diejenigen sind, denen es gelingt, die Etiketten »extremistisch« oder »populistisch« hinter sich zu lassen.[337] Diese Entwicklungen stellen die EU-Nationalstaaten in ein Spannungsfeld zwischen Integration und regionalem Separatismus. Die EU ihrerseits betrachtet Sezessionsbewegungen generell als Angelegenheit der betroffenen Länder. Zentral ist allerdings die Frage, ob ein neu entstehendes Land in der EU verbleiben könne oder erst eine Aufnahme beantragen müsse. Die rechtliche Lage ist unklar.[338]

Eine grundsätzliche staatsrechtliche Frage ist dabei die nach dem Fortbestand oder der Rechtsnachfolge des »Mutterlandes«. Hier existieren grundsätzlich drei mögliche staats- und völkerrechtliche Szenarien:

1. *Sezession*: Die Unabhängigkeit der Region stellt eine Abspaltung vom »Mutterland« dar. Das restliche »Mutterland« ist subjektidentisch mit dem bisherigen »Mutterland«, das heißt, dieses besteht mit kleinerem Territorium fort, und die Region ist ein neu in die Welt getretener unabhängiger Staat, der alle internationalen Verträge neu aushandeln muss;
2. *Trennung*: Durch die Unabhängigkeit der Region bricht das »Mutterland« in zwei Staaten auseinander. Beide sind mehr oder weniger gleichberechtigte Rechtsnachfolger des alten »Mutterlandes«;
3. *Auflösung* (Dismembration): Das »Mutterland« löst sich als Rechtssubjekt ganz auf, und es entstehen zwei ganz neue Nachfolgestaaten: der »Regionalstaat« und das »Restmutterland«. Beide Staaten müssten bilaterale und internationale Verträge neu aushandeln.

Von den genannten drei Möglichkeiten sind im Falle regionaler Separatismusbestrebungen nur die ersten beiden realistisch.

Als ausführliche Beispiele sollen in diesem Kapitel Katalonien, Schottland und Flandern vorgestellt werden. Die Konturen des heutigen katalanischen, schottischen und flämischen Nationalismus wurden durch drei eng miteinander verbundene Faktoren geschärft: eigene Identität, Autonomie und wirtschaftliche Erwägungen[339]:

- *Erstens sind Katalonien, Schottland und Flandern Beispiele für »staatenlose Nationen«*: Sie verfügen über ein definiertes Territorium mit historischen, kulturellen, wirtschaftlichen und politischen Identitäten, die sie bewahrt haben, obwohl sie über lange Zeit in größere Staaten integriert waren.
- *Zweitens haben sie im Zuge eines allgemeinen Dezentralisierungstrends in den vergangenen Dekaden autonome politische Institutionen aufgebaut*, die ihre Identitäten und das Verlangen nach noch größerer Eigenständigkeit gestärkt haben.
- *Drittens haben nationalistische Bewegungen in diesen »staatenlosen Nationen« Auftrieb erhalten* durch ökonomische Streitigkeiten mit ihren »Mutterstaaten«.

7.1 Katalonien und die »spanische Frage«

Spanien ist in Europa eines der Paradebeispiele für ein Land im Spannungsfeld zwischen Internationalisierung und Separatismus. Es ist in den europäischen Integrationsprozess eingebunden, und gleichzeitig wird seine nationale Einheit von regionalen Sezessionsbestrebungen infrage gestellt. Die stärksten separatistischen Tendenzen in Spanien gehen von Katalonien aus, wo die Lage in der »Katalonien-Krise« ab 2017 eskalierte. Katalonien ist die wirtschaftlich reichste Region Spaniens, mit einer Größe vergleichbar der Nordrhein-Westfalens, und stellt mit ca. 7,6 Millionen Einwohnern 16% der spanischen Gesamtbevölkerung. Die katalanische Politik ist seit mehreren Jahrzehnten vom Wunsch nach Unabhängigkeit getrieben. Dahinter steht das Konzept einer Kulturnation, die sich über eine eigene Sprache und Identität definiert. Wie bei allen historisch gewachsenen politischen Gemeinschaften besteht das Hauptmerkmal der kollektiven Identität in der Sprache und Kultur.[340]

In Artikel 2 der spanischen Verfassung von 1978 heißt es, Spanien bestehe aus verschiedenen Nationalitäten und Regionen. Entsprechend wurde das Land in 17 autonome Gemeinschaften und zwei autonome Städte unterteilt. Zwischen 1979 bis 1983 wurden Autonomiestatute erlassen, Gesetze, die den einzelnen Regionen unterschiedlich umfassende Rechte bezüglich Gesetzgebung und Vollzug einräumen. Regionale Parteien engagieren sich dafür, diese auszuweiten. Besonders weit gehen dabei die Katalanen, die die Unabhängigkeit anstreben.

Abb. 45: Katalonien

Der Anspruch Kataloniens wird aus der Geschichte mit einer unfreiwilligen Integration begründet. Im Spanischen Erbfolgekrieg (1701–1714), in dem es um die Thronfolge nach dem Tod des kinderlos gebliebenen Karl II. ging, unterstützten die meisten Katalanen den Habsburger Thronprätendenten Erzherzog Karl gegen den Bourbonen Philipp von Anjou. Der im Frieden von Utrecht als Sieger hervorgegangene Philipp bestrafte Katalonien dafür hart: 1714 ergab sich Barcelona seinen Truppen, in den Folgejahren wurden die katalanischen Institutionen aufgelöst, wodurch die katalanische Selbstverwaltung endete. Zum Gedenken an dieses Ereignis wird heute der 11. September, der Tag der Kapitulation 1714, als katalanischer Nationalfeiertag – *Diada Nacional de Catalunya* – begangen. Das besagte Datum liegt zwar mehr als dreihundert Jahre zurück, doch hat es eine sehr aktuelle Bedeutung für Katalonien. Im Fußballstadion des FC Barcelona z. B. wird von den Fans noch heute bei jedem Spiel in Minute 17, Sekunde 14 *»In-, Inde-, Independència«* skandiert.[341]

Im 19. Jahrhundert kam es zum Erwachen einer katalanischen Identität, ausgelöst durch eine Verdopplung der Bevölkerung und ökonomische Erfolge. Dieses neue katalanische Selbstbewusstsein brachte auch die ersten Forderungen nach Autonomie mit sich und wuchs schließlich zu einer nationalen Bewegung heran.[342] Spanien litt in den 1920er-Jahren unter mehreren Krisen, und als General Miguel Primo de Rivera die Macht in Madrid ergriff, sollten zunächst jegliche Formen von Unabhängigkeitsbewegungen und identitätsstiftender Merkmale verboten werden. Allerdings gelang es den Katalanen in der Folgezeit, der spanischen Zentralregierung die Zustimmung zu einem Autonomiestatut abzuringen. Sie besaßen infolgedessen sowohl ein eigenes Parlament als auch einen Präsidenten als Regierungsoberhaupt. Diese Phase endete 1939 mit dem spanischen Bürgerkrieg und der Machtübernahme durch Francisco Franco, unter dessen Herrschaft das Autonomiestatut wieder aufgehoben wurde. Das Katalanische wurde als offizielle Sprache aus dem öffentlichen Leben verbannt. Franco wollte jegliches regionale Nationalbewusstsein unterbinden und setzte dies auch mithilfe ökonomischer Sanktionen durch. Die Jahre der Unterdrückung durch das Franco-Regime bedeuteten einen besonders drastischen und prägenden Einschnitt für die katalanische Identität.[343]

Bis in die 1960er-Jahre blieb jede Form von katalanischem Nationalbewusstsein im Untergrund. Nur im Geheimen konnten sich kleine Vereinigungen bilden, aus denen 1971 die *Assemblea de Catalunya* hervorging. Es handelte sich bei ihr um einen Zusammenschluss unterschiedlicher Gruppierungen, die sich erst nach Francos Tod 1975 offen politisch engagieren konnten. 1978 kam es zur Gründung des katalanischen Parteienbündnisses *Convergència i Unió* (CiU). Dieses ging aus dem Zusammenschluss der *Convergència Democràtica de Catalunya* (*CDC*, Demokratischer Pakt Kataloniens) und der *Unió Democràtica de Catalunya* (*UDC*, Demokratische Union Kataloniens) hervor. Nach dem Wahlerfolg im März 1980 prägte die CiU als Regierungspartei (mit Ausnahme der Jahre 2003 – 2010, als sie Oppositionspartei war) die katalanische Politik für die nächsten Jahrzehnte. Die CiU vertrat einen katalanischen Nationalismus mit dem Ziel maximaler Autonomie.[344] Am 18. Juni 2015 wurde das Bündnis aufgelöst.

Die konkrete Frage der Unabhängigkeit Kataloniens von Spanien spielte bis 2012 in der Politik der CiU keine wesentliche Rolle. Sie wurde nur von Teilen des Bündnisses gefordert. Dies änderte sich nach dem 11. September 2012. Am Nationalfeiertag fand in Barcelona unter dem Motto »Katalonien, ein neuer Staat Europas« eine Demonstration der Unabhängigkeitsbewegung statt. Der Zustrom übertraf alle Erwartungen. Die Teilnehmerzahl betrug je nach Quelle zwischen 600 000 und 2 Millionen Menschen. Am nächsten Tag äußerte Ministerpräsident Artur Mas im Rahmen einer offiziellen Erklärung, die Zeit sei gekommen, Katalonien mit »staatlichen Strukturen« zu versehen.

Aufgrund der historischen, sprachlichen und kulturellen Unterschiede zum übrigen Spanien sieht sich Katalonien als eine eigene Nation.[345] Die Forderungen der katalanischen Regionalregierung nach Eigenstaatlichkeit stützen sich auf die Behauptung, dass die bestehenden Autonomierechte innerhalb des spanischen Staates keine selbstbestimmte Entwicklung ermöglichten. Bis vor wenigen Jahren war es aber zumindest unklar, ob die Katalanen tatsächlich eine vollständige Unabhängigkeit von Spanien anstrebten. Dies änderte sich jedoch 2012, weil die Katalanen fortan ein »Anerkennungsdefizit« Spaniens gegenüber den Besonderheiten der Region – eigene Sprache, Geschichte und Traditionen – ausmachten und viele Katalanen besonders seit der Finanzkrise 2008 nicht mehr damit einverstanden waren, dass ihre wohlhabende Region einen als unfair empfundenen Finanzbeitrag an die spanische Zentralregierung und Spaniens ärmere Regionen abtreten muss.[346] Katalonien stellt seine Unabhängigkeitsforderungen zwar aus einer Position der wirtschaftlichen Stärke heraus, allerdings ist die ökonomische Zukunft der Region bei einer Abspaltung von Spanien ungewiss. Zudem verfügt Katalonien über weitreichende politische Befugnisse und kann regionale Gesetzgebung in vielen Bereichen selbst bestimmen. Gründe dafür, dass Katalonien als unabhängiger Staat wirtschaftlich stärker sein sollte, sind schwer auszumachen.[347]

Häufig wird angeführt, in Katalonien bestehe keine Gefahr, dass eine »katalanische Identität« durch die Zugehörigkeit zum spanischen Nationalstaat bedroht sei.[348] Was die rechtliche Konstruktion angeht, ist die spanische Verfassung durchaus geeignet, eine Balance zwischen Zentralregierung und Regionen zu ermöglichen. In der Verfassung von 1978 sind die politische Mitbestimmung der Bürger und die Möglichkeiten der Abhaltung eines Referendums verankert. Allerdings wird dafür immer die Zustimmung der spanischen Regierung benötigt. Keine andere Region in Europa scheint aber dennoch so nah vor der Eigenständigkeit zu stehen wie Katalonien.[349] Zugleich muss aber festgestellt werden, dass der Staat nicht immer Hoheitsrechte, die vereinbarungsgemäß übertragen werden sollten, auch tatsächlich abgegeben hat. Daraus entstand der Vorwurf, dass Spanien das Autonomiemodell als »Minimalkonsens der Unabhängigkeitsbewegung« nicht wirklich ernst nehme.[350]

Ab 2004 wurden die Forderungen nach einer neuen juristischen Grundlage der Beziehungen Kataloniens zu Spanien eine feste politische Größe. 2006 wurde dann ein Autonomiestatut mit neuen Kompetenzzuweisungen ratifiziert, das aber 2010 vom spanischen Verfassungsgericht für größtenteils verfassungswidrig erklärt wurde. Dieses Urteil muss als maßgeblicher Auslöser für spätere Eskalationen angesehen werden. Bereits damals kam es zu Demonstrationen, bei denen das Recht auf Selbstbestimmung eingefordert wurde.

Trotz Ablehnung durch Spanien und dessen Verfassungsgericht wurde in Katalonien am 9. November 2014 eine Volksbefragung durchgeführt. Es handelte sich offiziell um eine als »Bürgerbeteiligungsprozess« bezeichnete Abstimmung über die politische Zukunft der Region. Den Bürgern Kataloniens wurde folgende Frage vorgelegt: »Wollen Sie, dass aus Katalonien ein Staat wird?« Wer diese Frage mit Ja beantwortete, sollte sich noch zu einer zweiten Frage äußern: »Wollen Sie, dass dieser Staat unabhängig ist?« Die Befragung sollte konsultativ sein, also keine direkten Rechtswirkungen entfalten. Bei einer Wahlbeteiligung von ca. 37% stimmten knapp 81% der Befragten für eine Unabhängigkeit. 2014 hatte sich der spanische Staat darauf beschränkt, die Volksbefragung durch Anhörungen vor dem Verfassungsgericht aussetzen und ihr durch die später folgende Entscheidung über das Verfahren die Rechtsgrundlage entziehen zu lassen. Die tatsächliche Durchführung der Volksbefragung am 9. November 2014 wurde aber nicht verhindert.

Ab Herbst 2017 schließlich eskalierte die Lage in der »katalanischen Krise«. Ihr Höhepunkt bestand in einem von der spanischen Zentralregierung als illegal angesehenen erneuten Referendum über die Unabhängigkeit Kataloniens am 1. Oktober 2017. Als Polizisten versuchten, das Referendum zu verhindern, und dabei gewaltsam gegen Menschen vorgingen, die ihre Stimme abgeben wollten, kam es zu fast bürgerkriegsähnlichen Zuständen, mitten in Europa. Bei einer Wahlbeteiligung von 42,5% gab es 90,09% Ja-Stimmen und 7,87% Nein-Stimmen, 2,03% hatten leere Stimmzettel und 0,89% ungültige Stimmen abgegeben. Am 27. Oktober 2017 proklamierte der katalanische Regionalpräsident Carles Puigdemont daraufhin einseitig die Unabhängigkeit. Am selben Abend erklärte die spanische Regierung die Absetzung der gesamten katalanischen Regionalregierung. Zuvor hatte die Zentralregierung nach Zustimmung des spanischen Kongresses am 11. Oktober Artikel 155 der spanischen Verfassung aktiviert, mit dem die Autonomie Kataloniens außer Kraft gesetzt wurde. Einen derart weitreichenden Eingriff hatte es bis dahin noch nicht gegeben. Madrid setzte für den 21. Dezember 2017 Neuwahlen an, die aber wiederum separatistische Parteien knapp gewannen. Puigdemont und dessen gesamte Regierung wurden angeklagt. Einige katalanische Politiker wurden festgenommen, andere, darunter Puigdemont selbst, flohen ins EU-Ausland.

In der Folge kam es im Frühjahr 2019 zu Prozessen, die aus einer anderen Zeit zu stammen schienen. Die Anklagen lauteten auf Aufruhr und

Rebellion – Anklagepunkte, die kaum zu Europa passen, ebenso wenig wie eine andere Entwicklung, die festzustellen war: Bei Protesten gegen die spanische Justiz im März 2019 in Madrid skandierten Separatismus-Befürworter die Forderung nach »Freiheit für die politischen Gefangenen« und meinten damit nicht die Zustände in außereuropäischen Diktaturen. Auch die Flucht katalonischer Politiker in andere europäische Länder war vor der Katalonien-Krise nur schwer vorstellbar. In den ebenso historischen wie umstrittenen Prozessen gegen die katalanischen Separatistenführer wurden schließlich im Oktober 2019 neun Angeklagte zu Haftstrafen zwischen neun und dreizehn Jahren verurteilt. In Kataloniens Hauptstadt Barcelona und anderen Teilen der Region gab es massive Proteste.

> »Die spanische Zentralregierung vertritt eine streng am geltenden Gesetz orientierte Position, der zufolge jede Bestrebung, die auf die Unabhängigkeit Kataloniens abzielt, verfassungswidrig sei. Sicherlich sieht die spanische Verfassung solche Referenden nicht vor, aber daraus könnte genauso gut der Handlungsauftrag folgen, die Verfassung zu ändern. Schließlich gilt die spanische Verfassung seit ihrem Inkrafttreten 1978 praktisch unverändert, ihre Anpassung an ein geändertes Rechtsempfinden könnte nach fast 40 Jahren angebracht sein. Hinter der legalistischen Fassade der Regierung in Madrid verbirgt sich ein massiver Veränderungsunwille, der die Situation vollständig blockiert hat.«[351]

Festzuhalten bleibt, dass die Art und Weise, wie die »Unteilbarkeit der spanischen Nation«, z. B. mit Verboten eines Referendums, Verfassungsgerichtsurteilen und brutalen Polizeieinsätzen, in die politische Praxis umgesetzt wurde, die Unabhängigkeitsbestrebungen in Katalonien gestärkt hat.[352] Eines ist allerdings völlig klar: Unabhängigkeitsbestrebungen und Sezessionskonflikte lassen sich nicht durch Repression seitens des »Mutterlandes« lösen. Eine solche Knebelung führt nur zu einer Eskalation des Konfliktes, in dem Gewalt irgendwann mit Gegengewalt beantwortet werden wird. Eine derartige Entwicklung kann in der EU niemand wollen. Offensichtlich ist aber auch: Zur Frage der Unabhängigkeit gibt es in Katalonien keine klaren Mehrheiten. In der Regel schwanken sowohl das Ja- als auch das Nein-Lager um 40 bis 50 %, mit wenigen Prozentpunkten Abstand. Eine Rolle spielt hierbei auch die in der jeweiligen Umfrage verwendete Fragestellung.

Mit Mariano Rajoy an der Spitze der spanischen Zentralregierung und Carles Puigdemont an der Spitze der katalanischen Regionalregierung trafen zwei Politiker aufeinander, die keine Verständigungsbereitschaft aufbrachten. Statt zu verhandeln, konzentrierte man sich auf die Frage, ob ein Referendum illegal sei oder nicht. So betrachtet, ist die »katalanische Krise« eine Folge umfassenden politischen Versagens. Sie hat mitten in Europa zu einer Staatskrise geführt, die noch längst nicht bewältigt ist. Sie hat auch Auswirkungen auf andere separatistische Regionen in Europa sowie die EU selbst und trägt mit Sicherheit nicht zu deren »Aufbruch« bei.

7.2 Das »Vereinigte Königreich« vor der Auflösung?

Die Schotten pflegen seit Jahrhunderten einen ausgeprägten nationalen Patriotismus, der sich vor allem in der Abgrenzung von England definiert. Die zahlreichen kriegerischen Auseinandersetzungen zwischen den ehemals getrennten Königreichen Schottland und England, die erst durch deren Zusammenschluss unter den *Acts of Union* 1707 und 1800 ein Ende fanden, wirken bis heute im Bewusstsein der schottischen Nation nach.[353] Schon seit dem 13. Jahrhundert und den ersten schottischen Unabhängigkeitskriegen geht es um die Frage der Staats- und Machtkonstellation auf der britischen Insel.

Die gemeinsame englisch-schottische Geschichte beginnt im Jahre 1603, als die englische Königin Elisabeth I. kinderlos verstarb und die Krone an den regierenden schottischen König Jakob VI. aus dem Haus Stuart fiel, der nun als Jakob I. beide Königreiche regierte. Schottland und England blieben dabei zunächst eigenständige Staaten unter einem Monarchen *(Union of the Crowns)*. Die Entthronung von Jakobs Enkel Jakob II. 1688 spaltete Schottland in Oranier und Jakobiten, weil die schottischen Hochlandbewohner den neuen König, Wilhelm von Oranien, nicht akzeptierten. 1692 wurden beim »Massaker von Glencoe« zahlreiche Angehörige des zu den Anhängern Jakobs zählenden MacDonald-Clans auf Anordnung der Regierung in einer Strafaktion ermordet. Dieses Ereignis blieb tief im schottischen Nationalbewusstsein haften.

Einen wichtigen Schritt auf dem Weg zum »Vereinigten Königreich« stellte die *Union of Parliaments* von 1707 dar: Dieser Vereinbarung des schottischen und des englischen Parlaments zur Vereinigung der beiden Territorien war die Entmachtung der Stuarts vorausgegangen.[354] Der *Act of Union* kam allerdings nicht freiwillig zustande. Schottland hatte sich mit der Handelskolonie Darién in Panama finanziell übernommen, nachdem sich Investoren zurückgezogen hatten, weil sie vom englischen Parlament und der *East India Trading Company* dazu gedrängt worden waren. Das englische Parlament stoppte alle Importe aus Schottland und bot gleichzeitig an, die schottischen Schulden zu bezahlen, wenn die Schotten einem *Act of Union* zustimmten.[355] In Schottland ist seither das Gefühl sehr verbreitet, um die eigene Freiheit betrogen und in den Verbund mit England gezwungen worden zu sein.

Abb. 46: Schottland

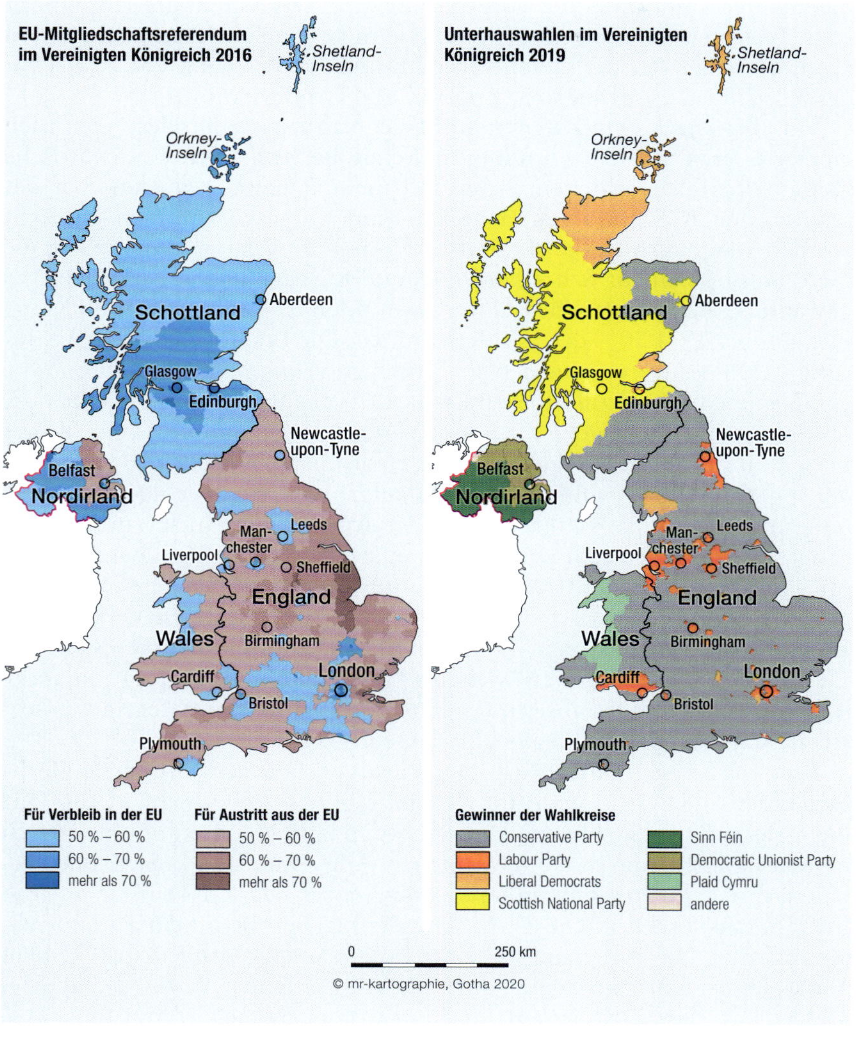

Großbritannien besteht aus vier Nationen: Engländern, Walisern, Nordiren und Schotten. Der Zentralstaat »Großbritannien« ist unitarisch angelegt. Er wird trotz der verschiedenen Nationen nicht als föderal mit unabhängigen Gliedern, sondern als Einheit gesehen, die aus London regiert wird.[356] Ab den 1960er-Jahren begannen zwar Dezentralisierungprozesse in Großbritannien, jedoch wurden 1973 Abstriche an der absoluten Parlamentssouveränität Londons ausgeschlossen.[357] Das Vereinigte Königreich ist in Wahrheit nicht vereint. Es stellt vielmehr eine multinationale Union eigentümlicher Art dar, deren zentrales und größtes Land von sich selbst der Ansicht ist, es sei zugleich England und Großbritannien.[358]

Vor allem nach dem Zweiten Weltkrieg nahmen die Forderungen nach einer größeren Selbstbestimmung für Schottland erheblich zu. Schottische Regionalparteien erhielten mehr und mehr Zulauf. Nachdem vor der schottischen Küste umfangreiche Öl- und Erdgasvorkommen entdeckt worden waren, erhielt die separatistische *Scottish National Party (SNP)*, die diese Ressourcen für Schottland reklamierte, erheblichen Zuspruch und gewann bei den schottischen Unterhauswahlen im Februar 1974 22% und im Oktober 1974 30% der Wählerstimmen. Die Londoner *Labour*-Regierung beschloss daraufhin, den schottischen Wünschen nach Autonomie entgegenzukommen und hielt im Jahr 1979 ein Referendum darüber ab, ob Schottland ein eigenes Regionalparlament bekommen sollte (erstes Dezentralisierungsreferendum). Trotz einer knappen Mehrheit zugunsten der sogenannten »Devolution« kam es aufgrund der zu geringen Wahlbeteiligung, welche das Gesetz nicht in Kraft treten ließ, nicht zur Einrichtung eines solchen Parlaments, da weniger als 40% der Wahlberechtigten mit Ja gestimmt hatten. Unter den konservativen Regierungen Thatcher und Major wurden zwischen 1979 und 1997 keine weiteren Verfassungsänderungen vorgeschlagen. Nach der Regierungsübernahme durch die *Labour Party* wurde 1997 ein weiteres Referendum zur Devolution abgehalten (zweites Dezentralisierungsreferendum). Eine klare Mehrheit unterstützte ein schottisches Regionalparlament.

Eine solche beschränkte Selbstverwaltung Schottlands innerhalb Großbritanniens genügte jedoch der *Scottish National Party* nicht, deren Ziel die vollständige Unabhängigkeit Schottlands ist. Verfassungstheoretisch besteht nämlich eine starke Asymmetrie. Alle regionalen Institutionen erhalten ihre Legitimation und ihre Kompetenzen aus dem britischen Parlament heraus. Das britische Verfassungsdenken beruht auf der Parlamentssouveränität. Das Parlament ist keiner Instanz untergeordnet, auch keinem Verfassungsdokument. Seine Souveränität ist unteilbar. Dadurch hat jedes Gesetz, welches dort verabschiedet wird, prinzipiell Verfassungsrang.

Gleichzeitig besteht für frühere Entscheidungen kein besonderer Schutz. Für die schottischen Institutionen bedeutet das, dass sie zwar viele Kompetenzen und inhaltliche Autonomie gewannen, gleichzeitig aber ständig in ihrer Existenz gefährdet waren. Jede britische Parlamentsmehrheit könnte die über lange Zeit erarbeiteten Autonomierechte und Institutionen theoretisch mit einem einzigen Gesetz auflösen oder ihre Entscheidungen überstimmen.[359]

2010 wollte die regierende *Scottish National Party* die Bürger durch ein Referendum über die Unabhängigkeit entscheiden lassen. Am 15. Oktober 2012 wurde schließlich in Edinburgh eine Vereinbarung zwischen dem damaligen Premierminister David Cameron und dem Kopf der schottischen Regionalregierung Alex Salmond unterzeichnet, nach der im Herbst 2014 eine Volksabstimmung in Schottland über die Unabhängigkeit abgehalten werden sollte. Dieses Referendum fand am 18. September 2014 statt. Das Endergebnis betrug 55,3% Nein-Stimmen und 44,7% Ja-Stimmen bei einer Beteiligung von 84,59%, was bedeutete, dass die Unabhängigkeit Schottlands von der Mehrheit der Wähler abgelehnt worden war. Nur in vier der 32 Bezirke hatten die Befürworter der Unabhängigkeit die Mehrheit bekommen. Ironischerweise war der Wunsch, Teil der EU zu sein, damals ein Argument gegen die Unabhängigkeit: Schottland wäre nämlich automatisch aus der EU ausgeschieden und hätte den Aufnahmeprozess neu durchlaufen müssen.

Ging es den Schotten bei ihrem Wunsch nach Unabhängigkeit traditionell mehr um ideologische Aspekte sowie in den vergangenen Jahrzehnten eher um Fragen der Autonomie und der politischen Entscheidungsfähigkeit, haben sie mittlerweile auch ganz aktuelle politische Fragen im Blick. Nach dem Brexit-Referendum am 23. Juni 2016 (Kap. 4) nannte die Erste Ministerin Schottlands, Nicola Sturgeon, es inakzeptabel, dass Schottland automatisch mit England aus der EU austreten müsse, obwohl die schottischen Wähler mit 62% für einen Verbleib Schottlands in der EU gestimmt hatten.[360] Zudem hatten bei der Wahl zum EU-Parlament 2019 in Schottland die Pro-EU-Parteien zu den Siegern gehört. Dass Großbritannien trotzdem den Brexit vollzieht, obwohl mit Schottland und Nordirland zwei von vier Nationen dagegen gestimmt haben, zeigt erneut das ausgesprochen zentralistische System Großbritanniens, das die regionalen Interessen nur wenig berücksichtigt. Schottland hat daher damit begonnen, ein Referendum über die Unabhängigkeit von Großbritannien vorzubereiten. Die schottische Regierung muss hierfür allerdings die Zustimmung des britischen Parlaments in London einholen. Letztlich werden die Gerichte entscheiden müssen, ob die Schotten anders als vereinbart ein zweites Mal in dieser Generation über ihre Unabhängigkeit abstimmen dürfen, weil sich mit dem Brexit die Geschäftsgrundlage geändert hat.[361]

Vor dem Brexit-Hintergrund ändert sich die Haltung der Schotten merklich. Einer Untersuchung des Instituts *Progress Scotland* zufolge können sich nach dem EU-Austritt Großbritanniens 56% der schottischen Bevölkerung vorstellen, für die Unabhängigkeit zu stimmen. Das Kalkül ist, dass die Folgen eines Brexits und ein daraus erwachsender Konsens über Partei- und Gesellschaftsgrenzen hinaus das nötige Momentum für ein unabhängiges Schottland bringen werde.[362] »Die Umstände haben sich dramatisch verändert. Jenes Vereinigte Königreich, für das sich Schottland 2014 aussprach, besteht nicht mehr«[363], erklärte Nicola Sturgeon im Zuge der Umsetzung des Brexits und lieferte damit einen deutlichen Hinweis auf einen möglichen Zerfall Großbritanniens. Die Unterstützung der Bevölkerung für ein neues schottisches Unabhängigkeitsreferendum hängt auch davon ab, ob Schottland Chancen hätte, dann in der EU zu verbleiben. Der ehemalige Präsident des Europäischen Rates, Herman Van Rompuy, sieht die Chance für eine schottische EU-Mitgliedschaft gegeben. Es gebe in der EU »große Sympathie für Regionen und Landesteile, die der Europäischen Union beitreten wollen«. Für den Brexit bestünden in der EU dagegen »weder unter Politikern noch beim Mann auf der Straße« Sympathien.[364] Auch in Nordirland gibt es erstmals seit dem Friedensabkommen 1998 wieder Stimmen, die ernsthaft über eine Vereinigung mit der Republik Irland nachdenken. Es sieht ganz danach aus, als habe der Brexit einen Zerfallsprozess ausgelöst, von dem nicht die EU betroffen ist, sondern Großbritannien.[365]

Der *Scottish National Party* (SNP) ging es immer auch um die wirtschaftliche Unabhängigkeit Schottlands. Seit den 1970er-Jahren legt sie ihren Fokus auf die Öl- und Gasvorkommen in der Nordsee. In einem unabhängigen Schottland soll die Erdölindustrie eine wichtige Rolle spielen. Die Schotten würden im Unabhängigkeitsfall rund 90% der britischen Erdöl- und Gasvorkommen kontrollieren. Der Sektor würde zwischen 13% und 18% zum Bruttoinlandprodukt beitragen. Öl und Gas wären auch das wichtigste Exportprodukt des Landes.[366] Allerdings liegt im politischen System Großbritanniens das Recht, über die Frage einer Grenzziehung in der Nordsee zu entscheiden, wiederum allein beim britischen Parlament in London. Das Regionalparlament in Schottland hätte keine Möglichkeit mitzubestimmen.

Politisch haben sich London und Edinburgh zuletzt immer weiter voneinander entfernt. Eine zunehmende Zahl von Schotten kann in Zeiten des Brexits inzwischen der Idee, in einem kleinen liberalen europäischen

Nationalstaat zu leben, einiges abgewinnen. Mehr und mehr Schotten glauben, ihr Land wäre innerhalb der EU und außerhalb des Vereinigten Königreichs sehr viel besser aufgehoben als im umgekehrten Falle.[367]

> »Wir werden Zeuge eines Zusammenbruchs der britischen Politik, ja der britischen Gesellschaft. Und Zusammenbrüche sind von Natur aus unvorhersehbar. Denn der Brexit ist ein potenziell folgenschwerer, wohl welthistorischer Vorgang.«[368]

Bei den britischen Parlamentswahlen am 12. Dezember 2019 war die *Scottish National Party* neben den konservativen *Tories* die große Gewinnerin. Die Partei gewann 48 von 59 Sitzen und damit 13 mehr als bei den Wahlen 2017. Die SNP war mit zwei Themen in den Wahlkampf gegangen: dem Eintreten gegen den Brexit und für ein neues Unabhängigkeitsreferendum. Die SNP-Vorsitzende und schottische Premierministerin Nicola Sturgeon sagte nach der Wahl: »Boris Johnson hat ein Mandat, England aus der EU zu führen, aber er muss einsehen, dass ich ein Mandat habe, Schottland eine alternative Zukunft zu bieten.« Das heißt auch, dass Boris Johnson einen Pyrrhussieg errungen haben könnte: Je härter sein Brexit wird, umso schneller werden die Schotten ein neues Unabhängigkeitsreferendum abhalten. Aber sie werden es früher oder später ohnehin tun. Und dann könnte aus dem Traum vom unabhängigen, globalen Großbritannien ganz schnell *»Little Britain«* werden.[369] Der britische Premier sprach Schottland daher umgehend ein Recht auf Selbstbestimmung ab.

Das Beispiel Schottlands zeigt, was kurzsichtige und verlogene Plebiszite nationalpopulistischer Prägung mit der Einheit und Stabilität von Staaten anstellen können. Die Polarisierung von Politik und Gesellschaft in Großbritannien ist umfassend. Der neue Premier Johnson wurde bei seinem Antrittsbesuch in Schottland Anfang August 2019 ausgebuht, und von der schottischen Regierungschefin Nicola Sturgeon musste er sich anhören: »Schottland ist während des ganzen Brexit-Prozesses ignoriert worden. Hören Sie auf, unser Land in den Untergang zu führen.«[370]

7.3 Flandern und die Zukunft Belgiens

In noch größerem Ausmaß als Spanien und Großbritannien tragen die Streitigkeiten in Belgien Ausmaße eines ethnischen Konflikts.[371] Belgien ist heute ein aus zwei Teilen bestehendes Land mit extraordinärer Isolation.[372] Die Streitfrage um die Zugehörigkeit der Hauptstadtregion gilt als wesentlicher Hauptgrund, wieso es noch nicht zu einer Aufteilung Belgiens kam.[373] Belgien hat sich in den vergangenen 30 Jahren von einem unitarisch-zentralistischen Staat zu einem Bundesstaat mit konföderaler Tendenz entwickelt. Das Problem liegt darin, dass die Entwicklung ausschließlich in eine Richtung gegangen ist, nämlich in Richtung Trennung.[374]

Flandern ist eine der drei Regionen, aus denen sich der belgische Bundesstaat zusammensetzt. In den vergangenen 50 Jahren erfuhren dessen Struktur und Verfassungen mehrere Reformen die sämtlich das Ziel hatten, das Land kontinuierlich zu dezentralisieren. Der belgische Staat hatte insbesondere in der Zeit nach dem Zweiten Weltkrieg zahlreiche Bemühungen unternommen, die Spaltung Belgiens zu verhindern. Es wurden Regionen (Flandern, Wallonien, Brüssel-Hauptstadt) sowie Kultur- oder Sprachgemeinschaften (niederländisch, französisch, deutsch) gebildet. Jede Region und Gemeinschaft verfügt seit der zweiten Staatsreform von 1980 über eigene Räte, Parlamente und eine Exekutive. Dabei waren diese Bemühungen oftmals mit Hürden verbunden, weshalb in den vergangenen 50 Jahren einige Regierungen am Konflikt zwischen Flandern und Wallonien gescheitert sind. Im Gegensatz zu Katalonien und Schottland hat Flandern aber keine Geschichte der Unabhängigkeit, sondern eine der kulturellen Benachteiligung in einem Staatsgebilde, das selbst Ergebnis einer Sezession von den Niederlanden ist.[375] Anders als die Schotten oder die Katalanen streben die Flamen nicht nach einer kurzfristigen Abspaltung und einem zeitnah abzuhaltenden Unabhängigkeitsreferendum. In ihrem Fall handelt es sich eher um einen »schleichenden Separatismus der Trippelschritte«.[376]

Bis zur Gründung des unabhängigen belgischen Königreichs 1830 als regionale Abspaltung von den Niederlanden hatte es nie einen belgischen Staat gegeben, sondern die Region war immer nur ein Teil eines größeren Staatsgebildes[377], und die Gebiete des heutigen Belgiens gehörten mal zu diesem, mal zu jenem Reich. Auf dem Wiener Kongress 1814/15 wurden sie mit den Niederlanden zum Königreich der Vereinigten Niederlande zusammengeschlossen. Die Differenzen vor allem konfessioneller Art waren jedoch groß, und schnell regte sich Unmut gegen den König. Als sich 1827 die gesellschaftlichen Eliten, bestehend aus führenden liberalen und katholischen Gruppierungen, mit dem Ziel einer grundlegenden Reform des Vereinigten Königreichs zusammenschlossen, ebnete dies den Weg für eine weitreichende Politisierung der belgischen Gesellschaft. Sie entlud sich am Ende in einer Revolution und der Gründung eines eigenen, belgischen Nationalstaates.[378]

Abb. 47: Flandern

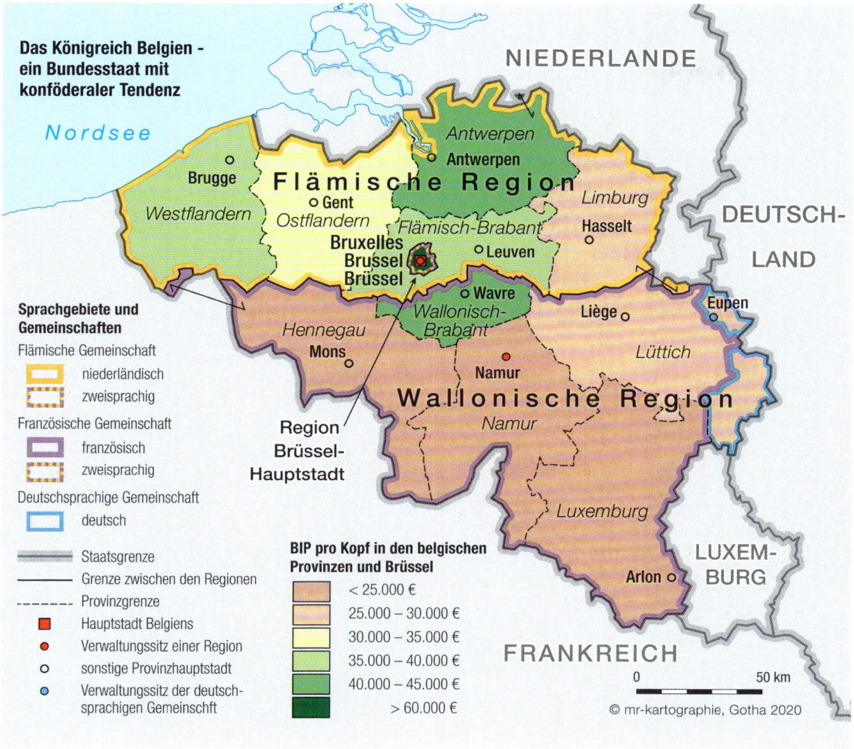

Das neu gegründete Königreich Belgien umfasste auch den frankofonen Teil des Herzogtum Luxemburgs und wurde von einem Monarchen aus dem Hause Sachsen-Coburg-Gotha regiert. Das Ergebnis war, dass die Minderheitensprache Französisch mehr als hundert Jahre lang die dominierende Sprache im Land war. Auch Belgiens Industrie und Reichtum waren im französischsprachigen Wallonien beheimatet, deren Minen und Fabriken für die Prosperität des Landes sorgten.[379] Das bevölkerungsreichere Flandern hingegen galt als das Armenhaus des Landes. Dort lebten vor allem Bauern, Tagelöhner und Textilarbeiter, deren Sprache – das Niederländische – als die »Sprache der Tiere und Knechte« verunglimpft wurde.[380] Die Flamen hatten auch kaum Chancen, sich zu bilden, weshalb ihnen mit Ausnahme einer kleinen bürgerlichen Oberschicht ein gesellschaftlicher Aufstieg verwehrt blieb.[381]

Der »belgische Konflikt« hat seine Wurzeln in zwei strukturellen Elementen: Zum einen besteht seit dem 12. Jahrhundert zwischen dem Norden und dem Süden eine niederländische Sprachgrenze, die der heutigen Sprachengrenze zwischen Flandern und Wallonien entspricht. Zum anderen war in der Vergangenheit Belgien über mehrere Jahrhunderte in verschiedene Herzogtümer, Grafschafen und Bistümer aufgeteilt, die in sich sehr gefestigt sind.[382] Aus diesen strukturellen Ursachen heraus lassen sich drei Trennungslinien ziehen: erstens die ethnische (flämisch/wallonisch), zweitens die sozial-ökonomische (arm/reich) und drittens die religiöse (Katholiken/Protestanten).[383] Insgesamt kann festgehalten werden, dass die Staatengründung Belgiens kein lange angestrebter, mit einem Nationalgefühl aller Beteiligten einhergehender Zusammenschluss war, sondern ein Prozess mit großer Eigendynamik. Dieser Umstand führte dazu, dass sich letztlich kein echtes Zusammengehörigkeitsgefühl entwickelte, sondern die Regionen weitgehend getrennt blieben.

Nachdem der niederländischsprachige Teil der belgischen Bevölkerung in der Geschichte lange politisch, wirtschaftlich und sozial benachteiligt war, folgte ab den 1950er-Jahren der lang ersehnte ökonomische Aufschwung, der mit einer schwächer werdenden wallonischen Industrie einherging. Daraus erwuchs ein stärkeres flämisches Selbstbewusstsein.[384] Heute ist die wirtschaftliche Leistungsfähigkeit des flämischen Landesteils pro Kopf etwa um ein Drittel größer als die des Südens. 1962 wurde eine offizielle Sprachgrenze festgelegt, die das Land bis heute teilt. Ende der 1960er-Jahre erfolgte zudem die Spaltung der christdemokratischen, liberalen wie auch der sozialdemokratischen/sozialistischen Parteien nach ethnonationalem Prinzip – eine Entwicklung, die sich auf die Medienlandschaft ausweitete und über die Jahre separate Diskurse entstehen ließ.[385]

Bereits früh in der belgischen Geschichte bildete sich mit der »Flämischen Bewegung« eine die flämischen Interessen vertretende politische Kraft heraus, die sich gegen die von den Wallonen bestimmte Politik richtete. Durch den wirtschaftlichen Aufschwung Flanderns wurden die Rufe nach mehr Eigenständigkeit lauter. Die »Flämische Volksbewegung« wurde 1956 gegründet, um für die Flamen mehr Autonomie innerhalb Belgiens zu erstreiten. Als diese erreicht war, kam die Forderung nach staatlicher Unabhängigkeit auf, die viele flämische Vereine, Verbände und Parteien anstrebten.[386] Aber auch Wallonien pochte auf mehr Eigenständigkeit. Diese beidseitigen Bestrebungen gipfelten 1970 in der ersten Föderalismusreform. Von da an gab es insgesamt fünf solcher Reformen, neben 1970 noch 1980, 1988/89, 1993 und 2001. Seit der Reform von 1993 ist Belgien ein Bundesstaat.[387] Durch die seit den 1970er-Jahren angegangenen Neurordnungen und angestoßenen Umstrukturierungen konnte sich die flämische Region zunehmend Autonomierechte sichern und ihre Position festigen.

Inzwischen ist das belgische Politiksystem von einer hohen Komplexität geprägt. Ein Grund dafür ist die mit den Verfassungsreformen 1980 und 1988/89 einhergehende Aufteilung in durch die jeweilige Sprache konstituierte Gemeinschaften (die flämische, die französische und die deutschsprachige) und territorial begrenzte Regionen (die flämische, die wallonische und die Hauptstadt Brüssel), die jedoch nicht deckungsgleich sind und auch unterschiedliche Kompetenzen besitzen.[388] Die Gemeinschaften verfügen über Kompetenzen im Bereich von Kultur und Bildung, die Regionen verfügen über Entscheidungsgewalten in weiteren Politikfeldern, darunter auch die Befugnis, innerhalb ihrer Zuständigkeiten eigenständig internationale Abkommen zu schließen.[389] Das Bundesrecht steht dabei in Belgien nicht wie in Deutschland über dem Landesrecht. Daher ist eine Kompromissbereitschaft zur Entscheidungsfindung unabdingbar.

Aus der nationalen Geschichte heraus bestehen in Belgien mehr Trennlinien im Parteiensystem als anderswo.[390] Seit Beginn der Föderalismusreformen existieren wie gesagt selbst weltanschaulich ähnliche Parteien nicht mehr auf übergreifend nationaler Ebene, sondern getrennt für die einzelnen Regionen, da die unterschiedlichen regionalen Interessen nicht nur bei der Formulierung des Parteiprogramms und im Wahlkampf dominieren. »Heute sind sich die Schwesterparteien dies- und jenseits der Sprachengrenze oft feindlicher gesonnen als beispielsweise die Regierungs- und Oppositionsparteien ein- und derselben Region.«[391] Eine weitere Besonderheit, die das Auseinanderdriften der Parteifamilien verstärkt, besteht darin, dass die einzelnen Parteien nur in Wahlkreisen innerhalb der eigenen Sprachgruppe zur Wahl stehen (mit Ausnahme von Brüssel) und daher kaum einen Anreiz haben, gesamtbelgische Positionen zu vertreten.[392] Dazu entstanden mit der Zeit in Flandern weitere rein regionale Parteien wie die »Neu-Flämische Allianz« *(Nieuw-Vlaamse Alliantie, N-VA)* und *Vlaams Belang*. Beide verfolgen das Ziel der Sezession Flanderns, der *Vlaams Belang* vertritt darüber hinaus offen nationalpopulistische und teilweise rechtsextremistische Meinungen.

> »Seit den 60er- und 70er-Jahren sind alle politischen Parteien in Belgien regionalisiert worden. Und das bedeutet eine andere politische Kultur und eine andere politische Diskussion und auch Medien. Wir haben zwei getrennte Systeme von Medien und Diskussionen über Politik. Es gibt Politiker, die gesagt haben, es gibt zwei Demokratien in Belgien: Wallonien und Flandern.«[393]

Das Vorhandensein dieser nicht nur ideologischen, sondern auch regionalen Gräben erschwert zunehmend die Regierungsbildung in Belgien. Wallonen und Flamen wählen traditionell mehrheitlich jeweils Parteien mit völlig entgegengesetzten Ideologien und Programmen. Es scheint keine belgischen Politikerinnen und Politiker mehr zu geben, sondern nur noch jeweils solche, die sich um ihre eigene Region kümmern.[394]

Die »Neu-Flämische Allianz« (N-VA) ist im niederländisch sprechenden Landesteil Belgiens seit 2010 zur prägenden Kraft avanciert. Bei den Wahlen Ende Mai 2019 erschütterten Flandern zwar die Sitzgewinne des rechtsextremen *Vlaams Belang*, doch die N-VA blieb mit einem Wähleranteil von 25% stärkste Partei. Gemeinsam vereinten die beiden separatistischen Parteien 43% der Stimmen auf sich. Darum ist es inzwischen noch unklarer als in früheren Jahren, wie sich die Flamen mit den linksgerichteten Frankofonen aus Wallonien auf eine Bundesregierung einigen sollen.[395] Laut Umfragen befürwortet zwar nur eine Minderheit der Flamen die Unabhängigkeit, und im letzten Wahlkampf 2019 spielte der Separatismus, anders als die Migrationsthematik, kaum eine Rolle.[396] Dennoch spielt die N-VA weiterhin die »separatistische Karte« und will »die flämische Identität sichtbar machen«. Sie wendet sich gegen die »Mezzoebene Staat« (siehe Kapitel 1 dieses Buches) zugunsten der Makroebene EU und der Mikroebene Region: »Wir glauben an eine stufenweise Entwicklung, bei der immer mehr Kompetenzen auf Flandern und Europa übertragen werden, wobei die föderale Ebene sich langsam auflöst.«[397] Ihr Hauptargument: Große Fragen wie Verteidigung oder Migration müssten EU-weit geregelt werden. Lokalere Themen sollten auf lokaler Ebene ausgehandelt werden. Wallonien und Flandern seien folglich alleine stärker als zusammen. Die N-VA setzt jedoch nicht auf ein kurzfristiges Unabhängigkeitsreferendum, sondern auf eine stückweise Abspaltung.

> »Bis heute gebärden sich viele der 6,5 Millionen Flamen wie Vertreter einer bedrohten Minderheit, obwohl sie gegenüber den 3,5 Millionen Wallonen und den 1,1 Millionen Brüsselern in der Mehrheit sind. Viele Belgier glauben, dass das Land ohne den Sonderfall Brüssel längst zerbrochen wäre. Brüssel liegt mitten in Flandern, ist aber mehrheitlich französischsprachig. Abgesehen von der belgischen Fußballnationalmannschaft gibt es sonst kaum noch verbindende Elemente, das Königshaus ist in Flandern verhasst, und fast alle Parteien und Medien sind sprachregional separiert.«[398]

Die Stabilität eines föderalen Staates erfordert grundsätzlich ein Gleichgewicht zwischen der Einheit des Nationalstaats und der Selbstständigkeit der Regionen bzw. Sprachgemeinschaften. Derzeit zirkulieren für Flandern drei Modelle, die alle zahlreiche Fragen aufwerfen[399]:

1. eine allmähliche Auflösung des belgischen Staates und die Eingliederung Flanderns in ein Europa der Regionen, wie sie die N-VA langfristig entstehen sieht, bzw. die einseitige flämische Unabhängigkeitserklärung, wie sie der *Vlaams Belang* fordert.
2. das Schweizer Modell einer Eidgenossenschaft,
3. ein weiterer »belgischer Kompromiss« mit noch stärkeren föderalen Elementen.

Eine klare und einheitliche Vision für die Zukunft Belgiens hat es bisher nie gegeben. Reformdruck entwickelte sich vor allem aus Krisen heraus. Auch wenn momentan die zentrifugalen Kräfte in Belgien dominant erscheinen, ist es am wahrscheinlichsten, dass es erst einmal neuerlich zu einem »belgischen Kompromiss« kommen wird.[400] Daher wird die Situation zwischen Aufbruch und Abbruch für Belgien weiter bestehen bleiben.

7.4 Ein neuer Regionalismus: Regionen im Alleingang

Separatismus entsteht nur in Gebieten, wo bereits ein entsprechender Nährboden besteht. Zu diesem gehört eine erzählerische Basis für den Wunsch nach Eigenstaatlichkeit. Dabei wird meistens auf die Geschichte zurückgegriffen und vergangenes Unrecht beziehungsweise die Einzigartigkeit der eigenen Volksgruppe in den Vordergrund gestellt.[401] Die Regionalisten sehen die Abspaltung nicht als Selbstzweck, sondern als Ultima Ratio in ihrem Bestreben nach mehr Selbstbestimmung. Allerdings zählen alle in diesem Kapitel betrachteten Regionen, die nach Unabhängigkeit streben, innerhalb »ihres« Nationalstaates zu den Regionen, welche die meisten verwaltungstechnischen und organisatorischen Kompetenzen besitzen oder in der Verfassung eine besondere Position zugeschrieben bekommen haben. Gleichzeitig bewirken die jeweiligen Dezentralisierungsprozesse, wie etwa die Anerkennung der kulturellen Diversität durch die Verfassung, keine Beschwichtigung oder langfristige Verringerung der separatistischen Bestrebungen, sondern laufen eher auf eine Zuspitzung des Konfliktes zwischen der gesetzmäßigen Interessenwahrung durch den Nationalstaat und der erwünschten Ausweitung einer multidimensionalen Autonomie der Regionen hinaus.

Es lässt sich als Ergebnis festhalten, dass innenpolitische Probleme und europäische Integration, die beide mit einer Abgabe von Souveränität verbunden sind, Nationalstaaten in ein Spannungsfeld stellen und zu ihrer

Schwächung führen.[402] Die Krisen der vergangenen Jahre haben letztlich zu einer Legitimationskrise des Nationalstaats geführt. Die europäischen Regionen sind viel älter als die aus ihnen oft erst durch Kriege zusammengefügten Staaten. Besonders in wirtschaftlich schweren Zeiten wächst das Bedürfnis, sich vom Zentrum loszusagen. Dabei ist es Spanien und Großbritannien bisher besser gelungen, den regionalen Bestrebungen nach Eigenständigkeit standzuhalten als Belgien, dem es nur durch immer weitere Kompetenzabgaben und unter Hinnahme der Tatsache, dass damit eine zunehmende Teilung des Landes verbunden ist, geglückt ist, überhaupt noch zu existieren.

Spanien und Großbritannien zeigen zwei wichtige Parallelen: Die Kohärenz der Regionen und Teilnationen des Gesamtstaates erwies sich als stabil, solange das Land noch Zentrum eines globalen Imperiums war. Als dieses Imperium unterging, nahmen die zentrifugalen Tendenzen zu, da sich die Zugehörigkeit zu einem größeren Staat für die peripehereren Regionen nicht mehr zu lohnen schien. Auch ließ die verengte postimperiale Definition von Nation ethnische Konfliktlinien wieder hervortreten.[403]

Der Nationalstaat fand in den vorgestellten Beispielen seine Anerkennung in der Hauptsache noch als Mitglied der EU. Im Falle Großbritanniens ist diese Klammer nunmehr durch den Brexit entfallen, sodass ein Auseinanderbrechen oder zumindest eine gravierende Fragilität des Vereinigten Königreiches zu erwarten ist. Im Falle Spaniens hat der Staat faktisch noch ein hohes Maß an Souveränität behalten können, ist jedoch ständig durch das wirtschaftliche Ungleichgewicht und den zunehmenden Separatismus mit innenpolitischen Problemen konfrontiert. So konnte er zwar mithilfe von Zwangsmaßnahmen eine Abspaltung Kataloniens bislang erfolgreich verhindern, die eigentlichen Probleme jedoch nicht lösen. Während Belgien dabei ist, sich in einen binationalen Staat zu verwandeln, vollzieht sich in Spanien eher der Übergang von einem Nationalstaat zu einem multinationalen Staat.[404]

Die separatistischen Regionen streben allesamt an, nach einer Abspaltung Mitglied der EU zu bleiben oder es zu werden. Die dahinterstehende Idee ist ein Europa der Regionen, das eine Dezentralisierung anstrebt und das Selbstbestimmungsrecht der Kulturen stärkt. Besonders den letzten Aspekt betonen die regionalen Parteien und die ihnen angehörigen Fraktionen entschlossen. Diese demonstrativ proeuropäische Haltung scheint mit dem offenen »Wohlstandsseparatismus« nicht recht zusammenzupassen.[405]

Die EU wird in den Regionen mit separatistischem Potenzial im Regelfall sehr positiv gesehen, weil diese von der Existenz der EU profitieren. Die EU hat für sie neue Entfaltungsmöglichkeiten geschaffen. Durch Minderheitenschutz, europäische Regionalpolitik und die Möglichkeiten zur Vernetzung in Brüssel ist sie ein Garant für regionale Handlungsfähigkeit. Die Stärkung der regionalen Ebene ist seit Jahrzehnten ein Anliegen der EU. Im Vertrag von Lissabon findet sich das wieder. In ihm wurde das Subsidiaritätsprinzip erheblich gestärkt: Übergeordnete Ebenen der Politik sollen nur solche Aufgaben an sich ziehen dürfen, zu deren Wahrnehmung untergeordnete Einheiten nicht in der Lage sind.[406]

Für die EU hingegen erweist sich die Maxime »Die EU ist eine Gemeinschaft von Staaten und mischt sich nicht in deren innere Angelegenheiten ein« dabei zunehmend als Paradoxon, weil separatistischen Bewegungen dadurch signalisiert wird, dass sie ihre »nationalen Rechte« nur erlangen können, wenn sie eigenständige Mitgliedstaaten der EU werden. Spieltheoretisch sind solche Situationen eine Variation des als »Gefangenendilemma« bekannten Szenarios.[407] Diese Zwickmühle ist auch juristisch kaum auflösbar. Aus rechtlicher Sicht gibt es zwei wesentliche Einschränkungen, die die EU binden. Zum einen ist in Artikel 4 des EU-Vertrags die »territoriale Unversehrtheit« der Mitgliedstaaten festgeschrieben. Diese wäre im Falle von Sezessionen nicht mehr gegeben. Zum anderen würden die neuen Staaten nicht mehr der EU angehören, sondern müssten zunächst das reguläre, mehrjährige Aufnahmeverfahren durchlaufen. Einer möglichen Beschleunigung dieses Verfahrens wurde seitens der Europäischen Kommission aber eine Absage erteilt. Schließlich wäre auch die Zustimmung aller EU-Staaten für die Aufnahme erforderlich. Diese würde aber vermutlich nicht erfolgen, da viele EU-Staaten mit separatistischen Bewegungen keinen Präzedenzfall schaffen wollen. Die EU steckt also in gewisser Weise »zwischen Baum und Borke« fest und hat sich damit jeder politischen Gestaltungsmacht entledigt. Für einen Aufbruch müssten einige Positionen revidiert werden. Dabei zeigen sich z. B. in Katalonien bereits die EU-Probleme von morgen:

> »Der Wunsch nach Einführung und Stärkung der Regionalparlamente wird auch in anderen Ländern immer stärker. Gleichzeitig aber verlieren die nationalen Parlamente an Einfluss in der Europapolitik und bleiben die Rechte des EU-Parlaments rudimentär. Diese Defizite werden von keinem Reformplan aufgegriffen, die EU-Spitzenpolitiker derzeit zur Diskussion stellen.«[408]

Es ist allgemein unverständlich, dass ein Staatsformmodell, das zumindest Ansatzpunkte für die Lösung separatistischer Fragen böte, so wenig diskutiert wird: die Konföderation. In Konföderationsmodellen schließen sich unabhängige oder unabhängig gewordene Einheiten vertraglich zusammen. Sie treten nach außen gemeinsam auf, behalten ihre Souveränität aber bei. Eine Konföderation wird allgemein mit einem höheren Grad an Selbstständigkeit der Teileinheiten versehen, als das bei einer Föderation der Fall ist. In Belgien bringen separatistische Kräfte bereits eine solche Staatsreform ins Spiel: Sie wollen eine Konföderation zweier belgischer Staaten.[409]

Was die von Separatismustendenzen betroffenen Staaten nicht einsehen können oder wollen, ist die Tatsache, dass Separatismus nicht dadurch verschwindet, dass er in nationalen Verfassungen nicht vorgesehen ist. Rigide Urteile oberster Gerichte und der Einsatz von Sicherheitskräften wie z. B. in Katalonien führen letztendlich dazu, dass sich Teile der regionalen Unabhängigkeitsbewegungen radikalisieren.

Wenn die Mehrheit der Wählerinnen und Wähler in einer bestimmten Region eines Landes eine Unabhängigkeit befürwortet, bedeutet das dann, dass sie ein Recht auf Sezession haben? Im Grunde nein. Ein Referendum einer nach Unabhängigkeit strebenden Region kann daher nur als Überzeugungsversuch an die Adresse der jeweiligen Zentralregierung betrachtet werden.[410] Eine hohe Wahlbeteiligung und eine große Mehrheit für die Unabhängigkeit senden eine klare Botschaft in Bezug auf mehr regionale Eigenständigkeit sowie föderale oder konföderative Verfassungen. Ein weiterer Aspekt ist auch bedenkenswert: Grenzüberschreitende Regionen erfahren in jüngerer Zeit einen Bedeutungszuwachs. Diese Regionen sind untrennbar verbunden mit dem Prozess der europäischen Integration: Einerseits sind sie das Ergebnis europäischer Institutionalisierung, andererseits sind sie konstitutiver Teil des europäischen Integrationsprozesses im Sinne territorialer Europäisierung.[411]

Der Separatismus ist eng mit der Gründung der europäischen Staatenwelt verbunden, denn die meisten der heutigen europäischen Staaten entstanden im 19. und 20. Jahrhundert durch die Auflösung imperialer Großmächte. So gingen etwa die Habsburgermonarchie, das Russische und das Osmanische Reich unter, weil ihre Herrscher demokratische Entwicklungen ablehnten und damit verbundene Staatsreformen verhinderten.[412] Eine solche Form des Abbruchs muss historisch nicht singulär sein.

Für die EU stellen sich, so das Fazit, sowohl die Tendenz der Renationalisierung politischer Debatten in den Mitgliedstaaten (Kap. 3) als auch die Gefahr wachsender regionaler Unabhängigkeitsbewegungen als fundamentale Herausforderungen dar. Beide Entwicklungen sind zwar unterschiedlich begründet und benötigen daher auch verschiedene Strategien, um langfristig bewältigt werden zu können, allerdings haben sie auch etwas Grundsätzliches gemeinsam: Sie zeigen, dass eine wachsende Zahl von Menschen in Europa unter den unübersichtlichen Bedingungen der Globalisierung verstärkt die Subsidiarität politischer Entscheidungen einfordert.[413] Es scheint so, als sei der Weg vom »Europa der Vaterländer« zum »Europa der Regionen« vorgezeichnet. Daher lautet die entscheidende Frage: Kann die Unterdrückung der Bestrebungen in Katalonien, Schottland, Flandern und einigen weiteren Regionen wirklich die europäische Zukunft sein?

8 Ein erneuertes Fundament der Integration

»Es liegt doch auf der Hand, dass die EU in ihrer jetzigen Form als Bündnis kriselnder Nationalstaaten keine langfristige Zukunft mehr hat. Sie wird so auch nicht mehr durch das Drehen an irgendwelchen Stellschrauben zu retten sein. Doch wir dürfen dieses einmalige Friedensprojekt des 20. Jahrhunderts nicht einfach lustlos und verdrossen so zerbröseln lassen, wie das seit einigen Jahren geschieht.«[414]

8.1 Die Reformdebatte: Notwendigkeiten und bisherige EU-Konzepte

Angesichts der historischen Herausforderungen wie etwa durch Migration, Klimawandel und Digitalisierung muss das europäische Projekt inhaltlich neu aufgeladen und begründet werden. Europa braucht eine neue Vision, die die Widerstands- und Wettbewerbsfähigkeit des Kontinents erhöht. Es reicht nicht mehr, nur den Status quo zu verwalten, ausgeschmückt mit immer neuen Wohlfühlprogrammen für wechselnde Interessengruppen. Europa steht vor der Alternative: Aufbruch jetzt oder schleichende politische und wirtschaftliche »Selbstverzwergung«.[415]

Die Europäische Union befindet sich an der entscheidenden Weggabelung. Der Historiker Timothy Garton Ash spricht von einer existenziellen Krise des europäischen Projekts, das von innen und von außen attackiert werde.[416] Die innereuropäische Landschaft hat sich gravierend verändert: An die Stelle alter Berechenbarkeit ist die neue Wirklichkeit volatiler Gesellschaften getreten. Die neue Unberechenbarkeit muss sich aber nicht automatisch auf die Fortentwicklung der EU auswirken.[417] Der Integrationsprozess hat einen Punkt erreicht, an dem ungelöste strukturelle Fragen nicht mehr vertragt werden können. Aber es gibt unter den Mitgliedstaaten keinen Konsens über den einzuschlagenden Weg. Die Alternativen lauten: vorwärts oder rückwärts, Aufbruch oder Abbruch, Restauration oder Revolution. Sowohl die Nationalisten und Populisten als auch die

Befürworter einer weitergehenden Integration sind sich allerdings darin einig, dass der Status quo nicht mehr haltbar ist.

Die Europäische Union als Gebilde »sui generis« braucht mehr noch als die Nationalstaaten Leitbilder und Leitideen, die Vorgaben für die zukünftige Entwicklung machen, Chancen und Risiken abwägen und Perspektiven aufzeigen. Entscheidungsträger in den Parlamenten und Regierungen auf europäischer und nationaler Ebene, aber auch die Bürger der Union brauchen verlässliche Entwürfe für die »Konstruktion Europas«.[418] Die Europäische Union hat sich seit ihrer Gründung vor über 60 Jahren permanent reformiert und erneuert. Seit der Abstimmung über den Brexit allerdings war in der EU-Politik sehr viel *hätte, können, sollen* zu spüren und sehr wenig *machte, entschied, plante*.[419] Doch dann entstand plötzlich so etwas wie ein Aufbruchsgefühl. Der französische Präsident Emmanuel Macron erweckte in seiner Rede an der Pariser *Sorbonne*-Universität am 26. September 2017 eine proeuropäische Stimmung. Er forderte nichts weniger als die Neugründung Europas, pries eine europäische Souveränität und präsentierte eine ganze Reihe konkreter Reformvorschläge. Im Kern ging es um ein neues Fundament der Integration im Sinne einer vertieften EU.[420] Die Vorschläge waren wichtig, richtig und angemessen. Sie waren das Zeichen für einen Aufbruch. Aber eine vernünftige Antwort oder Diskussionsbeiträge der anderen Mitgliedstaaten blieben aus, erstaunlicherweise auch aus Deutschland. Da hatte es jemand mal gewagt, gegen die Lethargie und Schockstarre in der EU-Integration anzugehen und eine Aufbruchsvision für die EU zu präsentieren. Das war zu viel für alle diejenigen, die sich in minimalen Formelkompromissen und im Durchwursteln häuslich eingerichtet hatten. Für die Nationalpopulisten waren ohnehin alle Vorschläge, die nicht auf eine völkische Restauration hinausliefen, Teufelszeug.

Die Europäische Kommission hatte bereits 2017 ein »Weißbuch zur Zukunft Europas« vorgelegt, in dem fünf Szenarien[421] und Überlegungen zur Zukunft Europas vorgestellt wurden:

- *Szenario 1: Weiter wie bisher.* Hierbei konzentriert sich die EU auf die Umsetzung und Aktualisierung ihrer derzeitigen Reformagenda. »Die Prioritäten werden regelmäßig aktualisiert, neu auftretende Probleme sofort angepackt und neue Rechtsvorschriften entsprechend ausgearbeitet.«
- *Szenario 2: Schwerpunkt Binnenmarkt.* Wenn die EU »sich in vielen Bereichen nicht darauf einigen kann, mehr zu tun, richtet sie ihr Augenmerk zunehmend auf die Vertiefung bestimmter zentraler Aspekte des Binnenmarkts. In Bereichen wie Migration, Sicherheit oder Verteidigung

gibt es keinen gemeinsamen Willen, stärker zusammenzuarbeiten. Als Folge davon treibt die EU ihre Arbeit in den meisten Politikfeldern nicht weiter voran. Die Zusammenarbeit bei neu auftretenden Herausforderungen, die gemeinsame Interessen betreffen, wird häufig bilateral angegangen.«

- *Szenario 3: Wer mehr will, tut mehr.* Die EU macht weiter wie bisher, aber wenn einige Mitgliedstaaten gemeinsam mehr unternehmen wollen, »formieren sie eine oder mehrere ›Koalitionen der Willigen‹, die in bestimmten Politikbereichen zusammenarbeiten. Dies kann Bereiche wie Verteidigung, Innere Sicherheit, Steuern oder Soziales betreffen. [...] Wie im Falle des Schengen-Raums oder des Euro kann dies auf dem bestehenden EU-Rahmen aufbauen.«
- *Szenario 4: Weniger, aber effizienter.* Wenn »Einvernehmen darüber besteht, dass bei bestimmten Prioritäten die Zusammenarbeit verbessert werden muss«, beschließen die Länder der EU »ihre Aufmerksamkeit und begrenzten Ressourcen auf eine reduzierte Zahl von Bereichen zu konzentrieren.« Dadurch kann die EU in den ausgewählten prioritären Bereichen viel rascher und entschiedener handeln.
- *Szenario 5: Viel mehr gemeinsames Handeln.* Wenn Einvernehmen darüber besteht, dass weder die EU, so, wie sie ist, noch die europäischen Länder allein ausreichend für die aktuellen Herausforderungen gerüstet sind, »beschließen die Mitgliedstaaten, in allen Bereichen mehr Machtbefugnisse und Ressourcen zu teilen und Entscheidungen gemeinsam zu treffen.« Infolgedessen arbeiten alle Mitgliedstaaten auf allen Gebieten enger zusammen als je zuvor.

Unter den Annahmen, dass

- die EU tatsächlich an einer Weggabelung steht und Reformbedarf hat,
- eine Restauration bzw. Rückkehr zum Nationalstaat niemand ernsthaft wollen kann,
- eine »Jeder macht, wieviel er will«-Politik nicht zielführend sein kann, und schließlich
- die Situation im globalen politischen und wirtschaftlichen Wettbewerb ein gemeinsames Handeln erfordert,

gibt es im Grunde keine Wahl zwischen den Szenarien bzw. keine Alternative. Im Ergebnis heißt das: Die Mitgliedstaaten der EU sollten nicht endlos über divergierende Gestaltungsmöglichkeiten diskutieren, die sie unter Betrachtung der bisherigen europäischen Integration gar nicht mehr haben.

Der nationale Euroskeptizismus, wie er z. B. auch dem zweiten Szenario zugrunde liegt, richtet sich aufgrund der Sorge vor dem Verlust nationalstaatlicher Souveränität und Identität gegen eine vertiefte europäische Integration. Dabei wird beides immer in einen Topf geworfen, obwohl man eine getrennte Betrachtung vornehmen müsste. Ein »Europa der Vaterländer« ist dabei jenseits des Binnenmarktes das Maximum an vorstellbarer Integration. Es beinhaltet die volle Aufrechterhaltung nationalstaatlicher Souveränität. Gegenüber dem Status quo wird auch ein Rückbau bereits vergemeinschafteter Kompetenzen zugunsten der Mitgliedstaaten gefordert, der so überhaupt nicht umsetzbar ist.[422]

Abb. 48: Die EU-Zukunftsszenarien in der Karikatur

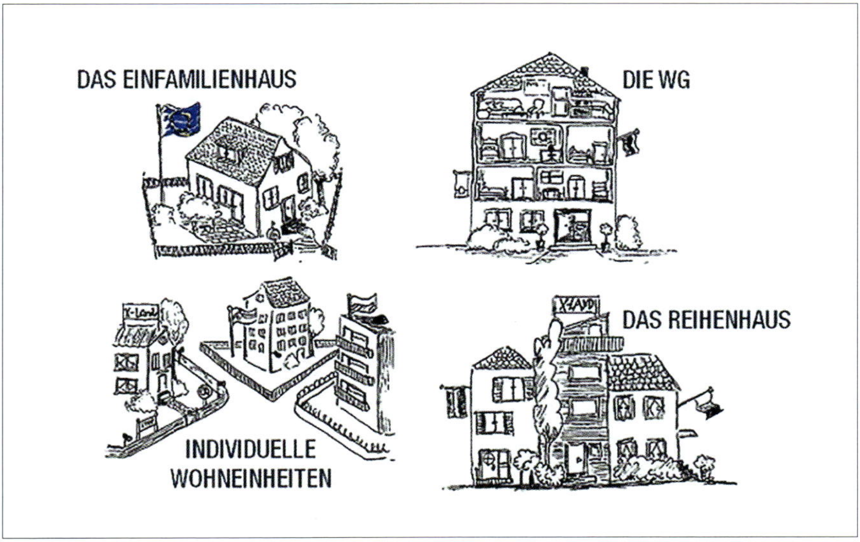

Quelle: www.planpolitik.de/projekt/ein-blick-in-die-zukunft-eu-2025.

Nur indem nationale Souveränitäten verbunden werden, haben die Europäer in der heutigen Welt überhaupt die Chance, Souveränität zurückzugewinnen und zu erhalten.[423] Dabei können nationale Interessen und EU-Interessen im Zeitalter der Globalisierung und Digitalisierung allein von der Logik her gar nicht unterschiedlich sein. Der damalige deutsche Außenminister Joschka Fischer stellte zu diesem Themenkomplex bereits am 12. Mai 2000 in seiner »Humboldt-Rede« fest: »*Quo vadis* Europa? Und die Antwort der Europäer kann nur lauten: Vorwärts bis zur Vollendung der europäischen Integration. Für einen Rückschritt oder auch nur einen Stillstand und ein Verharren beim Erreichten würde Europa, würden alle an der EU beteiligten Mitgliedstaaten und auch alle diejenigen, die Mitglied werden wollen, einen fatal hohen Preis zu entrichten haben.«[424]

Als Grundregel gilt: Was auch immer die Mitgliedstaaten wollen, sie müssen entscheiden und sich klar positionieren. Es steht zu befürchten, dass die Reformdebatte wieder in Kompromissen enden wird. So wichtig Kompromisse in der Politik auch sind, hier wären sie der Tod der EU. Initiativen zu Formen der Flexibilisierung und Differenzierung, oft auch als »differenzierte Integration« bezeichnet, haben in den vergangenen beiden Jahrzehnten eine zentrale Bedeutung eingenommen. Fortlaufend wurden und werden Begriffe wie »Kerneuropa«, »Europe à la carte«, »Europa der verschiedenen Geschwindigkeiten«, »Flexibilisierung« und »Differenzierung« in die Debatte eingebracht. Mit zunehmender Anzahl an Mitgliedstaaten der EU warnten Politiker und Wissenschaftler immer wieder vor den Risiken einer durch konsensorientierte Entscheidungsverfahren bedingten Selbstblockade der Institutionen und brachten Flexibilisierung und Differenzierung als Ausweg ins Gespräch.[425]

Das Konzept der »differenzierten Integration« dient dazu, dass Mitgliedstaaten, die an einer Vertiefung der Integration interessiert sind, nicht durch zögernde andere Mitglieder von weiteren Schritten abgehalten werden. Auch hier existieren grundsätzlich drei Möglichkeiten, die aber alle nicht zielführend sind:

- *ein »Europa der verschiedenen Geschwindigkeiten«*: Dabei werden zwar von allen Mitgliedstaaten verbindliche Ziele festgelegt, allerdings variieren die Zeitvorgaben zur Erreichung dieser Ziele von Land zu Land;
- *staatliche Sonderwege bzw. »Opting out«*: Hierbei haben Staaten die Möglichkeit, gemeinsame Vorhaben für eine gewisse Zeit oder dauerhaft nicht mitzutragen. Beispiele hierfür waren bisher die Einführung des Euro oder die Teilnahme am Schengen-Raum;
- *das Konzept der »variablen Geometrie«*: Je nach Politikbereich kommen die Mitgliedstaaten in unterschiedlichen Konstellationen zusammen. Während z. B. manche Mitgliedstaaten an der Erarbeitung einer gemeinsamen Verteidigungspolitik mitwirken, betreiben andere eine verstärkte Zusammenarbeit in der Agrarpolitik.

Bereits heute sind Flexibilisierung und Differenzierung in der EU ein Teil der integrationspolitischen Realität, aber leider nicht zum Vorteil der EU als Ganzer. Sollten derartige Konzepte aber von der Ausnahme zur Regel werden, müssten sowohl die willigen und fähigen als auch die zurückbleibenden Mitgliedstaaten ein Regelwerk finden, das es ihnen erlaubt, mit den daraus erwachsenen Risiken umzugehen.[426] Das erscheint mittel- und langfristig unmöglich.

Man stelle sich vor: In einer Fußballmannschaft spielen manche Spieler eine defensive Taktik, andere eine offensive. Oder während manche Spieler »hoch verteidigen«, igeln sich andere am eigenen Strafraum ein. Wie wahrscheinlich ist es, dass eine Mannschaft mit derartiger Taktik Spiele gewinnt und ihre Saisonziele erreicht? Gleich null. Die Mannschaft muss sich entscheiden, wie gespielt wird: Taktik A oder Taktik B, und nicht sowohl als auch. So ist es auch in der Europäischen Union. Insofern wäre Szenario 3 das schlechteste von allen.

Ausschließlich die Weiterentwicklung der EU zu einem föderalen und demokratischen Bundesstaat ist die logische Fortsetzung der bisherigen Entwicklung der europäischen Integration (Kap. 2) und vermeidet »Sandwich-Positionen« (Kap. 1). Die Vernetzung Europas nimmt in gesellschaftlicher sowie wirtschaftlicher Hinsicht immer weiter zu. Was heute in einem Mitgliedsland entschieden wird, hat immer auch Auswirkungen auf die Bevölkerungen sowie auf andere Mitgliedsländer. Darüber hinaus nimmt die wechselseitige Abhängigkeit zwischen verschiedenen Politikbereichen, für die derzeit häufig mal die Mitgliedschaften, mal die EU zuständig sind, immer weiter zu.[427] Im Grunde weist die Europäische Union bereits heute einige entscheidende Merkmale eines Bundesstaates auf: Als Rechtsgemeinschaft mehrerer Staaten entscheidet sie wie ein Bundesstaat über jene Fragen, die für den Bestand des Ganzen wesentlich sind, während die Gliedstaaten ihre Staatlichkeit behalten und an der Willensbildung des Ganzen maßgeblich beteiligt sind.[428]

> »Man muss ein Ziel haben, bevor man sich auf den Weg machen kann. Ohne Ziel steht man still, und in einer sich verändernden Welt bedeutet Stillstand den Tod. Das Ziel sollte klar sein, wir brauchen eine Bundesrepublik Europa!«[429]

Auf der anderen Seite kann ein Europa der Regionen aber auch als Konzept zum Vorantreiben der Europäischen Integration angesehen werden, indem sich nationalstaatliche Grenzen überschreitende Kooperationen zwischen europäischen Regionen bilden und damit konkreten Problemen weitaus besser begegnet wird, als es auf der nationalstaatlichen oder auf EU-Ebene der Fall wäre.[430] Bereits seit Mitte der 1980er-Jahre wurden erfolgreich Dezentralisierungsprozesse auf den Weg gebracht. Dadurch hat die regionale Selbstverwaltung an Bedeutung gewonnen.

8.2 Kernelemente eines erneuerten Integrationsfundaments

Niemand, dem die europäische Idee am Herzen liegt, bestreitet heute ernsthaft, dass ein stabiles und zukunftsfähiges erneuertes Fundament der EU notwendig ist. Ebenso stellt auch keine überzeugte Europäerin, kein überzeugter Europäer infrage, dass ein Aufbruch zur Bewältigung neuer Herausforderungen und zur Krisenresilienz in einer globalisierten Welt zwingend erforderlich ist. Angesichts der restaurativen Programme der Nationalisten und Populisten ist es jetzt Zeit zu handeln. »Das Europa, wie wir es kennen, ist zu schwach, zu langsam, zu ineffizient, aber allein Europa kann uns eine Handlungsfähigkeit in der Welt geben angesichts der großen Herausforderungen dieser Zeit. Es liegt an uns und an euch, den einzigen Weg, der unsere Zukunft sichert, zu ebnen. Es ist die Neubegründung eines souveränen, geeinten und demokratischen Europa.«[431] So lautet die zutreffende Analyse des französischen Präsidenten Macron in seiner *Sorbonne*-Rede 2017. Daher gilt es nunmehr, Kernelemente zu identifizieren, die dieses erneuerte Integrationsfundament ausmachen.

1. *Klare Grundsatzentscheidung*: Wie sich mehrfach zeigte, fehlt dem vereinten Europa in schlechten Zeiten das Transnationale, um jenseits von nationalem Begehren und europäischer Vertragspflicht das Gemeinschaftliche als Solidarität zu pflegen.[432] Das wichtigste Kernelement eines erneuerten Fundaments ist daher eine klare Grundsatzentscheidung zugunsten einer fortschreitenden Integration. Die Politik scheut die Finalitätsdiskussion und betont immer wieder, dass diese Frage erörtert würde, wenn sie zur Entscheidung anstünde. Das ist aber viel zu kurz gedacht: Denn der Verweis auf die Zukunft hindert die Politik bereits bisher nicht daran, unter Ausblendung der Zielfrage heute Entscheidungen zu treffen, die morgen Folgezwänge entfalten und die Antwort auf die Zielfrage präjudizieren. Treten die Folgezwänge zutage, ist es für eine Diskussion der Zielfrage meist zu spät.[433] Die Zielsetzung einer »immer engeren Union« ist als solche nur dann sinnvoll, wenn die EU als Prozess verstanden wird. Das bedeutet auch, dass die EU in ihrer heutigen Gestalt ihren Endzustand eines vereinten Europas noch nicht erreicht hat. Der Zielpunkt der herzustellenden Integration ist nicht in einem statischen, sondern in einem dynamischen Sinne definiert, wodurch bereits die Gründungsverträge einen permanenten Evolutionsprozess eröffnet haben.[434] Die nationalpopulistischen Parteien hätten nicht so viel Zulauf, wären die Politiker Grundsatzfragen wie der nach der Zukunft der Nationen und der Nationalstaaten in einem verein-

ten Europa und damit nach der Finalität des Einigungsprozesses nicht seit Langem beharrlich ausgewichen. Der Paradigmenwechsel von der »immer engeren Union« zur »immer engeren Kooperation«, den auch Deutschland vollzogen hat, ist ganz beiläufig erfolgt.[435]
Finalität als Erreichen eines statischen Endzustandes setzt eine räumliche und zeitliche Bestimmung des Integrationsprozesses voraus. Jedoch kann dieser Prozess auch als ein offener Vorgang gesehen werden, der in einer sich ständig wandelnden Welt die Möglichkeit laufender Veränderungen und Anpassungen bietet. Im Verlauf des europäischen Integrationsprozesses haben sich Prognosen über dessen Finalität immer wieder verändert und sind somit selbst einem Prozess unterworfen.[436] Was aber in jedem Fall notwendig wäre, ist eine klare Grundsatzentscheidung über die Weiterentwicklung der europäischen Integration. Es ist deshalb richtig, wenn Emmanuel Macron sagt, es dürfe keine Tabus geben, und auch die bestehenden Grundverträge könnten revidiert werden. Einen kühnen Vorschlag machte in diesem Zusammenhang Udo Di Fabio, ehemaliger Richter am deutschen Bundesverfassungsgericht: Entweder mit einem kühnen Sprung oder schrittweise könne in den europäischen Bundesstaat gelangt werden, wenn diesbezüglich die Einstimmigkeit verschwände und die Fortentwicklung der Verträge in die Hand von EU-Organen gelegt würde, und zwar am besten ohne das völkerrechtliche Ratifikationsverfahren aller Mitgliedstaaten.[437]

2. *Weitere Föderalisierung*: Das Ziel der EU kann nur eine »Bundesrepublik Europa« sein, zu der wesentliche Ansätze bereits vorhanden sind. Notwendig ist der Übergang vom »Staatenverbund EU« zur vollen Parlamentarisierung in einer Europäischen Föderation. Es bedarf also eines europäischen Parlaments und einer EU-Regierung, die tatsächlich die gesetzgebende und die exekutive Gewalt innerhalb der Föderation ausüben. Dazu gehört die Einrichtung einer zweiten Kammer neben dem Parlament, in dem die europäischen Nationen vertreten wären. Diese sollte aus Abgeordneten der nationalen Parlamente bestehen oder aus dem bestehenden Europäischen Rat der Staats- und Regierungschefs. Vom Denkansatz wäre das vergleichbar mit dem deutschen Bundesrat. Die EU-Kommission hingegen funktioniert bisher nicht wie eine Koalitionsregierung mit einem politischen Programm, sondern eher wie eine überparteiliche Behörde. Daher sollte die EU-Kommission zu einer echten Regierung mit einem gewählten Präsidenten fortentwickelt werden. Sind das revolutionär neue Ideen? Nein, denn exakt das hat der damalige deutsche Außenminister Joschka Fischer ebenfalls bereits am 12. Mai 2000 in seiner »Humboldt-Rede« gefordert.[438] Die

Idee ist immer noch richtig, wurde aber relativ schnell *ad acta* gelegt und nicht weiter diskutiert.
Ein wesentlicher Einwand dagegen lautet immer, dass dafür im Lager der Nationalisten keine Zustimmung zu erreichen sei. Das ist richtig, aber im Lager der Nationalisten ist bereits für die heutige EU keine Zustimmung zu erreichen. Sie fordern, dass möglichst jede Supranationalität rückgängig gemacht werden müsse (Kap.3). Eric Gujer, Chefredakteur der »Neuen Zürcher Zeitung«, bringt es auf den Punkt: »Wer Vertiefung will, muss sich fragen: Passen Kaczynskis *PiS* in Polen, Salvinis *Lega* in Italien und Orbáns illiberale Demokratie in Ungarn noch zur EU als Wertegemeinschaft? Eher nein.«[439] Aus diesem Grund ist hier kein Formelkompromiss, sondern eine klare Haltung erforderlich: Wer nationalpopulistische Positionen insbesondere in der Regierung vertritt und sich nicht zum wertegeleiteten Integrationsprozess in der EU bekennt, ist in einer Freihandelszone besser aufgehoben. Doch dazu würde es vermutlich gar nicht kommen, da auch in diesen Staaten die Bevölkerungen mehrheitlich Richtung EU ausgerichtet sind. Alle Länder, die mit dem Nationalstaat oder dem klassischen Volksbegriff dem Gemeinwesen wieder eine emotionale Grundlage geben wollen, sehen sich einer vehementen innerstaatlichen Opposition ausgesetzt, die mit der Europafahne an die supranationalen Kräfte appelliert.[440] Wenn die Haltung der Mitgliedstaaten eindeutig und fokussiert ist, werden die »EU-Bremser« vor eine Alternative gestellt, die ihre Bevölkerungen für sie beantworten werden. So oder so ist das erstrebenswerter, als sich ständig mit Vetos gegen notwendige Entscheidungen herumzuärgern.
3. *Subsidiarität*: Der Punkt »Subsidiarität« steht in direktem Zusammenhang mit der »Föderalisierung«. Hier lohnt ein Blick in die USA, wo ein System aus Subsidiarität und Föderalismus bereits von deren Gründung an funktioniert.[441] Die Vereinigten Staaten sind ein föderaler Bundesstaat, der aus 50 Einzelstaaten besteht. Den Bundesstaaten wird im amerikanischen Rechtssystem Teilsouveränität zugestanden. Dies zeigt sich darin, dass diese separate Rechtsräume darstellen und getrennte politische Systeme unterhalten. So verfügt jeder Bundesstaat über eine eigene Regierung, bestehend aus einer Legislative, Exekutive und Judikative. Im Vergleich zu Deutschland haben die amerikanischen Bundesstaaten eine viel stärkere Stellung. Die Gründungsväter der USA gingen nach dem Prinzip der Subsidiarität vor, sodass der Bund nur Kompetenzen in Bereichen erhielt, die nicht von den Bundesstaaten selbst ausgefüllt werden konnten *(delegated powers)*. Der amerikanische Föderalismus ist zudem dadurch gekennzeichnet, dass die Verfassung die Gesetzge-

bungskompetenzen des Bundes genau definiert *(enumerated powers)*. Der Bundesstaat kann z. B. Steuern erheben, den Handel mit dem Ausland und zwischen den Bundesstaaten regulieren, die Art und den Wert der Währung festlegen, eine Post errichten, Patent- und Urheberrecht bestimmen, Bundesgerichte schaffen und Streitkräfte aufstellen. Die Verfassung garantiert den Bundesstaaten Autonomie in allen Bereichen, die nicht ausdrücklich dem Bund zustehen. Entsprechend haben alle Bundesstaaten ihr eigenes politisches System und ihre eigenen Verfassungen, ihre eigene Gesetzgebung, ihre eigene ausführende Gewalt und ihre eigene Rechtsprechung. Parallel zum Präsidenten gibt es in jedem Bundesstaat einen Gouverneur und so, wie es den Kongress mit Senat und Repräsentantenhaus auf der Bundesebene gibt, existieren in allen Bundesstaaten (außer Nebraska) Zwei-Kammern-Parlamente. Neben dieser relativ großen Unabhängigkeit, über welche die Bundesstaaten verfügen, beschränkt die Verfassung aber auch ihre Rechte in anderen Bereichen. So müssen sie zum Beispiel Dokumente und Entscheidungen der anderen Staaten jeweils gegenseitig anerkennen *(full faith and credit)*. Nach der *Supremacy Clause* der US-Verfassung gilt zudem Bundesrecht vor Landesrecht. Andererseits sind alle Bereiche, die nicht in der Verfassung ausdrücklich der Bundesregierung zugewiesen sind, der Regelung der Einzelstaaten vorbehalten.

Der amerikanische Föderalismus ist im Unterschied zu Deutschland nicht kooperativ. Die Zusammenarbeit der amerikanischen Bundesregierung mit den bundesstaatlichen Regierungen ist die Ausnahme und findet hauptsächlich in Katastrophenfällen statt. Insbesondere bei der Umsetzung von Gesetzen gibt es keine gemeinsame Zuständigkeit. Gesetze, die der Kongress verabschiedet hat, werden von der Exekutive des Bundes ausgeführt, nicht von der Exekutive der Bundesstaaten. Das Subsidiaritätsprinzip ist auch von grundlegender Bedeutung für die Arbeitsweise der EU. Nach dem Grundsatz der begrenzten Einzelermächtigung in Art. 5 des Vertrages über die Europäische Union (EUV) wird die Union nur innerhalb der Grenzen der Zuständigkeiten tätig, die die Mitgliedstaaten ihr in den Verträgen zur Verwirklichung der darin niedergelegten Ziele übertragen haben. Alle der Union nicht in den Verträgen übertragenen Zuständigkeiten verbleiben bei den Mitgliedstaaten. Mit anderen Worten heißt das: Ein Teil des Weges zur Föderalisierung wurde bereits zurückgelegt. Allerdings haben die meisten EU-Mitgliedstaaten keine »föderalen Verfassungen« (Abb. 49). Um nach dem Vorbild der USA die »Vereinigten Staaten von Europa« zu schaffen, wären noch vergleichbare Handlungsfelder des Bundesstaates festzulegen, z. B. im Bereich der Steuererhebung, des Fiskalverhaltens der Mitgliedstaaten und der gemeinsamen Streitkräfte. Die Vorschläge in der Rede des französischen Präsidenten Macron an der *Sorbonne* am 26. September 2017 gingen exakt in diese Richtung.[442] Doch die, die ihm hätten antworten sollen, allen voran Deutschland, blieben stumm.

Abb. 49: Staaten mit föderaler Verfassung

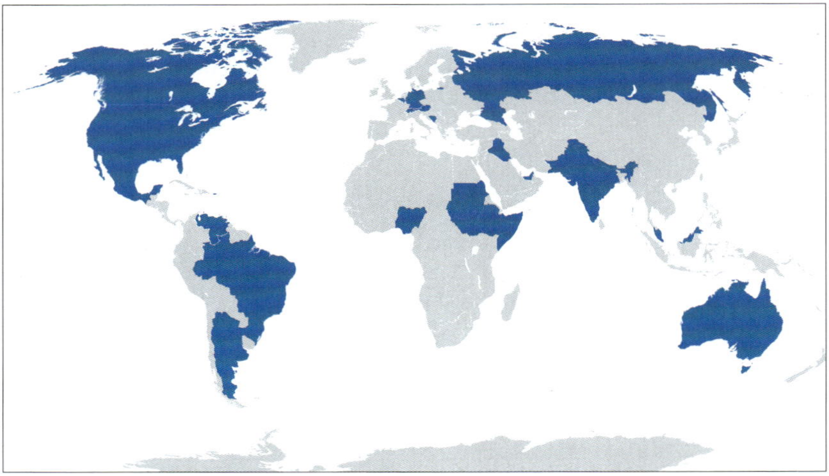

Quelle: https://de.wikipedia.org.

Es kann nicht bestritten werden, dass das politische System der USA bereits über einen langen Zeitraum hinweg funktionsfähig ist. Wenn also seit den 1950er-Jahren immer wieder die »Vereinigten Staaten von Europa« gefordert werden und der deutsche Föderalismus nicht Vorbild sein soll, bietet sich der Blick auf das System der USA geradezu an. Darüber hinaus zeigen lange existierende Bundesstaaten wie die Schweizerische Eidgenossenschaft, dass auch unterschiedliche Nationen und Sprachen keine Hinderungsgründe sind. Der französische Schriftsteller Victor Hugo sagte schon auf dem Pazifistenkongress 1849 in Paris: »Der Tag wird kommen, an dem die beiden großen Ländergruppen, die Vereinigten Staaten von Amerika und die Vereinigten Staaten von Europa, sich von Angesicht zu Angesicht die Hände über die Meere reichen werden.« Das war noch vor der Gründung vieler europäischer Nationalstaaten und vor den verheerenden europäischen Kriegen unter dem Banner des Nationalismus.

4. *Ausbau der Fiskalunion.* Ein weiterer Kernpunkt, der unmittelbar mit der Föderalisierung und Subsidiarität zusammenhängt, ist die Sicherung der dauerhaften Funktionsfähigkeit der Währungsunion. Dies ist besonders in Krisensituationen und bei externen Schocks nötig. Die bisherigen Maßnahmen der Politik konnten keine nachhaltige Stabilisierung der Eurozone bewirken. Allein die Europäische Zentralbank war hinreichend handlungsfähig und konnte zumindest kurzfristig durch ihre Interventionen die Märkte beruhigen. Die strukturellen Ursachen sind damit aber nicht beseitigt. Daher muss dringend eine fiskalpolitische Lösung gefunden werden. Richtig konzipiert, ist eine Fiskalunion die einzige Alternative zu einer »Schulden- und Inflationsunion«.[443]
Damit die Währungsunion langfristig krisenfest und stabil wird, muss sie in entscheidenden Punkten reformiert werden. Vor allem um die hierzu notwendigen weiteren Integrationsschritte in der Fiskalpolitik wird derzeit heftig gestritten. Unter einer Fiskalunion versteht man die gemeinsame Fiskalpolitik innerhalb eines föderalen Staates oder mehrerer Länder. Eine Fiskalunion verfügt über gemeinsame Institutionen, die befugt sind, mittels der Beeinflussung von Steuern und Staatsausgaben Fiskalpolitik zu betreiben und so zum Beispiel regionale und konjunkturelle Schwankungen auszugleichen. Dabei ist die Idee einer Fiskalunion für Europa nicht neu. Der Präsident der Deutschen Bundesbank, Jens Weidmann, stellte hierzu fest, die Europäische Währungsunion zeichne sich dadurch aus, dass es zwar eine gemeinsame Geldpolitik, aber 19 weitgehend unabhängige nationale Finanz- und Wirtschaftspolitiken gebe. Diese Konstruktion mache die Währungsunion anfällig. Denn letztlich müsse die Gemeinschaft für Fehlentwicklungen in einzelnen Mitgliedstaaten geradestehen, um zu verhindern, dass die Stabilität der Währungsunion als Ganzer gefährdet werde. Zudem könne die Mitgliedschaft in einer Währungsunion den Anreiz zu einer soliden Haushaltspolitik schwächen, denn die Folgen einer übermäßigen Verschuldung in einem Mitgliedstaat ließen sich teilweise auf die Gemeinschaft abwälzen.[444] Eine Lösungsmöglichkeit, so Weidmann weiter, sei eine stärkere Integration, bei der alle Mitgliedstaaten Entscheidungskompetenzen in der Fiskal- und Wirtschaftspolitik an die europäische Ebene abgäben. Dabei würde eine Fiskalunion mit zentralisierten Entscheidungsbefugnissen entstehen.[445]
Eine Fiskalunion kann allerdings nur dann stabilisieren, wenn sie sowohl glaubwürdige Haushaltsregeln als auch Elemente der Teilung von Risiken umfasst.[446] Die Aufgabe der eigenen Geldpolitik durch den Beitritt zum Euro bedeutet, dass der Fiskalpolitik der Mitgliedsländer theore-

tisch eine stärkere Rolle für die Glättung konjunktureller Schwankungen zukommt. In einer Rezession kann beispielsweise der Anstieg der Arbeitslosigkeit gedämmt werden, indem die Ausgaben erhöht werden. Gleichzeitig werden durch staatliche Ausgaben öffentliche Güter bereitgestellt, also etwa Straßen und Schulen. Die Fiskalpolitik hat damit den Charakter einer staatlichen Versicherung.[447]

Den Einstieg in eine Fiskalunion hat es bereits gegeben. Im Euroraum ist die nationale Fiskalpolitik in ein enges Korsett der Regeln gezwängt. Beim Brüsseler Gipfel zur Lösung der »Eurokrise« beschlossen die Euroländer und acht weitere EU-Staaten am 9. Dezember 2011, die Europäische Wirtschafts- und Währungsunion zu einer Fiskalunion auszubauen, die unter anderem eine Schuldenbremse sowie automatische Sanktionen für »Haushaltssünder« vorsieht.[448] Ab 1. Januar 2014 müssen all jene EU-Staaten, die an diesem »Fiskalpakt« teilnehmen und die Kriterien bis dahin nicht erreicht haben, ihre Haushaltsbudgets von EU-Kommission und EU-Rat genehmigen lassen. Die Europäische Kommission gibt das Ziel der Fiskal- und Wirtschaftsunion so an: »Die Schaffung einer politischen Union mit einer geeigneten Bündelung der Hoheitsrechte, die über eine eigene Fiskalkapazität in Form eines zentralen Budgets und über eigene Mechanismen verfügt, die es ihr unter bestimmten, genau definierten Voraussetzungen erlauben, haushalts- und wirtschaftspolitische Entscheidungen bei ihren Mitgliedern durchzusetzen.«[449] Das Ziel entspricht den hier vorgestellten Kernelementen des neuen Integrationsfundaments, und die Konstruktionsfehler der Währungsunion wurden richtig adressiert. Nur: Die vereinbarten Regeln werden oft nicht eingehalten, und das Schwert der Sanktionen ist relativ stumpf. Notwendig ist, die Haushaltspolitik eines jeden Eurostaats nicht nur zu kontrollieren, sondern unter Umständen auch gegen den entschiedenen Widerstand nationaler Regierungen konsequent zu sanktionieren.[450]

Ein gutes Beispiel ist Italien. Das Euroland leidet unter einem Schuldenberg, der 2018 knapp 135 % der Wirtschaftsleistung ausmachte und noch anwachsen soll. In dieser Situation wollte die italienische Regierung aber nicht sparen, sondern neue Schulden machen, um die stagnierende Wirtschaft des Landes anzukurbeln. Eigentlich existiert für solche Fälle der »Fiskalpakt« von 2012. Teilnehmende Länder, deren strukturelles Defizit (jährliche Neuverschuldung abzüglich konjunkturellem Defizit) 0,5 % des jeweiligen BIP oder deren Gesamtschuldenquote 60 % des BIP überschreitet, haben ihre Haushalts- und Wirtschaftspartnerschaftsprogramme mit Maßnahmen zum Abbau der Verschuldung der EU-Kommission und dem Europäischen Rat vorzulegen und von diesen genehmigen zu lassen. Jedes Euroland, das keine an die EU-Regeln angepasste einheitliche Schuldenbremse auf nationaler Ebene einführt, soll vor dem Gerichtshof der EU verklagt werden können. Als Sanktionen kommen Zwangsgelder in Betracht. Das ist in etwa so wirkungsvoll, als wenn einem Obdachlosen mit dem Entzug der Wohnung gedroht wird.

Die EU-Kommission hatte 2018 in einem historisch einmaligen Schritt den italienischen Haushaltsentwurf abgelehnt und zurück zur Überarbeitung geschickt. Nachdem die nationalpopulistische Regierung in Rom sich daraufhin weigerte, Ausgaben zu kürzen oder Steuern zu erhöhen, drohte Brüssel schließlich mit einem Defizitverfahren. Die italienische Regierung kollabierte, aber nicht die Pläne zur Neuverschuldung. 2019 rechnete die neue italienischen Regierung mit einem Haushaltsdefizit von 2,3%.[451] Hierzu schwieg die Kommission, aber die Sanktionsmöglichkeiten wären ohnehin sehr begrenzt. Wenn eine nationale Regierung etwas tun will, gibt es keine Möglichkeit, sie wirklich daran zu hindern.

Hoch verschuldete EU-Staaten versuchen noch nicht einmal mehr, ihren Haushalt zu konsolidieren. Neben Italien haben z.B. auch Belgien, Spanien und Frankreich eine sehr hohe Schuldenquote von fast 100% des Bruttoinlandsprodukts. Bei derart hohen Schuldenbergen könnten die Regierungen nicht mehr gegensteuern, wenn das Land an den Finanzmärkten unter Druck geriete oder von einem schweren ökonomischen Schock getroffen würde. Weitere Konsequenzen will die Kommission daraus erst einmal nicht ziehen. Neue Strafverfahren wegen der Defizite empfahl sie nicht.[452]

Die Eurozone muss in der Lage sein, die Schuldenlast zu reduzieren, wenn die Schuldenstände untragbar werden. Die Regierungen müssen ihre nationale Haushaltspolitik koordinieren, und die nationalen Haushaltspolitiken müssen stabilisierender und nachhaltiger werden. Eine Fiskalunion wäre ein wichtiger Baustein zur Stabilisierung der Währungsunion. Entsprechende Modelle hierzu wurden bereits von renommierten Wirtschaftsinstituten wie dem Hamburgischen Welt-WirtschaftsInstitut (HWWI) vorgestellt. Maßnahmen zu einer Weiterentwicklung der Fiskalunion neben einer zentralen EU-Finanzbehörde wären z.B. eine europäische Einkommensteuer und Arbeitslosenversicherung. Beide eigneten sich sowohl dazu, einen Ausgleichsmechanismus zu schaffen als auch Konvergenz herzustellen. Eine europäische Einkommensteuer wäre ein Transferinstrument, um Konvergenzmaßnahmen zu finanzieren. Eine europäische Arbeitslosenversicherung wäre hingegen dazu geeignet, die Last asymmetrischer Schocks gleichmäßiger auf die Länder der Eurozone zu verteilen. Damit würde ein zur einheitlichen Geldpolitik komplementärer Ausgleichsmechanismus bereitgestellt.[453]

Es hat in der Geschichte immer wieder Zusammenschlüsse mit gemeinsamer Währung gegeben. Allerdings sind sie häufig wieder zerfallen, weil die Mitgliedsländer nur die Geldpolitik zentralisierten, die Fiskalpolitik aber dezentral blieb. Diesen Währungsräumen fehlte eine staatliche Union mit zentraler Finanzbehörde, die gemeinsam mit der Zentralbank verantwortlich für die Währung und ihre Stabilität war.[454] Ein Positivbeispiel ist der US-Dollar, auf dessen Entstehung die politische Union folgte. Zur dauerhaften Stabilität des Euro-Währungsraums reicht der Fiskalpakt nicht aus. Notwendig im Rahmen einer Weiterentwicklung der Fiskalunion wäre vielmehr eine Transformation der Währungsunion in einen souveränen Währungsraum, in dem eine effektive Koordination von Geld- und Fiskalpolitik zwischen einer EU-Finanzbehörde und der Zentralbank im Sinne einer funktionalen Fiskalpolitik möglich würde.[455]

Eine Kombination von Elementen der Souveränitäts- und Risikoteilung würde eine Sicherheit bieten, auf deren Grundlage auch andere Bereiche der Währungsunion besser funktionieren und Krisen widerstehen könnten. Die Kosten wären mit hoher Wahrscheinlichkeit sehr viel geringer als die einer dauerhaften Instabilität im Euroraum.[456] Es ist aber absehbar, dass alle Reformversuche auf starken politischen Widerstand stoßen werden, doch Untätigkeit ist keine Option. Wer für eine unionsweite Fiskalpolitik Unterstützung sucht, sollte sie aber auch mit konkreten Projekten begründen, die aus nachvollziehbaren Gründen gemeinsam besser oder günstiger durchgeführt werden können.[457]

5. *Die europäische Identität und die Demokratisierung vorantreiben.* Die Schöpfung einer nationalen Identität ist ein soziales Konstrukt auf Grundlage von »Gemeinsamkeiten« der Individuen, die zusammen eine Nation bilden: eine Geschichte, eine Sprache und eine gemeinsame Kultur, aber auch das Zugehörigkeitsgefühl zu einer Gruppe, die sich von anderen Gruppen unterscheidet.[458] Die Theorie der Sozialen Identität (SIT) von Henri Tajfel und John Turner beschäftigt sich unter anderem mit solchen *In-Groups* und *Out-Groups*. Henri Tajfel definiert soziale Identität als den Teil des Selbstkonzeptes einer Person, der sich aus der Mitgliedschaft in sozialen Gruppen ergibt.[459] Für ein solches Gruppenverständnis sind keine unmittelbaren Beziehungen untereinander notwendig, sodass auch soziale Kategorien wie »Nation« Gruppen konstituieren

können. Gruppenzugehörigkeit entsteht mithin durch Gedanken und Emotionen und ist nicht zwingend an ein konkretes Aufeinandertreffen der Gruppenmitglieder gebunden.[460] Das Streben nach einer positiven sozialen Identität führt zur positiven Bewertung und Bevorzugung von Eigengruppenmitgliedern gegenüber einer Fremdgruppe.[461] Die soziale Identität besteht aus vielen verschiedenen Subidentitäten, wie zum Beispiel der ethnischen und der kulturellen Identität. Diese Subidentitäten verbinden das Individuum mit den Gruppen, in denen es Mitglied ist.[462]

Eine »europäische Identität« ist nichts völlig Neues. Dennoch ist sie nicht so unmittelbar spürbar wie die nationale, da die Mitgliedstaaten der EU bisher keine Sprache oder Traditionen teilen, die auf alltäglicher Basis und oft unbewusst genutzt werden.[463] Darüber hinaus wurden nationale Identitäten trotz aller regionalen sprachlichen und kulturellen Unterschiede innerhalb der Nationalstaaten bewusst erzeugt, um eine Identifikation mit diesen Konstrukten herzustellen. Die Kultivierung einer europäischen Identität ist der entscheidende Faktor für das europäische Projekt und die europäische Integration. Die Vereinigung der nationalen Identitäten oder zumindest von Teilen davon zu einer Gemeinschaft würde ein viel größeres »Wir« schaffen, das sich von anderen großen politischen Spielern wie den USA, China oder Russland (Kap. 6) abgrenzen würde und so ein mächtigerer Akteur auf der Weltbühne wäre.

Europa braucht einen Gründungsmythos. In Frankreich z. B. bildet die Parole *»Liberté, Egalité, Fraternité«* den Kern der republikanischen Geschichte, und in den USA wurde der Ausruf *»I have a dream«* von Martin Luther King zur Losung der amerikanischen Bürgerrechtsbewegung. Es sind positive Narrative und konstituierende Geschichten.[464] Europa braucht ebenfalls ein wiederkehrendes Element der Erinnerung. Hier ist der 8. Mai 1945 der Moment, der alle Europäer vereinte, der Moment, von dem aus Europa den Weg zu sich selbst und zur friedlichen Integration fand.[465] Von Zeit zu Zeit ist es hilfreich, sich in diesem Zusammenhang an die Vordenker Europas zurückzuerinnern, wie z. B. an den Priester und Gelehrten Roman Guardini und dessen Rede nach der Verleihung des Praemium Erasmianum in Brüssel am 28. April 1962:

> »Europa ist etwas Politisches, Wirtschaftliches, Technisches – vor allem aber eine Gesinnung. Dem Werden dieser Gesinnung stehen starke Hindernisse im Wege. In der primitiven Mentalität, die aber bis in unsere ganze Gegenwart hineinwirkt, gilt die Formel: Das andere,

> Fremde ist das Verkehrte, das Bedrohliche, ja das Feindliche. Diese kulturpsychologische Formel hat auch eine staatstheoretische Anwendung erfahren: Danach ist der Staat jenes Gebilde, das Feinde haben kann. Auch Freunde; vor allem aber Feinde. Die Formel erinnert uns daran, wie stark die Widerstände gegen solche Vorgänge, wie die Bildung einer echten europäischen Gesinnung, sind und wie viel noch geschehen muss.«[466]

Eine belastbare, kollektive europäische Identität scheint vor diesem Hintergrund unabdingbar, um das europäische Integrationsprojekt auf Dauer zu tragen und den sozialen Zusammenhalt sicherzustellen. Sie soll andere soziale Identitäten wie lokale oder nationale Identitäten nicht ersetzen, sondern ergänzen. Eine europäische Identität ist dabei keine Reproduktion nationaler Identität auf europäischer Ebene, sondern besitzt einen originären Charakter.[467] Die EU schöpft dabei Solidarität und Legitimität aus Identität. Eckpfeiler einer zukünftigen europäischen Identität könnten sein[468]:

- *ein europäisches Narrativ der Zukunft*, das das Gründungsmotiv der Friedenssicherung ergänzt. Hier bietet sich das Narrativ des sozialen und demokratischen Europas an. Zusätzliche Partizipationsmöglichkeiten sowie eine gelebte europäische Sozialstaatlichkeit, die auf die sozialen Probleme in einer zunehmend interdependenten Welt auf europäischer Ebene reagiert, würden zu einer breiteren Akzeptanz der EU in der Bevölkerung führen.
- *eine gemeinsame europäische Öffentlichkeit.* Diese würde dadurch erreicht, dass sich nationale Medien stärker europäisieren und sich transnationale Medien an ein breiteres Publikum richten. Journalistinnen und Journalisten spielen eine zentrale Rolle bei der Europäisierung öffentlicher Debatten, indem sie Themen setzen, diese aus einer bestimmten Perspektive beleuchten bzw. framen und sie kommentieren. Es muss Schluss damit sein, dass die nationalen Öffentlichkeiten die EU nur über Hinterzimmerdeals, Gurkenkrümmungen, die Größe von Traktorensitzen oder die Unzulänglichkeiten der europäischen Datenschutzgrundverordnung wahrnehmen. Auch dürfen die unabhängigen Medien es nationalen Politikern und Parteien nicht mehr durchgehen lassen, die EU für Probleme verantwortlich zu machen, die sie auf nationaler Ebene unfähig waren zu lösen.
- *Partizipation.* Die Stärkung lokaler Partizipation ist identitätsbildend und wirkt Euroskeptizismus entgegen, da europäische Politik bis in die lokalen Entscheidungsebenen vordringt, sodass die Teilhabe

an Lokalpolitik den Bürgern auch europäische Politik näherbringt. Strukturfonds und europäisches Recht prägen die Entwicklung ländlicher und urbaner Regionen in Europa. Zu häufig nimmt die breite Öffentlichkeit den europäischen Einfluss nicht wahr, da sie nicht an den Entscheidungsprozessen in der Region teilnimmt.

Bei der grundsätzlichen Frage der Partizipation im Sinne weiterer Demokratisierung der EU ist noch ein anderer Aspekt bedenkenswert. Die Europawahl sollte attraktiver und bürgernäher werden. Bisher handelt es sich eher um 28 nationale Wahlen. Die Parteien sind national, und die Themen sind es meist auch. Das sind vergebene Chancen, denn es ist eigentlich kaum einsichtig, worin sich die Grünen z.B. in Spanien von denen in Deutschland programmatisch unterscheiden, insbesondere wenn die Wählenden wissen, dass im Europaparlament später ohnehin gemeinsame Fraktionen gebildet werden. Die Idee europäischer Wahllisten existiert schon länger; der französische Präsident Macron griff sie bereits 2017 in seiner Europa-Grundsatzrede auf. Die Hoffnungen, die Befürworter mit Europalisten verbinden, sind eine echte europäische Abstimmung über EU-Grenzen hinweg, eine breit angelegte Debatte über europäische Themen sowie eine Mobilisierung der Europäerinnen und Europäer für die Wahl und für die EU. Bisher können die Abgeordneten für das Europaparlament nur in ihren jeweiligen Mitgliedsländern gewählt werden. Nur dort kandidieren sie, nur dort führen sie Wahlkampf. Kandidaten auf transnationalen Listen hingegen könnten von den Bürgern aller Mitgliedsländer gewählt werden.[469] Doch das Europaparlament hat EU-weite Wahllisten 2018 abgelehnt. »Wir wollen bürgernahe Abgeordnete mit klarem Bezug zu ihrer Heimatregion«, war häufig als Begründung zu hören. Dies allerdings ist kein tragfähiges Argument, weil das eine das andere nicht ausschließt (z.B. bei grenzübergreifenden Euro-Regionen).

Wenn bei der nächsten Europawahl wieder zum Spitzenkandidatenprinzip (Kap. 2) zurückgekehrt würde, was wünschenswert wäre, dann sollten diese Personen auch in allen Mitgliedsländern gewählt werden können. So absurd es auch klingen mag: Es gab bei dieser Europawahl für die Wählerinnen und Wähler keine Möglichkeit, europäisch zu wählen.[470] Das ist ein Systemfehler. »Europäisch wählen« geht nur, wenn europäische Wahllisten existieren. Auf nationaler Ebene würde es auch nicht funktionieren, wenn die Sachsen eine Partei in den Bundestag wählten, die dort Politik für ganz Deutschland macht, aber zuvor eben nur von Sachsen und nicht von Menschen aus Bayern, Thüringen oder dem Saarland gewählt werden konnte.[471] Transnationale Listen würden das Profil der europäischen Parteien stärken und damit zu einer europäischen Identität beitragen, denn Europawahlen wurden bisher von den nationalen Interessen der einzelnen Parteien bestimmt. Gäbe es transnationale Listen, könnten die Wählenden z.B. zwei Stimmen erhalten. Mit der einen könnten sie weiterhin Abgeordnete der nationalen Parteien ins Parlament wählen. Die andere könnte an eine Kandidatin oder einen Kandidaten der europäischen Parteien vergeben werden.[472]

Ein ergänzender Schritt zur Demokratisierung wäre zudem die Herstellung gleicher Wahlbedingungen in den Mitgliedstaaten. In Österreich und Malta dürfen 16-Jährige wählen, in Deutschland und Dänemark ist dies nicht möglich. In Belgien gilt eine Wahlpflicht, in den Niederlanden nicht. In Frankreich gibt es eine Fünf-Prozent-Hürde für kleine Parteien, in Deutschland und anderen Ländern nicht. Die Europäer müssen zukünftig an einer EU-Wahl unter gleichen Bedingungen teilnehmen.[473] Das sieht auch eine Gruppe deutscher Jugendlicher so: Sie sind, unterstützt vom Verein »Mehr Demokratie«, vor das Bundesverfassungsgericht gezogen, um bei Europawahlen das Wahlrecht ab 16 durchzusetzen. Eine Wahlprüfungsbeschwerde gegen die Wahl im Mai 2019 wurde am 23. Dezember 2019 beim höchsten deutschen Gericht in Karlsruhe eingereicht.[474]

Um die europäische Identität und die Demokratisierung vorantreiben, sind auch Bürgerdiskussionen und -initiativen von entscheidender Bedeutung. Der Politik gelang es aber bisher nicht, die Bürgerinnen und Bürger in ihrer Mehrheit für das »Projekt EU« einzunehmen, spielte sich doch vieles eher an der Bürgerschaft vorbei ab. Die nationale Politik schenkte den gewichtigen europäischen Integrationsschritten wenig öffentliche Aufmerksamkeit, und auch die Medien berichteten nur am Rande darüber.[475] Aber eines ist auch beachtenswert: Die existenziellen Herausforderungen und Konfliktlinien in der EU haben die Menschen einander viel näher gebracht als der in harmonischen Zeiten übliche Gleichmut der Nachbarn. Denn sie intensivieren das Gespräch zwischen den Europäern, sie bewirken eine Konzentration auf wenige Themen und schaffen eine Arena, die heute viele Bürgerinnen und Bürger Europas genau beobachten.[476] Was Europa wirklich weiterbringt, ist eine offene, harte Debatte um Ideen und Institutionen, die auch unterschiedliche Vorlieben und Mentalitäten akzeptiert.[477]

Die EU hat Ende 2019 grünes Licht für eine »Konferenz zur Zukunft« der EU gegeben, bei der die Bürger mitreden sollen und die zuerst Frankreichs Staatschef Macron gefordert hatte. Den Startschuss sollte Kroatien geben, das im Januar 2020 den halbjährlichen Ratsvorsitz übernahm. Die eigentlichen Bürgerkonferenzen dürften unter deutschem Vorsitz im 2. Halbjahr 2020 starten.

Solange die Mitgliedstaaten darüber streiten, in welche Richtung sich das Projekt weiterentwickeln soll, kann eine direkte Bürgerbeteiligung flexible Instrumente bieten, um die Kluft zwischen den Bevölkerungen und der EU zu verkleinern.[478] Das Vertrauen in die Institutionen der repräsentativen Demokratie schwindet, und das Bedürfnis nach direkter Beteiligung steigt sowohl auf nationaler wie auf europäischer Ebene. Dafür spricht der überall anhaltende Niedergang der Volksparteien, aber auch der Zuspruch für neue Bewegungen wie *Fridays for Future*.[479]

Mit dem Vertrag von Lissabon wurde die Möglichkeit geschaffen, dass eine Million EU-Bürger aus mindestens sieben Mitgliedländern eine Initiative lancieren können. In der Praxis aber haben bisher von rund 70 eingereichten Initiativen nur vier den bürokratischen Hürdenlauf überstanden. Zudem setzte die Kommission die erfolgreichen Volksbegehren für ein Verbot des Pestizids Glyphosat, den Schutz menschlicher Embryonen, ein Menschenrecht auf Wasser sowie für ein Verbot von Tierversuchen entweder gar nicht oder nur ansatzweise um. Das ist ein wesentlicher Makel, den es zu korrigieren gilt: Die Initiativen gleichen unverbindlichen Petitionen, denn der Kommission steht es frei, ob sie einen Gesetzesvorschlag vorlegt oder nicht.[480]

Die fünf Kernelemente eines erneuerten Integrationsfundaments verstehen sich als Einstieg in die EU-Reform und sind Beispiele für dringenden Anpassungsbedarf. Wichtig zu betonen ist dabei die Unterscheidung zwischen Nation und Nationalstaat (Kap. 1). Niemand soll und will die historisch gewachsenen (Kultur-)Nationen mit ihren Eigenarten und Besonderheiten infrage stellen. Nur das Konzept der europäischen Nationalstaaten als »Mezzoebene« ist zunehmend den Herausforderungen der heutigen Zeit nicht mehr gewachsen und muss bereits seit einiger Zeit als Auslaufmodell angesehen werden. Darüber hinaus fordern mehr und mehr selbstbewusste, teilweise auch grenzüberschreitende Regionen als »Mikroebene« ihr Recht auf mehr Bedeutung. Die europäische Idee wird in den Mitgliedstaaten der EU aber verschieden verstanden und entsprechend unterschiedlich in ihren Konsequenzen für politische Gestaltung gedeutet. Verschärft wird dies durch das Fehlen einer europäischen Öffentlichkeit. Europa darf daher kein Elitenprojekt sein, sondern muss für breite Bevölkerungsschichten erlebbar werden.[481]

Wenn das Fundament eines Hauses erneuert werden soll, ist es sinnvoll, nicht zeitgleich neue Stockwerke darauf zu setzen: erst das Fundament, dann der Ausbau. Konkret bedeutet das: Es sollte keine Neuaufnahme von Mitgliedern ohne spürbare Fortschritte bei den Kernelementen eines erneuerten Integrationsfundaments geben. Die ablehnende Haltung einiger EU-Staaten wie z. B. Frankreich, der Niederlande und Dänemark gegenüber der Aufnahme von Beitrittsverhandlungen mit Nordmazedonien und Albanien hat viel Kritik geerntet.[482] Alle drei haben inzwischen begriffen, dass Europa bereits heute nahe an dem Zustand ist, den der britische Historiker Paul Kennedy 1987 als *»imperial overstretch«* bezeichnete, also als Überdehnung eines Herrschaftsgebietes, das an den Rändern politisch und ökonomisch auseinanderdriftet und von der »Zentrale« organisatorisch nicht mehr zu kontrollieren ist.[483] Überdehnung gilt als häufigste Ursache für den Untergang von Imperien, die ihr Reich nicht mehr zu kontrollieren verstanden. Die territorialen Vergrößerungen hatten sie zugleich größer wie schwächer gemacht. Auch wenn der Europäischen Union anders als im Falle von Imperien alle Mitglieder freiwillig beigetreten sind, hat sie sich dennoch nach Ansicht vieler Analysten mehrfach überdehnt.[484] Auf der Seite der Gesellschaft äußert sich eine Überdehnung darin, dass Menschen erneut beginnen, Kleinräumigkeit und starke politische Führung zu bevorzugen.[485] Dies ist derzeit ablesbar am Bedeutungsgewinn von Regionen und dem Aufstieg nationalpopulistischer Parteien.

Viele EU-Länder befürchten, dass sich Albanien und Nordmazedonien wegen der erneuten Enttäuschung verstärkt Staaten wie Russland, China oder der Türkei zuwenden, die unter anderem wegen der strategisch günstigen Lage inmitten Europas großes Interesse an den Balkanstaaten haben. Reformen für mehr Demokratie und Rechtsstaatlichkeit könnten so in Gefahr geraten. Mit großer Mehrheit stimmten daher die Abgeordneten des Europäischen Parlaments in Straßburg im Oktober 2019 für eine Resolution, in der die Aufnahme von Beitrittsverhandlungen mit Nord-Mazedonien und Albanien gefordert wird. Die EU-Kommission hatte Nord-Mazedonien und Albanien bescheinigt, die geforderten Reformen umgesetzt zu haben. Dennoch konnten sich die Staats- und Regierungschefs zuletzt auch bei ihrem Gipfeltreffen im Oktober 2019 zum dritten Mal innerhalb von 16 Monaten nicht zu einer einstimmigen Entscheidung durchringen.[486] Und das ist richtig so. Niemand will den Beitrittskandidaten eine Mitgliedschaft streitig machen. Es wäre aber töricht, neue Mitglieder aufzunehmen, wenn diese gar nicht wissen können, welcher EU sie beitreten. Ein erneuertes Integrationsfundament ist eine *conditio sine qua non* für die Erweiterung der EU. Insofern bleibt zu hoffen, dass Präsident Macron standhaft bleibt. Hinzu kommt: Sämtliche Beitrittskandidaten sind potenzielle Nettoempfänger von EU-Mitteln, während potenzielle Nettozahler unter den am Beitritt Interessierten nicht in Sicht sind.[487]

Inzwischen scheint sich die Erkenntnis durchzusetzen, dass eine »Sandwich-Position« der EU nicht länger hinnehmbar ist. Die »Abbruch-

Kräfte«, die eine Restauration herbeisehnen, sind stark geworden. Die zentrale Frage ist: »Reformallianz« oder »Blockadegemeinschaft«? Umso erfreulicher ist es, dass sich Deutschland nun doch der französischen Position annähert. Die Bundesregierung stellte am 12. November 2019 fest:

> »In einer krisenhaften und turbulenten Welt können viele Ziele wie Wohlstand, Stabilität, Sicherheit und der Schutz unserer Grenzen nur gemeinsam erreicht werden. Die Bundesregierung arbeitet für ›einen neuen Aufbruch für Europa‹. Denn ein starkes, souveränes und solidarisches Europa ist die Antwort auf die anstehenden Herausforderungen. Es ist unser Ziel, die Europäische Union zu reformieren und zu neuer Einigkeit zu kommen. Gemeinsam mit der neuen EU-Kommission gilt es wichtige Aufgaben anzugehen.«[488]

Deutschland hat vom 1. Juli bis 31. Dezember 2020 den halbjährlich wechselnden EU-Ratsvorsitz inne. Um es mit dem Motto eines großen Sportartikelherstellers zu sagen: *»Just do it«*. Die in diesem Kapitel vorgestellten Elemente und Argumente können dabei nur erste Anregungen bzw. Diskussionsbeiträge sein. Ein großer Vorteil für den »neuen Aufbruch« ist: Es gibt inzwischen eine *Generation Europe*. Es sind jene Europäer, die nach dem Ende des Kalten Krieges geboren wurden oder aufwuchsen. Sie fühlen sich europäisch, weil sie mit dem Euro und dem freien Schengen-Raum erwachsen wurden. Für diese Generation ist ein gemeinsamer Wirtschaftsraum nicht genug. Sie möchte eine sozialere, umweltfreundlichere und eine demokratischere EU. Jetzt ist die Zeit gekommen, diese Herausforderungen anzugehen.

Oft wird von neuen, gemeinsamen Visionen für Europa gesprochen. Da mit dem Klimawandel die nächste große krisenhafte Entwicklung bereits deutlich am Horizont zu erkennen ist, kann dieses Thema Teil einer neuen, verbindenden Vision für Europa werden. Nachhaltigkeit, Klima- und Umweltschutz können für Europa ein »Aufbruchs- und Zukunftsprojekt« werden. Die neue EU-Kommission scheint das Thema erkannt zu haben, präsentierte sie doch im Dezember 2019 einen *Green Deal*. Mit einem umfassenden Gesetzgebungsprogramm zu Energieversorgung, Industrieproduktion, Verkehr und Landwirtschaft soll Europa binnen 30 Jahren klimafreundlich umgebaut werden.[489] Kritiker bemängeln zwar zu Recht ein »zu wenig, zu langsam«[490], aber ein Einstieg wäre damit gemacht. Dennoch stellen sich auch nun wieder die üblichen Verdächtigen quer: Polen, Ungarn und Tschechien. Es wird in solchen Situationen immer wieder die gleiche Frage aufgeworfen: Sind diese Länder in der passenden internationalen Organisation? Es wird im Rahmen der Aufbruchsdebatte auch hierzu sehr ernsthafte Gespräche geben müssen.

Die Auseinandersetzungen über die grundlegenden Werte und Prinzipien, auf denen die europäische Einheit beruhen soll, dürften sich daher in den kommenden Jahren verschärfen. Derzeit ist Polen mit seiner die Unabhängigkeit der Richter massiv beschneidenden Justizreform als zweites EU-Mitglied nach Ungarn im Begriff, den Pfad der Rechtsstaatlichkeit zu verlassen. Je weniger die EU diesem Schleichweg in den Autoritarismus Einhalt gebietet, umso mehr werden sich andere Regierungen ermuntert fühlen, die verbindlichen Rechtsnormen der europäischen Gemeinschaft nach ihrem eigenen nationalistischen Gusto zu verbiegen.[491] Ein Abbruchsphänomen, das als »Politik der surrealistischen Willkür« oder des »zerstörerischen Fiktionalismus« bezeichnet werden kann, verfestigt sich. Dabei handelt es sich nicht um eine vorübergehende Erscheinung, sondern eine epochale Herausforderung.[492]

Kein europäischer Staat ist groß, wirtschaftlich stark und politisch einflussreich genug, um im Alleingang den Verlauf der Globalisierung beeinflussen zu können. Die EU mit ihren 513 Millionen Einwohnern und dem größten Markt der Welt ist es hingegen schon. Zu lange setzte die EU die ökonomische Integration an die erste Stelle. Das ist nicht falsch, allerdings entwickelt sich die politische Union nicht von alleine. Ein Beharren auf dem »Weiter so« des ausgetretenen wirtschaftlichen Integrationspfads mit Hoffnung auf einen Automatismus im Rahmen der politischen Union wird dem Missmut über die Schattenseiten der Globalisierung nicht gerecht.

Es waren, wie oben bereits erwähnt, gerade immer wieder die Krisen und Gefährdungen der EU, die Integrationsfortschritte hervorbrachten.[493] »Europa wird in Krisen geschaffen, und es wird die Summe der Lösungen dieser Krisen sein.« So soll es Jean Monnet, Wegbereiter der europäischen Einigung, einst formuliert haben. Die Zukunft Europas wird besonders durch seine Antwort auf das »Globalisierungsparadox« bestimmt.[494] Nach der Theorie des Wirtschaftswissenschaftlers Dani Rodrik stecken wir aufgrund der Globalisierung in einem politischen Trilemma: Freier Welthandel und unbegrenzte Mobilität von Kapital und Arbeit sind nicht mit den gängigen Vorstellungen von Demokratie und Nationalstaat vereinbar.[495] Rodrik folgert: Wenn wir die Globalisierung weiterführen wollen, müssen wir entweder den Nationalstaat oder die demokratische Politik aufgeben. Wenn wir die Demokratie behalten und vertiefen wollen, müssen wir zwischen dem Nationalstaat und internationaler Integration wählen.[496] Die Forderung dieses Buches lautet dementsprechend, sich auf die Gestaltung der Globalisierung und die Integration im Rahmen der EU zu konzentrieren, da die »Mezzoebene Nationalstaat« bereits seit Jahren erhebliche Bedeutungsverluste erlitten habe (Kap. 1).

Im Konflikt um die Beantwortung des Globalisierungsparadoxons wurden in den vergangenen Jahren die Weichen neu gestellt. Emmanuel Macron verlieh auf der Makroebene mit seiner Zukunftsvision dem Streben nach einer souveränen, einigen und demokratischen EU eine mächtige Stimme. Proeuropäische zivilgesellschaftliche Akteure auf kommunaler und regionaler Ebene eröffnen ihrerseits neue Perspektiven. Dazu gehören parteiunabhängige, transnationale Bürgerbewegungen wie z. B. *Pulse of Europe* und subnationale Unabhängigkeitsbewegungen wie z. B. in Katalonien, Schottland und Flandern. Sie nähren neue Hoffnungen, dass sich auf der Mikroebene eine europäische Bürgerunion gestalten und ein Europa der Regionen aufbauen ließe.[497]

Priorität haben muss nun die Überwindung der internen Krisen, Abbruchtendenzen und Spaltungen Europas.[498] Letztlich geht es um einen europäischen Gestaltungsanspruch. Der Kampf der fortschrittlichen Europäerinnen und Europäer gegen autoritäre, illiberale und rückwärtsgewandte Parteien und deren »Abbruchagenda« muss zum Leitmotiv und zur verbindenden Klammer des gemeinsamen Reformkurses werden.[499]

Die EU braucht den Aufbruch und entsprechende Reformen, sonst verspielt sie ihre Zukunft.[500] Es gibt dabei keine Garantie, dass die kommenden politischen Auseinandersetzungen darüber nicht aus dem Ruder laufen. Allerdings steht der Kontinent vor Herausforderungen, die den Rückhalt bei den Nachbarn attraktiver erscheinen lassen dürften als nationale Alleingänge.[501]

»Europa ist die Zukunft, jede andere Politik Vergangenheit«
(Roland Dumas, französischer Europa- und Außenminister 1983–1993)

Anmerkungen

1 »Ignoranti quem portum petat nullus suus ventus est«, zitiert nach Gerhard Fink (Hrsg.), Lucius Annaeus Seneca, Epistulae Morales ad Lucilium, Band 1, Epistula LXXI: Seneca Lucilio suo salutem, Düsseldorf 2007, S. 416.

2 Kai Hirschmann, Der Aufstieg des Nationalpopulismus – Wie westliche Gesellschaften polarisiert werden, Bundeszentrale für politische Bildung, Schriftenreihe Band 10150, Bonn 2017.

3 Kai Hirschmann, Wie Staaten schwach werden – Fragilität von Staaten als internationale Herausforderung, Bundeszentrale für politische Bildung, Schriftenreihe Band 1747, Bonn 2016.

4 Philipp Ehmer/Martin Müller/Stephanie Schoenwald, Was hat uns die EU gebracht? – eine Bilanz aus 60 Jahren europäischer Integration, KfW Research, Fokus Volkswirtschaft, Nr. 163, 14. März 2017, S. 9.

5 Ingeborg Tömmel, Die politische Krise der Europäischen Union – Strukturprobleme und Entscheidungsblockaden im Mehrebenensystem, in: integration, 2/2017, S. 142.

6 Ebenda, S. 146.

7 Edgar Grande/Hanspeter Kriesi, The restructuring of political conflict in Europe and the politicization of European integration, in: Thomas Risse (Hrsg.), European Public Spheres – Politics is Back, Cambridge 2015, S. 190 ff.

8 Nils Minkmar/Armin Mahler/Christoph Pauly/Christian Reiermann/Christoph Schult, Kontinent der Krisen, in: Der Spiegel, 26/2015, S. 10.

9 Barbara Lippert/Kai-Olaf Lang, Politisierung, Polarisierung, Populismus und die Zukunft der EU, in: Volker Perthes (Hrsg.), »Krisenlandschaften«: Konfliktkonstellationen und Problemkomplexe internationaler Politik, Stiftung Wissenschaft und Politik, SWP-Studie S 1, Januar 2017, Berlin, S. 15.

10 Ebenda, S. 17.

11 Heinrich August Winkler, Die verdrängte Finalität, in: Internationale Politik, Mai/Juni 2019, S. 10.

12 Heinrich Schneider, »Europäische Identität« – Ist das Thema abschiedsreif? Oder nötigen die Krisen zu einem neuen Begriffsverständnis?, in: integration, 4/2015, S. 306.

13 Timothy Snyder, zitiert nach Markus Ziener, Es gibt keine Rückkehr zum Nationalstaat, in: Neue Zürcher Zeitung online, 30. Januar 2019, www.nzz.ch/feuilleton/der-historiker-timothy-snyder-es-gibt-keine-rueckkehr-zum-nationalstaat-ld.1455135.

14 Peter Alter, Nationalismus, Frankfurt am Main 1985, S. 14.

15 Pascal Letendre-Hanns, Das Problem sind nicht Nationen, sondern Nationalstaaten, in: Europa im Blick, 19. April 2019, www.treffpunkteuropa.de/das-problem-sind-nicht-nationen-sondern-nationalstaaten.

16 Dieter Langewiesche, Nation, Nationalismus, Nationalstaat in Deutschland und Europa, München 2000, S. 16.

17 Christoph von Marschall, Der Nationalstaat hat sich nicht überlebt, in: Der Tagesspiegel online, 10. November 2018, www.tagesspiegel.de/politik/100-jahrestag-des-kriegsendes-der-nationalstaat-hat-sich-nicht-ueberlebt/23610260.html.

18 Vgl. Felix Neubüser, Nation und Staat – Eine spannungsvolle Beziehung, Humboldt-Universität Berlin (Sozialwissenschaftliches Institut), Hausarbeit 2007, S. 3.
19 D. Langewiesche (Anm. 16), S. 42.
20 Ebenda, S. 24.
21 Ulrike Guérot, Nationalstaaten als Hindernis, in: die tageszeitung online, 10. September 2017, https://taz.de/Essay-Zukunft-der-Europaeischen-Union/!5443015/.
22 Siehe hierzu das sogenannte »Maastricht-Urteil« des BVerfG vom 12. Oktober 1993, www.europarl.europa.eu/brussels/website/media/Basis/Vertraege/Pdf/Maastricht_Urteil_1993.pdf.
23 H. A. Winkler (Anm. 11), S. 13.
24 Peter Brandt, Europäische Identität – Identitäten in Europa, in: Globkult Magazin, 15. Mai 2013, www.globkult.de/gesellschaft/identitaeten/870-europaeische-identitaet-identitaeten-in-europa.
25 Winfried Böttcher, Europas Zukunft: Eine regionalisierte Republik, in: Eurojournal, 16. Februar 2018, http://fek-eurojournal.de/?2018/02/2018-02-16_GPB-Aktuell_5_Europaverein_GPB.
26 P. Brandt (Anm. 24)
27 Timothy Snyder, zitiert nach M. Ziener (Anm. 13), in.
28 Gabriele Clemens, Die Werte und Rolle Europas im globalen Kontext – Bilanz und Zukunftsperspektiven für die Europäische Union, Universität Hamburg, Vortrag, S. 6f., www.dfh-ufa.org/app/uploads/2019/09/Vortrag-DFH_Frau-Professor-Clemens-1.pdf.
29 Richard Hilmer/Tomislav Maršić, Einige Risse, aber kein Bruch – Einstellungen zur EU in elf Ländern, Friedrich-Ebert-Stiftung, Berlin 2019, S. 7.
30 Ebenda, S. 8.
31 Richard Hilmer, Was hält Europa zusammen? Die EU nach dem Brexit, Eine repräsentative Acht-Länder-Studie, Friedrich-Ebert-Stiftung, Berlin 2017, S. 2.
32 R. Hilmer/T. Maršić (Anm. 29), S. 19f.
33 Sarah Ciaglia/Clemens Fuest/Friedrich Heinemann, Deutsche, Franzosen, Italiener – und Europäer? Zur Entwicklung europäischer Identität, European Network of Economic and Fiscal Policy Research, München 2018, S. 5.
34 Jochen Roose, Wofür dient eine europäische Identität?, in: D-A-S-H – für Vernetzung, gegen Ausgrenzung, 2005, www.d-a-s-h.org/dossier/12/05_ident.html.
35 P. Brandt (Anm. 24).
36 Gudrun Hentges/Hans-Wolfgang Platzer, Unter Druck: Die fragile Identität der EU und die Angriffe von rechts, in: Neue Gesellschaft Frankfurter Hefte 10/2018, www.frankfurter-hefte.de/artikel/unter-druck-2575/.
37 Thomas Jansen, Europa als eigene Sache annehmen – Nationale und europäische Identität zusammendenken, in: Portal für Politikwissenschaft, 5. Februar 2018, www.pw-portal.de/die-krise-der-europaeischen-union/40623–2018–01–29–13–25–08.
38 Vgl. Dennis J. Snower, Europäische Identität: Was Europa braucht, in: Süddeutsche Zeitung online, 23. August 2015, www.sueddeutsche/wirtschaft/samstags-essay-das-wir-gefuehl-1.2616374-2.
39 G. Hentges/H.-W. Platzer (Anm. 36).

40 P. Brandt (Anm. 24).
41 Vgl. Frank Vollmer, Nach dem Nationalstaat, in: Rheinische Post online, 22. April 2019, https://rp-online.de/politik/deutschland/eu-und-brexit-nach-dem-nationalstaat_aid-38247993.
42 Die Geschichte der Restauration und Revolution, in: www.wissen-digital.de/Geschichte:_Restauration_und_Revolution.
43 René Rhinow, Vom Nationalstaat zum integrativen Verfassungsstaat – Zur Unentbehrlichkeit staatlicher Strukturen jenseits des Nationalismus, in: Aktuelle Juristische Praxis (AJP), 6/2017, S. 783.
44 Ebenda.
45 Robert Menasse, Heimat ist die schönste Utopie, Berlin 2014, S. 18.
46 Ulrike Guérot/Robert Menasse, Die Grenzen fließen, in: Der Freitag, 43/2017, www.freitag.de/autoren/der-freitag/die-grenzen-fliessen.
47 Holger Schmale, Europa der Regionen, in: Frankfurter Rundschau online, 3. November 2017, www.fr.de/meinung/europa-regionen-11005228.html
48 Kersten Knipp, zitiert nach Sven Felix Kellerhoff, Nationalstaaten sind ein Projekt der Eliten, in: Die Welt online, 3. November 2018, www.welt.de/geschichte/article183187144/Ende-des-Weltkriegs-Nationalstaaten-sind-ein-Projekt-der-Eliten.html.
49 Zitiert nach Petra Kohse, Alle Gurken sind gleich, alle EU-Bürger aber nicht, in: Frankfurter Rundschau online, 8. November 2018, www.fr.de/kultur/alle-gurken-sind-gleich-alle-eu-buerger-aber-nicht-10965742.html.
50 Robert Menasse, Kurze Geschichte der Europäischen Zukunft, oder: Warum wir erringen müssen, was wir geerbt – Das Europa der Regionen,, in: Peter Hilpold/Walter Steinmair/Christoph Perathoner (Hrsg.), Europa der Regionen, Berlin/Heidelberg 2016, S. 27 ff.
51 D. Langewiesche (Anm. 16), S. 49 ff.
52 Französische Botschaft, Rede von Staatspräsident Macron an der Sorbonne Paris, »Initiative für Europa«, 26. September 2017, Berlin, S. 2 f.
53 Ebenda.
54 Thomas Raines/Matthew Goodwin/David Cutts, Europa – ziehen wir (noch) an einem Strang?, Chatham House, Forschungsbericht 2017, London, S. 7 ff.
55 B. Lippert/K.-O. Lang (Anm. 9), S. 18.
56 Vgl. Gerhard Brunn, Die Europäische Einigung, Stuttgart 2009, S. 33 ff.
57 Roland Döhrn, Die Europäische Integration als Modellfall? Bestandsaufnahme und Handlungsfelder für die Zukunft, in: Martin Potthoff/Kai Hirschmann, Die Europäische Währungsunion – Ein Testfall für die Europäische Integration?, Berlin 1997, S. 50.
58 Ebenda, S. 51.
59 Siehe hierzu Kai Hirschmann, Die Realisierung des Binnenmarktes 1992 als Zielsetzung der Einheitlichen Europäischen Akte (EEA) in rechtlicher Betrachtung, Diplom-Arbeit, Duisburg 1990.
60 Vgl. Christiane Florin, Die EU im Aufbruch: Der Vertrag von Amsterdam, Vertretung der Europäischen Kommission, Bonn 1997, S. 2.
61 Vgl. Werner Weidenfeld, Die Europäische Union, München 2013, S. 93.
62 Vgl. G. Brunn (Anm. 56), S. 310.

63 Vgl. Siegmar Schmidt/Wolf J. Schünemann, Europäische Union. Eine Einführung, Baden-Baden 2013, S. 364.
64 Vgl. G. Brunn (Anm. 56), S. 318.
65 Werner Weidenfeld, Die Europäische Union, München 2013, S. 102.
66 Michael Vogtmann, Der Intergouvernementalismus zerstört Europa, in: treffpunkteuropa.de, 25. März 2017, www.treffpunkteuropa.de/der-intergouvernementalismus-zerstort-europa.
67 Deutscher Bundestag, Vereinigte Staaten von Europa? Verfassungsrechtliche Beurteilung eines europäischen Bundesstaates, Wissenschaftliche Dienste, WD 3-3000 -263/17, Berlin 2018, S. 3.
68 Ebenda, S. 4.
69 Ebenda.
70 Anne Faber, Europäische Integration und politikwissenschaftliche Theoriebildung, Neofunktionalismus und Intergouvernementalismus in der Analyse, Wiesbaden 2005, S. 87.
71 Für die Theorie des »Neofunktionalismus« siehe Ernst B. Haas, The Uniting of Europe, Stanford 1958.
72 Frank Schimmelfennig, European integration (theory) in times of crisis – A comparison of the Euro and Schengen area crises, in: Journal of European Public Policy, 7/2018, S. 974.
73 M. Vogtmann (Anm. 66).
74 Karlheinz Dürr, Warum ist die Europawahl so wichtig?, in: Bundeszentrale für politische Bildung, Dossier Europawahlen, 15. April 2019, S. 30 f.
75 Vgl. Jana Anzlinger, So hat Europa gewählt, in: Süddeutsche Zeitung online, 27. Mai 2019, www.sueddeutsche.de/politik/europawahl-eu-ergebnis-ueberblick-daten-1.4456080.
76 Eurobarometer, Europawahl 2019: Hat die Europawahl eine neue Dimension erreicht?, www.europarl.europa.eu/at-your-service/de/be-heard/eurobarometer/2019-european-elections-entered-a-new-dimension.
77 Mathias Brüggmann/Thomas Hanke/Regina Krieger/Kerstin Leitel, Der Aufstieg der Populisten: Die Rechtsnationalen erstarken in Europa, in: Handelsblatt online, 27. Mai 2019, www.handelsblatt.com/politik/international/europawahl/europawahl-der-aufstieg-der-populisten-die-rechtsnationalen-erstarken-in-europa/24386144.html?ticket=ST-197544-iknIkCPszY3EmHl45eSB-ap1.
78 Oskar Niedermayer, Die Parteien vor der Europawahl, in: Bundeszentrale für politische Bildung, Dossier: Europawahlen, 15. April 2019, S. 38.
79 Markus Becker/Peter Müller, Eine Siegerin, viele Verlierer, in: Spiegel online, 2. Juli 2019, www.spiegel.de/politik/ausland/ursula-von-der-leyen-als-eu-kommissionschefin-eine-siegerin-viele-verlierer-a-1275488.html.
80 Mike Schier, EU-Chefin von der Leyen? Das ist völlig absurd, in: Merkur online, 3. Juli 2019, www.merkur.de/politik/eu-chefin-von-leyen-ist-total-absurd-12761191.html.
81 »Der Versuch, die EU zu demokratisieren, wird ad absurdum geführt«, in: Süddeutsche Zeitung online, 2. Juli 2019, www.sueddeutsche.de/politik/von-der-leyen-eu-kritik-kommission-1.4509421.

82 Dieter Hoß, Postengeschacher in der EU: Darum ist eine EU-Kommissionschefin von der Leyen eine Ohrfeige für alle Wähler, in: Stern online, 3. Juli 2019, www.stern.de/politik/ausland/ursula-von-der-leyen--darum-ist-sie-als-eu-kommissionschefin-eine-ohrfeige-fuer-alle-waehler-8780502.html.
83 M. Becker/P. Müller (Anm. 79).
84 M. Schier (Anm. 80)
85 Zitiert nach: Nach seinem Aus: So rechnet Manfred Weber mit Macron und Orbán ab, in: Stern online, 4. Juli 2019, www.stern.de/politik/man fred-weber--so-rechnet-er-mit-macron-und-orban-ab--8784406.html, sowie »Von der Leyen in Brüssel angekommen – Weber wettert gegen ›mächtige Kräfte‹«, in: Welt online, 4. Juli 2019, www.welt.de/politik/ausland/article196339819/EU-Von-der-Leyen-wirbt-fuer-sich-Tusk-will-ihr-Botschaft-uebermitteln.html.
86 Ralf Schuler, »GetEUscht« schreibt man jetzt mit EU, in: BILD online, 3. Juli 2019, www.bild.de/politik/kolumnen/politik-ausland/von-der-leyen-soll-eu-chefin-werden-geteuscht-schreibt-man-jetzt-mit-eu-63051784.bild.html.
87 Roger de Weck, Fünf hartnäckige Legenden über die EU, in: NZZ online, 20. Mai 2019, www.nzz.ch/meinung/fuenf-hartnaeckige-legenden-ueber-die-eu-ld.1479797.
88 Ebenda.
89 Richard Hilmer, Europäische Integration – Sorgen und Erwartungen, Ergebnisse einer repräsentativen Befragung in Deutschland, Friedrich-Ebert-Stiftung, Berlin 2019, S. 7.
90 Ebenda, S. 11.
91 Isabell Hoffmann, Europäer sind gespalten über den Zustand der Gesellschaft, Bertelsmann Stiftung, 3. April 2019, www.bertelsmann-stiftung.de/de/themen/aktuelle-meldungen/2019/april/europaeer-sind-gespalten-ueber-den-zustand-der-gesellschaft/.
92 Ebenda.
93 Catherine E. de Vries/Isabell Hoffmann, Die Zuversichtlichen, die Ängstlichen und die Wütenden – Folgen der Polarisierung für die Wahlen zum Europäischen Parlament 2019, Bertelsmann Stiftung, Studie 1/2019, Gütersloh, S. 36.
94 Christine Haas, Diese Zahlen offenbaren die griechische Frustration über Deutschland, in: Die Welt online, 16. Oktober 2019, www.welt.de/wirtschaft/article201939928/Pew-Research-Center-Griechen-haben-schlechte-Meinung-von-Deutschland.html.
95 Ebenda.
96 Martha Posthofen/Frieder Schmid, Gerechter. Sozialer. Weniger ungleich: Was die Deutschen von Europa erwarten, Friedrich-Ebert-Stiftung, Berlin 2019, S. 4.
97 Gerhard Rippert, Zufriedenheit mit der EU nimmt deutlich zu, in: European News Agency, 12. August 2019, www.european-news-agency.de/politik/zufriedenheit_mit_der_eu_nimmt_deutlich_zu_-75507/.
98 Ch. Haas (Anm. 94).
99 Timothy Snyder, Historiker an der Universität Yale/USA, zitiert nach Nils Kreimeier/Horst von Buttlar, in: Capital online, 31. März 2019, www.capital.de/wirtschaft-politik/russland-muss-die-eu-zerstoeren-bevor-putin-die-macht-verliert?articleonepage=true.
100 Siehe hierzu K. Hirschmann (Anm. 2).
101 Vgl. Frank Decker, Der neue Rechtspopulismus, Opladen 2004, S. 231.

102 Frank Decker, Populismus und der Gestaltwandel des demokratischen Parteienwettbewerbs, in: Aus Politik und Zeitgeschichte (APuZ), Nr. 5–6/2012, 30. Januar 2012, S. 10.
103 Vgl. Armin Schäfer, Die Folgen sozialer Ungleichheit für die Demokratie in Westeuropa, in: Zeitschrift für Vergleichende Politikwissenschaft, Band 4, Nr. 1, April 2010, S. 131 ff.
104 Richard Stöss/Melanie Hass/Oskar Niedermayer, Parteiensysteme in Westeuropa: Stabilität und Wandel, in: Oskar Niedermayer (Hrsg.), Die Parteiensysteme Westeuropas, Wiesbaden 2006, S. 15.
105 Hans-Georg Betz, Radical Right-Wing Populism in Western Europe, New York 1994, S. 2 f.
106 So die zentrale Aussage von Heinz von Foerster und zugleich Titel des Buches Heinz von Foerster/Bernhard Pörksen, Wahrheit ist die Erfindung eines Lügners – Gespräche für Skeptiker, Heidelberg 2006.
107 Siehe hierzu auch Florian Hartleb, Illusion einer intakten Welt: Europas Populisten profitieren von der Krise etablierter Politik, in: Internationale Politik, Juli/August 2013, Berlin, S. 55, sowie K. Hirschmann (Anm. 2).
108 Frank Decker, Die populistische Herausforderung – Theoretische und ländervergleichende Perspektiven, in: Frank Decker (Hrsg.), Populismus in Europa, Bundeszentrale für politische Bildung, Bonn 2006, S. 10 ff.
109 Wilhelm Heitmeyer, Gruppenbezogene Menschenfeindlichkeit – Die theoretische Konzeption und empirische Ergebnisse aus 2002, 2003 und 2004, in: Wilhelm Heitmeyer (Hrsg.), Deutsche Zustände, Band 3, Frankfurt am Main 2005, S. 13 ff.
110 Siehe hierzu Susanne Falkenberg, Populismus und Populistischer Moment im Vergleich zwischen Frankreich, Italien und Österreich, Dissertation, Duisburg 1997, S. 25 ff.
111 Vgl. Wilfried Bredow/Rudolf H. Brocke, Krise und Protest, Opladen 1987, S. 14.
112 Julia Klein, Europapopulismus – ein genuines Phänomen im europäischen Krisenkontext?, in: integration, 4/2016, S. 284.
113 Ebenda, S. 301.
114 Dick Pels, Europa und das Problem des Populismus, Heinrich-Böll-Stiftung, 28. Januar 2013, www.boell.de/de/demokratie/europa-nordamerika-europa-rechtspopulismus-16534.html.
115 Ingrid Steiner-Gashi, Rechts-Populisten europaweit im Aufwind, in: Kurier online, 2. Mai 2019, https://kurier.at/politik/ausland/rechts-populisten-europaweit-im-aufwind/400481278.
116 Jan-Werner Müller, Wo Europa endet – Ungarn, Brüssel und das Schicksal der liberalen Demokratie, Berlin 2012, S. 9.
117 Beate Küpper/Wilhelm Berghan/Jonas H. Rees, Aufputschen von Rechts: Rechtspopulismus und seine Normalisierung in der Mitte, in: Andreas Zick/Beate Küpper/Wilhelm Berghan (Hrsg.), Verlorene Mitte – Feindselige Zustände: Rechtsextreme Einstellungen in Deutschland 2018/19, Bonn 2019, S. 174.
118 Siehe hierzu z. B. Catherine de Vries/Isabell Hoffmann, Globalisierungsangst oder Wertekonflikt? - Wer in Europa populistische Parteien wählt und warum, Bertelsmann-Stiftung, Gütersloh 2016.

119 Heinz Bude, Die neue soziale Spaltung, in: faz.net, 15. April 2016, www.faz.net/aktuell/wirtschaft/arm-und-reich/soziale-ungleichheit-in-deutschland-trotz-starker-wirtschaft-14169768.html.
120 Interview mit Jean Claude Juncker, in: Ostsee-Zeitung online, 29. Oktober 2019, https://www.pressreader.com/germany/ostsee-zeitung/20191029/282544430097102.
121 André Gerrits, Populismus in Europa – Weshalb die praktizierte Entpolitisierung der europäischen Integration den Populisten in die Hände spielt, in: Internationale Politik und Gesellschaft, 7. April 2014, www.ipg-journal.de/schwerpunkt-des-monats/populismus-in-europa/artikel/detail/populismus-in-europa-338/.
122 Nicolai von Ondarza, EU-Skeptiker an der Macht – Die Rolle integrationskritischer Parteien in EU-Parlament und nationalen Regierungen, Stiftung Wissenschaft und Politik, SWP-Aktuell, 23. April 2016, S. 4.
123 Ebenda, S. 6.
124 Thomas Oberkirch/Joachim Schild, Wachsender Euroskeptizismus – Anatomie eines Phänomens, Universität Trier, Arbeitspapiere zur Europäischen Integration, Nr. 6/ Dezember 2010, S. 11.
125 Alternative für Deutschland (AfD), Flyer »Kernpunkte der AfD zur Europawahl 2019«, www.afd.de/wp-content/uploads/sites/111/2019/04/AfD_Bund_Kernpkte_Europawahl_Flyer_12-Seiter_WmD_RZ.pdf. Alle folgenden Zitate und Argumente sind diesem Flyer entnommen.
126 Programm der Alternative für Deutschland für die Wahl zum 9. Europäischen Parlament 2019, S. 28 ff., www.afd.de/europawahlprogramm/.
127 Ebenda, S. 11.
128 Ebenda, S. 37.
129 Freiheitliche Partei Österreichs (FPÖ), Parteiprogramm, Kap. 10 – Europa der Vielfalt, www.fpoe.at/themen/parteiprogramm/europa-der-vielfalt/.
130 Ralf Leonhard, »Das ist einfach deppert«, in: Welt-Sichten, 20. März 2019, www.welt-sichten.org/artikel/35875/das-ist-einfach-deppert.
131 Manuela Honsig-Erlenburg/Thomas Mayer, Die Wandlung der Rechtspopulisten, in: Der Standard online, 6. April 2019, www.derstandard.at/story/2000100898491/die-wandlung-der-rechtspopulisten.
132 Danny Leder, EU-Wahl: »Eine Katastrophe für Frankreich«, in: Der Kurier, 22. Mai 2019, https://kurier.at/politik/ausland/eu-wahl-eine-katastrophe-fuer-frankreich/400501252.
133 Wahlprogramm der »Schwedendemokraten« (SD), Sverigedemokraternas valmanifest 2018, https://sd.se/wp-content/uploads/2018/08/Valmanifest-2018-1.pdf.
134 Johannes Hillje, Plattform Europa, Berlin 2019, S. 8.
135 Hannelore Crolly, Sagen lässt sich Salvini gar nichts, in: Die Welt online, 11. August 2019, www.welt.de/politik/ausland/article198307573/Neue-Probleme-fuer-die-EU-Sagen-laesst-sich-Salvini-gar-nichts.html.
136 Ulrich Ladurner, Salvini ist zurück, aber war er je weg?, in: Die Zeit online, 2. November 2019, www.zeit.de/politik/ausland/2019-10/umbrien-matteo-salvini-wahl sieg-populismus-lega.

137 Albrecht Meier, Salvini passt die ganze Richtung nicht, in: Tagesspiegel online, 9. August 2019, www.tagesspiegel.de/politik/die-eu-und-die-italien-krise-salvini-passt-die-ganze-richtung-nicht/24888978.html.
138 Matthias Rüb, Und wieder küsst er das Kruzifix, in: faz online, 27. Mai 2019, www.faz.net/aktuell/politik/europawahl/lega-chef-salvini-feiert-erfolgreiche-europawahl-mit-einer-geste-16208294.html.
139 Steffen Dobbert, König Viktor und die elf Türme von Tyukod, in: Die Zeit online, 7. September 2017, www.zeit.de/politik/ausland/2017-08/ungarn-viktor-orban-eu-gelder-autokratie-rechtsstaat.
140 J. Hillje (Anm. 134), S. 9.
141 Piotr Buras/Zsusanna Vegh, Stop, Brüssel! – Polen und Ungarn in der Europäischen Union, in: Osteuropa, 3–5/2018, S. 100 f.
142 Silviu Mihai, Die »moralische Revolution« des Viktor Orbán, in: Blätter für deutsche und internationale Politik, 6/2018, S. 11.
143 Dora Diseri, Wie Ungarns Regierungschef EU-Wahlkampf macht, in: Tagesspiegel online, 27. April 2019, www.tagesspiegel.de/politik/orbans-parallelwelt-wie-ungarns-regierungschef-eu-wahlkampf-macht/242562 98.html.
144 Jan-Werner Müller, »Wir sind das Volk!« Wie die Populisten ticken, in: NZZ-Folio, November 2016.
145 Andreas Zick, Polarisierung und radikale Abwehr – Fragen an eine gespaltene Gesellschaft und Leitmotive politischer Bildung, in: Ralf Melzer (Hrsg.), Gespaltene Mitte – Feindselige Zustände: Rechtsextreme Einstellungen in Deutschland 2016, Friedrich-Ebert-Stiftung, Bonn 2016, S. 206.
146 Siehe Kenneth Roth, The Dangerous Rise of Populism – Global Attacks on Human Rights Values, in: Human Rights Watch, World Report 2017, New York, S. 3 ff.
147 Dieter Nohlen, Kleines Lexikon der Politik, München 2001, S. 315.
148 Marcus Spittler, Rechtspopulismus in Europa – Ist die Demokratie in Gefahr?, in: WZB-Mitteilungen, Heft 160, Juni 2018, S. 24.
149 P. Buras/Z. Vegh (Anm. 141), S. 101.
150 J.-W. Müller (Anm. 116), S. 9.
151 Kai-Olaf Lang, Ungarn: Demokratischer Staatsumbau oder Autokratie? Innere Merkmale und außenpolitische Folgen des Systems Orbán, Stiftung Wissenschaft und Politik, SWP-Aktuell 6. Januar 2015, S. 1.
152 S. Mihai (Anm. 142), S. 11.
153 Ellen Bos, Mit der Mehrheit zur Mehrheit – Die Parlamentswahl in Ungarn 2018, in: Osteuropa, 3–5/2018, S. 227.
154 Siehe hierzu z. B. European Parliament, Committee on Civil Liberties, Justice and Home Affairs, Draft Report on a proposal calling on the Council to determine, pursuant to Article 7(1) of the Treaty on European Union, the existence of a clear risk of a serious breach by Hungary of the values on which the Union is founded (2017/2131(INL)), 11. April 2018, Brüssel.
155 Christian Schweiger, Die Europäische Union im Spannungsfeld zwischen Renationalisierung und neuem Regionalismus, in: ifo Schnelldienst, 23/2017, 7. Dezember 2017, S. 6.

156 Zitiert nach ebenda.
157 J. Hillje (Anm. 134), S. 10.
158 Thomas Schmid, Polens Rechtspopulisten werden an Europa scheitern, in: Die Welt online, 20. Dezember 2015, www.welt.de/debatte/kommentare/article150168447/Polens-Rechtspopulisten-werden-an-Europa-scheitern.html.
159 P. Buras/Z. Vegh (Anm. 141), S. 105.
160 Philipp Fritz, Polens Justizreform verletzt EU-Recht, in: Die Welt online, 5. November 2019, www.welt.de/politik/ausland/article203027960/Urteil-Polens-Justizreform-verletzt-EU-Recht.html.
161 N. von Ondarza (Anm. 122), S. 7.
162 Jan Dörner, Johnson und Trump: eine gefährliche Beziehung, in: Stuttgarter Nachrichten online, 31. Juli 2019, www.stuttgarter-nachrichten.de/inhalt.grossbritanniens-neue-strategie-johnson-und-trump-eine-gefaehrliche-beziehung.2673b579-0edc-4d79–883c-3997969e6f6e.html?reduced=true
163 Alexander Niedermeier/Wolfram Ridder, Das Brexit-Referendum: Hintergründe, Streitthemen, Perspektiven, Wiesbaden 2017, S. 6 ff.
164 Rudolf G. Adam, Brexit – Eine Bilanz, Wiesbaden 2019, S. 30.
165 A. Niedermeier/W. Ridder (Anm. 163), S. 8.
166 Rudolf G. Adam, Brexit. Eine Bilanz, Wiesbaden 2019, S. 32 f.
167 A. Niedermeier/W. Ridder(Anm. 163), S. 12.
168 Richard Hilmer/Tomislav Maršić, United Kingdom – als Königreich vereint, beim Brexit gespalten, Friedrich-Ebert-Stiftung, Abteilung Internationaler Dialog, Berlin 2019, S. 4.
169 Jürgen Kalb, Die Entwicklung der EU zwischen Zentrifugal- und Zentripetalkräften, in: Deutschland & Europa, 73/2017, Landeszentrale für politische Bildung Baden-Württemberg, S. 5.
170 A. Niedermeier/W. Ridder (Anm. 163), S. 43.
171 Nicolai von Ondarza, Die verlorene Wette – Entstehung und Verlauf des britischen EU-Referendums, in: Aus Politik und Zeitgeschichte, APuZ 49–50/2016 – Brexit, 5. Dezember 2016, S. 4.
172 Carsten Volkery, Ex-Premier Cameron bricht sein Schweigen – und stellt sich gegen No-Deal-Brexit, in: Handelsblatt online, 14. September 2019, https://www.handelsblatt.com/politik/international/grossbritannien-ex-premier-cameron-bricht-sein-schweigen-und-stellt-sich-gegen-no-deal-brexit/25015424.html.
173 Ebenda.
174 Daniel Reviol, Europa nach dem Brexit – Weitere Volksabstimmungen wären verhängnisvoll, 24. Juni 2016, www.t-online.de/nachrichten/ausland/eu/id_78217008/brexit-kommentar-weitere-volksabstimmungen-waeren-eine-katastrophe-.html.
175 Siehe hierzu Roland Sturm, Das politische System Großbritanniens, Wiesbaden 2016, S. 241.
176 Vera Kämper, Brexit-Gegner in Großbritannien – Zum Siegen zu nett, in: Spiegel online, 9. Juni 2016, www.spiegel.de/politik/ausland/brexit-die-langweiler-kampagne-der-eu-befuerworter-a-1096158.html.

177 Michael König, Farage kassiert wichtigstes Versprechen der Brexit-Bewegung ein, in: Süddeutsche Zeitung online, 24. Juni 2016, www.sueddeutsche.de/politik/ukip-chef-farage-kassiert-wichtigstes-brexit-versprechen-direkt-wieder-ein-1.3049615.
178 Landeszentrale für politische Bildung BW, Brexit – Großbritannien verlässt die EU, Stuttgart 2019, www.lpb-bw.de/brexit.html.
179 R. Hilmer/T. Maršić (Anm. 168), S. 5.
180 R. G. Adam (Anm. 166), S. 61.
181 O. V., Brexit: Die sieben Fehler von David Cameron, in: Kurier online, 26. Juni 2016, https://kurier.at/politik/ausland/brexit-die-sieben-fehler-von-david-cameron/206.488.770.
182 Sabine Riedel, Ein Brexit ohne Schotten und Nordiren? Großbritannien droht der Staatszerfall, Stiftung Wissenschaft und Politik, SWP-Aktuell Nr. 54, August 2016, S. 1 ff.
183 Siehe Originaltext des Vertragsentwurfes bei Europäische Kommission, Draft Agreement on the withdrawal of the United Kingdom of Great Britain and Northern Ireland from the European Union, 14. November 2018, https://ec.europa.eu/commission/sites/beta-political/files/draft_withdrawal_agreement_0.pdf; Zusammenfassung bei Landeszentrale für politische Bildung Baden-Württemberg, Brexit – Großbritannien verlässt die EU, Stuttgart 2019, www.lpb-bw.de/brexit.html.
184 Siehe Originaltext bei Europäischer Rat, Political declaration setting out the framework for the future relationship between the European Union and the United Kingdom, 22. November 2018, www.consilium.europa eu/media/37059/2018 1121-cover-political-declaration.pdf.
185 Kevin Hagen/Raniah Salloum, Backstop – was ist das, wann kommt das, warum ist das so verdammt kompliziert?, in: Spiegel online, 3. Oktober 2019, www.spiegel.de/politik/ausland/brexit-was-sie-zum-backstop-wissen-muessen-a-1250750.html.
186 Ebenda.
187 Bettina Schulz, Warum über den Backstop so gestritten wird, in: Die Zeit online, 13. Dezember 2018, www.zeit.de/politik/ausland/2018-12/backstop-brexit-vertrag-grossbritannien-eu-zollunion/komplettansicht.
188 Jochen Buchsteiner, Am Brexit gescheitert, in: FAZ online, 27. Mai 2019, www.faz.net/aktuell/brexit/europawahl-in-grossbritannien-aendert-nichts-am-brexit-dilemma-16209028.html.
189 Steffen Lüdke, Die Brexit-Klatsche, in: Spiegel online, 27. Mai 2019, www.spiegel.de/politik/ausland/europawahl-in-grossbritannien-die-brexit-klatsche-a-1269421.html.
190 Ebenda.
191 J. Buchsteiner (Anm. 188).
192 Christoph von Marschall, Der Entfesselungskünstler Johnson bewegt sich, in: Tagesspiegel online, 7. Oktober 2019, www.tagesspiegel.de/politik/entscheidende-woche-der-brexit-verhandlungen-der-entfesselungskuenstler-johnson-bewegt-sich/25089876.html.
193 Ebenda.

194 Tessa Szyszkowitz, Untergang im Unterhaus, in: Cicero online, 3. September 2019, www.cicero.de/aussenpolitik/brexit-backstop-grossbritannien-boris-johnson-parlament.
195 Zitiert nach Ragnar Vogt, Parlamentspräsident Bercow warnt Johnson vor Bruch des Brexit-Gesetzes, in: Tagesspiegel online, 13. September 2019, www.tagesspiegel.de/politik/vergleichbar-mit-einem-bankraeuber-parlamentspraesident-bercow-warnt-johnson-vor-bruch-des-brexit-gesetzes/25012268.html.
196 O. V., Jetzt hat Bercow noch ein Problem am Hals, in: Spiegel online, 3. Oktober 2019, www.spiegel.de/politik/ausland/john-bercow-die-stimme-des-britischen-parlaments-kraechzt-nur-noch-a-1289877.html.
197 Vgl. Kevin Hagen, Deal! Deal?, in: Spiegel online, 17. Oktober 2019, www.spiegel.de/politik/ausland/brexit-deal-boris-johnson-gelingt-der-durchbruch-was-ist-das-wert-a-1292040.html.
198 Bettina Schulz, Nichts geht mehr, in: Die Zeit online, 25. Oktober 2019, www.zeit.de/politik/ausland/2019-10/boris-johnson-neuwahl-jeremy-corbyn-brexit
199 Anja Holtschneider/Kerstin Leitel/Christian Rothenberg, Das sind die spannenden Fakten zur Wahl in Großbritannien, in: Handelsblatt online, 13. Dezember 2019, https://www.handelsblatt.com/politik/international/unterhaus-wahl-das-sind-die-spannendsten-fakten-zur-wahl-in-grossbritannien/25331196.html.
200 Gabriel Felbermayr, Brexit: Eine »Hard-but-Smart«-Strategie und ihre Folgen, ifo Schnelldienst 4/2019, 21. Februar 2019, S. 3.
201 Giordano Mion/Dominic Ponattu, Die ökonomischen Folgen des Brexits für EU-Länder und Regionen – Zusammenfassung der Studie, Gütersloh 2019, S. 3ff.
202 G. Felbermayr (Anm. 200), S. 4.
203 G. Mion/D. Ponattu (Anm. 201), S. 3ff.
204 Hylke Vandenbussche, Sector-Level Analysis of the Impact of Brexit on the EU-28, Universität Leuven, Juni 2019, www.fdfa.be/sites/default/files/atoms/files/Brexit impact study 2019.pdf.
205 Carsten Volkery/Kerstin Leitel, Industrie, Währung, Hauspreise: So wirkt sich der Brexit auf die britische Wirtschaft aus, in: Handelsblatt online, 2. September 2019, www.handelsblatt.com/politik/international/konjunktur-industrie-waehrung-hauspreise-so-wirkt-sich-der-brexit-auf-die-britische-wirtschaft-aus/24970364.html?ticket=ST-31237443-bMIawNiYodXeS5szSipG-ap1.
206 Jürgen Matthes, Britische Wirtschaft rutscht ab, iwd – Informationen aus dem Institut der deutschen Wirtschaft, 26. Juli 2018, www.iwd.de/artikel/britische-wirtschaft-rutscht-ab-398799/.
207 Sascha Zastiral, Wie die Brexit-Politik die Wirtschaft lähmt, in: Spiegel online, 3. September 2019, www.spiegel.de/wirtschaft/unternehmen/brexit-grossbritanniens-wirtschaft-leidet-unter-politischem-chaos-a-1285062.html.
208 Ebenda.
209 Klemens Kindermann, Das erste große Opfer des Brexits, in: Deutschlandfunk online, 23. September 2019, https://www.deutschlandfunk.de/kommentare-und-themen-der-woche.719.de.html?drbm:date=2019-09-23.
210 Ebenda.

211 O. V., Firmen fliehen vor Brexit nach NRW, in: Kölner Stadt-Anzeiger online, 10. September 2019, www.presseportal.de/pm/66749/4370578.
212 O. V., Massenflucht in die Niederlande: Unternehmen fliehen vor Brexit, in: Merkur online, 3. September 2019, www.merkur.de/wirtschaft/massenflucht-in-nieder lande-unternehmen-fliehen-vor-brexit-zr-12945333.html.
213 Kerstin Leitel, Investoren fliehen vor Boris Johnson und dem Brexit aus britischen Fonds, in: Handelsblatt online, 9. August 2019, https://www.handelsblatt.com/finanzen/banken-versicherungen/grossbritannien-investoren-fliehen-vor-boris-johnson-und-dem-brexit-aus-britischen-fonds/24884266.html.
214 Vgl. R. Hilmer (Anm. 31), S. 4
215 Ulrike Herrmann, Norwegen ist ein teures Vorbild, in: taz online, 18. Juni 2016, https://taz.de/Debatte-Brexit/!5310908/.
216 Carsten Weerth, EU-kritische Parteien und Populisten, in: Gablers Wirtschaftslexikon online, https://wirtschaftslexikon.gabler.de/definition/eu-kritische-parteien-und-populisten-54387.
217 Th. Raines/M. Goodwin/D. Cutts (Anm. 54), S. 20f.
218 Bettina Rudloff/Evita Schmieg, Zerfall der Europäischen Union, Stiftung Wissenschaft und Politik, SWP-Aktuell 24, April 2016, S. 2f., sowie O. V., Wie Norwegen, die Schweiz – oder Botswana?, in: FAZ online, 31. Mai 2016, www.faz.net/aktuell/wirtschaft/wirtschaftspolitik/brexit-welches-land-taugt-als-vorbild-fuer-die-briten-14261929.html.
219 Andreas Maisch, Zukunft der EU-Integration und der Globalisierung, Heinrich-Böll-Stiftung, Juni 2017, S. 4.
220 Alexander Mühlauer, Der Brexit hat die EU zusammengeschweißt, in: Süddeutsche Zeitung online, 22. März 2019, www.sueddeutsche.de/politik/newsletter-europa-brexit-eu-1.4388424.
221 Ebenda.
222 Jens Meyer-Wellmann, Europa vor der Zerreißprobe – Jedes Land macht, was es will, in: Hamburger Abendblatt online, 11. September 2015, www.abendblatt.de/region/schleswig-holstein/article205672045/Europa-vor-der-Zerreissprobe-Jedes-Land-macht-was-es-will.html.
223 Petra Bendel/Marianne Haase, Wann war das? Geschichte der europäischen Migrationspolitik bis heute, Bundeszentrale für politische Bildung, 21. Januar 2008, www.bpb.de/gesellschaft/migration/dossier-migration-ALT/56522/geschichte.
224 Vgl. Marianne Haase/Jan C. Jugl, Asyl- und Flüchtlingspolitik der EU, Bundeszentrale für politische Bildung, Grundlagendossier Migration, 27. November 2007, https://www.bpb.de/gesellschaft/migration/dossier-migration-ALT/56551/asylfluechtlingspolitik.
225 Daniele Saracino, Solidaritätsbrüche in der europäischen Asylpolitik: Warum die »Flüchtlingskrise« in Wirklichkeit eine Solidaritätskrise ist, in: Zeitschrift für Politik 3/2018, S. 283.
226 So Daniele Saracino, ebenda.
227 Martin Grosse Hüttmann, Hart an der Grenze: Die jüngste Krise der Asyl- und Migrationspolitik der Europäischen Union, in: Deutschland & Europa, 77/2019,

Die Europäische Union und ihre Grenzen, Landeszentrale für politische Bildung Baden-Württemberg, Stuttgart, S. 73.

228 Ebenda.

229 D. Saracino (Anm. 225), S. 287.

230 M. Grosse Hüttmann (Anm. 227), S. 74.

231 Stefan Luft, Die Flüchtlingskrise: Ursachen, Konflikte, Folgen, München 2016, S. 37 ff.

232 Jürgen Beck, Die Flüchtlingskrise 2015: Daten, Fakten, Hintergründe, Altenmünster 2015, S. 34.

233 Rosa-Luxemburg-Stiftung, Atlas der Migration – Daten und Fakten über Menschen in Bewegung, Berlin 2019, S. 31.

234 Mechthild Baumann, Solidarunion auf Weltniveau? Herausforderungen der EU, in: Bundeszentrale für politische Bildung, Dossier Europawahlen, 24. Mai 2019, S. 8.

235 Europäische Kommission, Wir lassen Fakten sprechen – Mythen über Migration, März 2019, https://ec.europa.eu/home-affairs/sites/homeaffairs/files/what-we-do/policies/european-agenda-migration/20190306_managing-migration-factsheet-debunking-myths-about-migration_de.pdf

236 Europäische Kommission, Fortschrittsbericht über die Umsetzung der Europäischen Migrationsagenda, COM (2019) 126, 6. März 2019, S. 1 f., https://ec.europa.eu/home-affairs/sites/homeaffairs/files/what-we-do/policies/european-agenda-migration/20190306_com-2019–126-report_de.pdf

237 Mercator Forum Migration und Demokratie (MIDEM), Migration und Populismus, Jahresbericht 2018, Technische Universität Dresden, Dresden 2018, S. 9.

238 Ebenda, S. 17 f.

239 Mercator Forum Migration und Demokratie (MIDEM), Migration und Populismus, Jahresbericht 2019, Technische Universität Dresden, Dresden 2019, S. 9.

240 Ebenda, S. 11.

241 Rosa-Luxemburg-Stiftung (Anm. 23), S. 39.

242 Alternative für Deutschland, Flyer »Wir bestimmen selbst, wer zu uns kommt. Aus Liebe zu Deutschland – Freiheit statt Brüssel«, Europawahl 2019, www.afd.de.

243 Vgl. Mariana Mendes, The General Elections in Spain 2019, Mercator Forum Migration und Demokratie, MIDEM-Report 2/2019, Dresden, sowie dies., Explaining the surge of the far-right ahead of Spain's election, London School of Economics and Political Science, 8. November 2019, https://blogs.lse.ac.uk/europpblog/2019/11/08/explaining-the-surge-of-the-far-right-ahead-of-spains-election/.

244 Mercator Forum Migration und Demokratie (MIDEM) (Anm. 239), S. 12.

245 Ebenda, S. 13.

246 Ebenda, S. 14.

247 Mercator Forum Migration und Demokratie (MIDEM), Europa vor den Wahlen, MIDEM-Studie 2019, Technische Universität Dresden, Dresden 2019, S. 5.

248 Ebenda, S. 6 f.

249 Ebenda, S. 9.

250 Alexander Häusler, Wie Rechtspopulisten Einfluss nehmen, in: Mediendienst Integration, 24. Mai 2019, https://mediendienst-integration.de/artikel/wie-rechtspopulisten-einfluss-nehmen.html.

251 Oliviero Angeli, in: Mediendienst Integration (Anm. 250).
252 Thomas Kirchner, In der Migrationspolitik hat die EU zwei grobe Fehler gemacht, in: Süddeutsche Zeitung online, 15. Juli 2019, www.sueddeutsche.de/politik/fluecht linge-eu-kommentar-1.4523859.
253 Europäische Kommission, Mythos »Die EU bekommt die Migration nicht in den Griff«, 9. Mai 2019, https://ec.europa.eu/germany/sites/germany/files/mythos_heraus forderungmigration.pdf.
254 Fritz Breuss, Europa als Global Player, Österreichisches Institut für Wirtschaftsforschung (WIFO), Working Papers Nr. 455, Wien 2013, S. 2.
255 Till Hoppe, Juncker will die EU zum starken Gegengewicht der USA machen, in: Handelsblatt online, 12. September 2018, www.handels blatt.com/politik/international/analyse-juncker-will-die-eu-zum-starken-gegengewicht-der-usa-machen-mit-dem-euro-als-werkzeug, sowie Thomas Gutschker, Europa will zum Global Player aufsteigen, in: FAZ online, 5. Mai 2019, www.faz.net/aktuell/politik/selbst bewusste-strategie-europa-will-zum-global-player-aufsteigen-16170866.html.
256 Mark Leonard, Kann Europa ein Global Player werden?, in: Project Syndicate online, 23. Juli 2019, www.project-syndicate.org/commentary/josep-borrell-challenges-as-europe-foreign-policy-chief-by-mark-leonard-2019–07/.
257 O.V., IP-Forsa-Umfrage: Welches Land ist am gefährlichsten, in: Internationale Politik, Januar/Februar 2019, S. 4.
258 Volker Zastrow, Boris Trump, in: FAZ online, 24. August 2019, www.faz.net/aktuell/politik/ausland/warum-johnson-und-trump-ihre-position-falsch-ein schaetzen-16349797.html.
259 Siehe hierzu z. B. Dominic Tierney, The Global Spread of Trumpism, in: The Atlantic online, 19. Juli 2016, www.theatlantic.com/international/archive/2016/07/trump-brexit-far-right/491786/.
260 Siehe K. Hirschmann (Anm. 2), S. 69 ff.
261 Laura von Daniels, Die Handelspolitik der US-Regierung – Trumps »America First«-Politik setzt die EU unter Druck, Stiftung Wissenschaft und Politik (SWP), SWP-Aktuell 40, Juli 2018, Berlin, S. 1.
262 Nikolaus Busse, Trumps Kalkül, in: FAZ online, 2. Juni 2019, www.faz.net/aktuell/politik/ausland/warum-donald-trump-einem-harten-brexit-das-wort-redet-1621 8150.html.
263 Tessa Szyszkowitz, Flirt zwischen Trump und Tories, in: Cicero online, 4. Juni 2019, www.cicero.de/aussenpolitik/donald-trump-brexit-großbritannien-boris-johnson-handelskrieg.
264 Florian Naumann, Trump-Berater Bolton: USA würden Johnsons No-Deal-Brexit »begeistert unterstützen«, in: Merkur online, 15. August 2019, www.merkur.de/politik/brexit-boris-johnson-trump-berater-raet-zu-no-deal-brexit-zr-12908536.html.
265 N. Busse (Anm. 262).
266 Christiane Kreder, Für diese Produkte gelten US-Strafzölle, in: Capital online, 6. August 2019, www.capital.de/wirtschaft-politik/handelskrieg-usa-china-us-straf zoelle-fuer-diese-produkte-gelten-sie.

267 Nikolaus Piper/Henrike Roßbach, Donald Trump, Meister der falschen Argumente, in: Süddeutsche Zeitung online, 7. März 2018, www.sueddeutsche.de/wirtschaft/donald-trump-strafzoelle-welthandel-1.3894462.

268 Matthias Janson, Strafzölle der USA gerechtfertigt?, in: Statista, 12. März 2018, https://de.statista.com/infografik/13195/us--und-eu-einfuhrzoelle-im-vergleich/

269 Siehe Institut der deutschen Wirtschaft, Zölle auf Autos: Symbolpolitik first, Informationen aus dem Institut der deutschen Wirtschaft (iwd), 5. April 2018, www.iwd.de/artikel/zoelle-auf-autos-symbolpolitik-first-383933/.

270 Ebenda.

271 N. Piper/H. Roßbach (Anm. 267).

272 Klaus Brinkbäumer, 1 000 Tage Trump, in: Die Zeit online, 25. August 2019, www.zeit.de/politik/ausland/2019-08/usa-donald-trump-europa-strategie-angela-merkel/.

273 Rebecca Staudenmaier, Donald Trump: Missachtung Deutschlands als Strategie, in: Deutsche Welle online, 25. August 2019, www.dw.com/de/donald-trump-missachtung-deutschlands-als-strategie/a-50157875.

274 Jochen Bittner, Der Kulturkämpfer greift an, in: Die Zeit online, 16. Februar 2017, www.zeit.de/politik/ausland/2017-02/donald-trump-nato-obsolet-eu-5vor8/.

275 Ebenda.

276 Ebenda.

277 Hannes Vogel, Die Wahrheit über Donald Trumps Vermögen, in: n-tv online, 1. September 2015, www.n-tv.de/wirtschaft/Die-Wahrheit-ueber-Donald-Trumps-Vermoegen-article15831931.html.

278 Ben Rhodes, »Trump ist Europa feindlich gesonnen« – Obamas Ex-Berater Ben Rhodes über Amerika, den Westen und die Welt, in: Internationale Politik, Januar/Februar 2019, S. 46.

279 Gerhard Gnauck, Wie Putin das Projekt Europa destabilisieren will, in: Welt online, 4. April 2016, www.welt.de/debatte/kommentare/article153991686/Wie-Putin-das-Projekt-Europa-destabilisieren-will.html.

280 Mario Damen, Russland, Europäisches Parlament, Kurzdarstellungen über die Europäische Union 2019, Mai 2019, www.europarl.europa.eu/ftu/pdf/de/FTU_5.6.3.pdf.

281 Klaus Dormann, Russlands »hybrider Krieg«, in: ostexperte.de, 29. Januar 2018, https://ostexperte.de/boris-reitschuster-putins-verdeckter-krieg/.

282 Othmar Karas, Vorsitzender der Russland-Delegation des Europäischen Parlaments, zitiert nach Bernhard Gaul, »Russland hat kein Interesse an einem starken Europa«, in: Kurier online, 13. März 2019, https://kurier.at/politik/inland/karas-russland-hat-kein-interesse-an-einem-starken-europa/400433440.

283 Jörg Köpke, Vor Wahlen: Haben deutsche Rechtsextremisten Kontakte nach Russland?, in: Märkische Allgemeine online, 14. Februar 2019, www.maz-online.de/Nachrichten/Politik/Vor-Europawahlen-Haben-deutsche-Rechtsextremisten-Kontakte-nach-Russland.

284 Andreas von Delhaes-Guenther, Putin will die EU spalten, in: Bayernkurier online, 17. Dezember 2015, www.bayernkurier.de/inland/8746-putin-will-die-eu-spalten/. Die komplette ZDF-Dokumentation findet sich auf YouTube unter www.youtube.com/watch?v=_UY7d5LlU4k.

285 Ivaylo Ditchev, Rechtspopulisten belasten EU: Warum ihr Flirt mit Putins Imperium so gefährlich ist, in: Focus online, 23. März 2019, www.focus.de/politik/ausland/starke-verbuendete-mein-europa-die-balkanisierung-der-eu-ist-gefaehrlich_id_10490037.html.

286 Reinhard Veser, Sympathie für Putins autoritäre Herrschaft, in: FAZ online, 20. Mai 2019, www.faz.net/aktuell/politik/was-die-sympathie-europaeischer-rechts populisten-fuer-putin-zeigt-16195866.html.

287 Melanie Amann/Stephan Heffner/Martin Knobbe u.a., Wie Putin die AfD für seine Zwecke benutzt, in: Spiegel online, 5. April 2019, www.spiegel.de/plus/wie-putin-die-afd-fuer-seine-zwecke-missbraucht-a-00000000–0002–0001–0000–000163279501.

288 Caroline Schmidt, Putins Erfüllungsgehilfen bei der AfD?, in: NDR, Recherchemagazin Zapp online, 10. April 2019, www.ndr.de/fernsehen/sendungen/zapp/Putins-Erfuellungsgehilfen-bei-der-AfD,russlandafd100.html, sowie Maria Fiedler/Claudia von Salzen, Russlands Spiel mit den Rechten, in: Tagesspiegel online, 9. April 2019, www.tagesspiegel.de/politik/einflussnahme-auf-die-afd-russlands-spiel-mit-den-rechten/24196526.html.

289 A. von Delhaes-Guenther (Anm. 284).

290 Carsten Luther, Das hat uns gerade noch gefehlt, in: Die Zeit online, 19. November 2014, www.zeit.de/politik/ausland/2014-11/rt-deutsch-russland-propaganda-luegen.

291 Kai Biermann/Luisa Hommerich/Andreas Loos/Yassin Musharbash/Holger Stark/Sascha Venohr, Die Scharfmacher, in: Die Zeit online, 15. Mai 2019, www.zeit.de/2019/21/russland-trolle-twitter-europawahl-daten-manipulation.

292 Karoline Krause-Sandner/Stefan Schocher, Fake-News: Wenn Nachrichten zur Waffe werden, in: kurier.at, 18. Mai 2019, https://kurier.at/politik/ausland/fake-news-wenn-nachrichten-zur-waffe-werden/400498198.

293 K. Biermann u.a. (Anm. 291).

294 Die Anklageschrift hierzu findet sich unter www.justice.gov/file/1035477/download.

295 Siehe hierzu Philip N. Howard/Bharath Ganesh/Dimitra Liotsiou/John Kelly/Camille François, The IRA, Social Media and Political Polarization in the United States, 2012–2018, University of Oxford, Working Paper 2/2018, Project on Computational Propaganda, Oxford (UK), https://comprop.oii.ox.ac.uk/wp-content/uploads/sites/93/2018/12/The-IRA-Social-Media-and-Political-Polarization.pdf.

296 Christina Hebel, Wladimir Putins Chef-Troll, in: Spiegel online, 18. Februar 2018, www.spiegel.de/politik/ausland/wladimir-putin-und-die-trollfabrik-des-jewgenij-prigoschin-a-1194131.html.

297 Ebenda.

298 https://euvsdisinfo.eu.

299 Eva Fischer, Spalter Putin: Wie Russland kleine Keile treibt, in: Handelsblatt online, 28. Dezember 2018, www.handelsblatt.com/politik/international/grenzen-der-diplomatie-spalter-putin-wie-russland-kleine-keile-treibt/23809708.html.

300 Ulrich Speck, Trump steht einer transatlantischen China-Strategie im Wege, in: Neue Zürcher Zeitung online, 22. März 2018, www.nzz.ch/meinung/kolumnen/trump-steht-einer-transatlantischen-china-strategie-im-wege-ld.1367907.

301 Ludger Kühnhardt, The New Silk Road: The European Union, China and Lessons Learned, Zentrum für Europäische Integrationsforschung (ZEI), Discussion Paper C245, Bonn 2018, S. 1.
302 Martin Uebele, Was China mit der Neuen Seidenstraße wirklich will, Informationen aus dem Institut der deutschen Wirtschaft (iwd), 21. Oktober 2016, www.iwd.de/artikel/was-china-mit-der-neuen-seidenstrasse-wirklich-will-306326/.
303 Canan Atilgan/Veronika Ertl, »Belt and Road Initiative«: Chinas neue Seidenstraße im Mittelmeer, Konrad-Adenauer-Stiftung, Regionalprogramm Politischer Dialog Südliches Mittelmeer, April 2018, S. 3.
304 Thomas Eder, Die Vermessung der Belt and Road Initiative: Eine Bestandsaufnahme, Mercator Institute for China Studies (MERICS), 7. Juni 2018, www.merics.org/de/bri-tracker/mapping-the-belt-and-road-initiative.
305 Ebenda.
306 Vgl. Bianca Cosnetino/Dick Dunmore/Simon Ellis u. a., Research for TRAN Committee: The new Silk Route – Opportunities and Challenges for EU Transport, Europäisches Parlament, Brüssel, Januar 2018, S. 30 f.
307 Vgl. Waldemar Lichter, Ungarn schreibt Bahnstrecke Richtung Belgrad aus – Finanzierung durch Kredite Chinas, German Trade & Invest (GTAI), 11. Dezember 2017, https://www.gtai.de/gtai-de/trade/branchen/branchenbericht/ungarn/ungarn-schreibt-bahnstrecke-richtung-belgrad-aus-12422.
308 Vgl. Zoltán Vörös, Who Benefits From the Chinese-Built Hungary-Serbia Railway? The details behind the project make it clear that China is the real winner, in: The Diplomat online, 4. Januar 2018, https://thediplomat.com/2018/01/whobenefits-from-the-chinese-built-hungary-serbia-railway/.
309 Vgl. B. Cosnetino u. a. (Anm. 306), S. 38.
310 Vgl. Michael Backfisch/Miguel Sanches, Chinas stille Invasion – Wie das Reich der Mitte investiert, in: Hamburger Abendblatt online, 7. Januar 2019, www.abendblatt.de/politik/article216152183/Chinas-stille-Invasion-Wie-das-Reich-der-Mitte-investiert.html.
311 Ebenda.
312 Vanessa Steinmetz, Schuldenfalle Seidenstraße. China lockt mit 900 Milliarden Dollar, in: Spiegel online, 7. April 2018, www.spiegel.de/politik/ausland/china-das-infrastrukturprojekt-neue-seidenstrasse-ist-eine-schuldenfalle-a-1201015.html.
313 Hannelore Crolly, Auf der »Neuen Seidenstraße« in die finanzielle Abhängigkeit von China, in: Die Welt online, 1. Dezember 2018, www.welt.de/wirtschaft/article184780806/Neue-Seidenstrasse-China-treibt-Laender-in-die-Schuldenfalle.html.
314 Tobias Piller, China ist längst in Italien angekommen, in: FAZ online, 22. März 2019, www.faz.net/aktuell/wirtschaft/neue-seidenstrasse-china-ist-laengst-in-italien-angekommen-16102514.html.
315 H. Crolly (Anm. 313).
316 Richard Hilmer, Europäische Integration – Sorgen und Erwartungen, Ergebnisse einer repräsentativen Befragung in Deutschland, Friedrich-Ebert-Stiftung, Berlin 2019, S. 17.
317 Herfried Münkler, Die EU ist porös geworden, in: NZZ online, 13. Mai 2019, www.nzz.ch/meinung/europa-was-nun-ld.1479007.

318 Michael Bauer/Wilfried Jilge/Christian Koch/Stefan Meister/Almut Möller/Adnan Tabatabai/Erdal Yalcin, Antagonismen in der Nachbarschaft der Europäischen Union – Die EU, Russland, die Türkei, Iran und Saudi-Arabien ringen um Einfluss in ihrer gemeinsamen Nachbarschaft, Bertelsmann Stiftung, Strategien für die EU-Nachbarschaft, Nr. 1, Gütersloh 2018, S. 6.
319 Lutz Schrader, Ethnopolitische Konflikte, in: Bundeszentrale für politische Bildung, Dossier Innerstaatliche Konflikte, http://www.bpb.de/internationales/weltweit/innerstaatliche-konflikte, 31. August 2015, Bonn, S. 45.
320 Alan B. Anderson, Overview: The Diversity and Complexity of Separatist Movements in Europe, in: Journal on Ethnopolitics and Minority Issues in Europe 3/2018, S. 32.
321 Nino Löffler, Von der autonomen Gemeinschaft zur unabhängigen Nation? Separatismus in Katalonien, in: Aus Politik und Zeitgeschichte (APuZ), 48/2018, S. 40 f.
322 Kai Gehring, Separatistische Bewegungen: Erklärungen und Lösungsansätze, in: ifo Schnelldienst, 23/2017, 7. Dezember 2017, S. 4.
323 Ebenda, S. 3.
324 Ebenda.
325 Ebenda.
326 Daniel Bell, Previewing Planet Earth in 2013, in: The Washington Post, 3. Januar 1988, S. B 3.
327 Vgl. Karl-Heinz Hillmann, Wörterbuch der Soziologie, Stuttgart 1994, S. 729.
328 Vgl. Bernd Groß/Peter Schmitt-Egner, Europas kooperierende Regionen – Rahmenbedingungen und Praxis transnationaler Zusammenarbeit deutscher Grenzregionen in Europa, Baden-Baden 1994, S. 16.
329 Zum Begriff der »Nation ohne Staat« siehe ausführlich Montserrat Guibernau, Nations without States: Political Communities in a Global Age, Cambridge 1999, dies., The Identity of Nations, Cambridge 2007, sowie die Ausführungen in Kapitel 1 dieses Buches.
330 Vgl. Ulrich Schneckener, Auswege aus dem Bürgerkrieg – Modelle zur Regulierung ethno-nationaler Konflikte in Europa, Frankfurt am Main 2002, S. 39.
331 Karsten Lenk, Die Instrumentalisierung von kulturellen Werten und raumbezogenen Identitätskonstruktionen für separatistische Ziele, in: ifo Schnelldienst, 23/2017, 7. Dezember 2017, S. 9.
332 Ebenda.
333 Sascha Meinert, Zwischen staatlicher Integrität und gesellschaftlicher Vielfalt: Regionale Autonomie als Lösungskonzept für multinationale Staaten, Centrum für angewandte Politikforschung (CAP), München 2003, S. 4.
334 Roland Sturm, Europa der Regionen, in: Einsichten und Perspektiven, 2/2013, S. 124.
335 Siehe hierzu Josef Isensee, Union – Nation – Region: eine schwierige Allianz, in: Peter Hilpold, Walter Steinmair, Christoph Perathoner (Hrsg.), Europa der Regionen, Berlin/Heidelberg 2016, S. 7 ff.
336 Thomas Benedikter, Ein »Europa der Regionen«?, Politis Lupe Europa, www.politis.it/141d167.html.

337 Stefan Seidendorf, in: Frank Baasner/Stefan Seidendorf (Hrsg.), Jeder für sich oder alle gemeinsam in Europa? – Die Debatte über Identität, Wohlstand und die institutionellen Grundlagen der Union, Baden Baden 2013, S. 9.
338 Matthias Bieri, Separatismus in der EU, Center for Security Studies (CSS), ETH Zürich, CSS-Analysen zur Sicherheitspolitik, Nr. 160, September 2014, S. 3.
339 Christopher K. Connolly, Independence in Europe: Secession, Sovereignty, and the European Union, in: Duke Journal of Comparative & International Law, Band 24, Nr. 1/2013, S. 56 ff.
340 Walther L. Bernecker, Torsten Eßer, Peter A. Kraus, Eine kleine Geschichte Kataloniens, Berlin 2007, S. 251.
341 Vgl. Julia Macher, Katalonien: »Sie respektieren uns einfach nicht.« in: Marc Engelhard (Hrsg.), Unabhängigkeit! Separatisten verändern die Welt, Berlin 2015, S. 27.
342 Vgl. N. Löffler (Anm. 321), S. 41.
343 Ebenda, S. 42.
344 Ebenda.
345 Siehe hierzu die Beiträge des Sammelbandes von Liz Castro (Hrsg.), What's up with Catalonia? – »The causes which impel them to the separation«, Ashfield, Massachusetts 2013.
346 Joan Barceló-Soler, The Battle for the Secession: Catalonia versus Spain, in: Journal of Political Inquiry, New York University, Spring Issue 2013, S. 2.
347 Christian Schweiger, Die Europäische Union im Spannungsfeld zwischen Renationalisierung und neuem Regionalismus, in: ifo Schnelldienst, 23/2017, 7. Dezember 2017, S. 5 ff.
348 K. Lenk (Anm. 331), S. 9.
349 J. Macher (Anm. 341), S. 23.
350 Vgl. ebenda, S. 29.
351 Stefan Padberg, Die katalonische Krise als europäische Krise, in: www.mehr-demokratie.de, Nr. 115, 1/2018, S. 15.
352 Ebenda, S. 17.
353 Ch. Schweiger (Anm. 347), S. 7.
354 Roland Sturm, Vier Nationen im United Kingdom, in: Hans Kastendiek/Roland Sturm (Hrsg.), Länderbericht Großbritannien – Geschichte, Politik, Wirtschaft, Gesellschaft, Kultur. Bonn 2006, S. 55.
355 Siehe hierzu Helen Julia Paul, The Darien Scheme and Anglophobia in Scotland, University of Southampton, Discussion Papers in Economics and Econometrics 0925, Southhampton 2009, sowie Julie M. Orr, New Caledonia's Wake: Expanding the Story of Company of Scotland Expeditions to Darien, 1698–1700, University of Dundee, November 2014, und John Prebble, The Darien Disaster, London 1968.
356 Stefan Schieren, Die schottischen Unabhängigkeitsbestrebungen nach dem Brexit-Votum: Neue Lage bei getrübten Aussichten, in: integration, 3/2017, S. 193.
357 Ebenda, S. 194.
358 Anthony Barnett, Großbritannien vor dem Zerfall: Der Brexit als englischer Sonderweg?, in: Blätter für deutsche und internationale Politik 11/2018, S. 94.

359 Vgl. Helmut Weber, Recht und Gerichtsbarkeit, in: Hans Kastendiek/Roland Sturm (Hrsg.), Länderbericht Großbritannien: Geschichte-Politik-Wirtschaft-Gesellschaft-Kultur, Bonn 2006, S. 170.
360 Rebecca Flood, Sturgeon plots to rip Britain apart: SNP demands Scotland independence after EU vote, in: Daily Express, 24. Juni 2016.
361 Burkhard Birke, Steht Schottland gleich zweimal die Scheidung bevor?, in: Deutschlandfunk online, 25. Oktober 2019, www.deutschlandfunk.de/brexit-und-unabhaengigkeit-steht-schottland-gleich-zweimal.795.de.html?dram:article_id=461769.
362 Stefanie Bolzen, Schotten nutzen Brexit als Sprungbrett zur Unabhängigkeit, in: Die Welt online, 24. April 2019, www.welt.de/politik/ausland/article192424273/Schottland-Nicola-Sturgeon-kuendigt-neues-Referendum-ueber-Unabhaengigkeit-an.html.
363 Zitiert nach Gabriel Rath, Großbritannien vor dem Zerfall, in: Die Presse online, 27. Juni 2016, www.diepresse.com/5035297/grossbritannien-vor-dem-zerfall.
364 Zitiert nach Frank Patalong, Unterstützung für schottische Unabhängigkeit wächst, in: Spiegel online, 15. September 2019, www.spiegel.de/politik/ausland/brexit-umfrage-bekommt-schottland-ein-zweites-referendum-a-1286919.html.
365 Ulrich Ladurner, Ein Königreich im Zerfall, in: Die Zeit online, 4. Dezember 2017, www.zeit.de/politik/ausland/2017-12/brexit-verhandlungen-irland-eu.
366 Vgl. Clifford Padevit, Das Öl zählt, in: Finanz & Wirtschaft online, 3. Juli 2014, www.fuw.ch/article/das-ol-zahlt/.
367 Ruth Wishart, Die Zustimmung steigt, in: Der Freitag, 45/2019, 7. November 2019, www.freitag.de/autoren/der-freitag/die-zustimmung-steigt.
368 A. Barnett (Anm. 358), S. 94.
369 Tessa Szyszkowitz, Last Brexmas, in: Cicero online, 13. Dezember 2019, www.cicero.de/aussenpolitik/wahl-grossbritannien-boris-johnson-labour-schottland.
370 Zitiert nach Bernd Riegert, Herrscht die Queen bald über Little Britain?, in: Deutsche Welle online, 3. August 2019, www.dw.com/de/herrscht-die-queen-bald-über-little-britain/a-49854129.
371 Vgl. Christopher Caldwell, Belgian Waffles: Two Nations, After All?, in: Weekly Standard, 21. Dezember 2009, S. 24 ff.
372 Doug Saunders, For Bitterly Divided Belgium, The Future Looks Grim, in: The Globe and Mail, Toronto (Canada), 26. September 2007.
373 M. Bieri (Anm. 338), S. 2.
374 Frank Berge/Alexander Grasse, Föderalismus in Belgien: vom Bundesstaat zum Staatenbund?, Konrad-Adenauer-Stiftung, KAS-Auslandsinformation 6/2004, S. 97.
375 Vgl. Kris Deschouwer, The Politics of Belgium: Governing a Divided Society, Basingstoke 2009, S. 42 f.
376 Thomas Hanke/Steffen Daniel Meyer/Thomas Ludwig/Jörg Hackhausen, Das Europa der Separatisten, in: Handelsblatt online, 12. September 2014, www.handelsblatt.com/politik/international/ruf-nach-unabhaengigkeit-das-europa-der-separatisten/10692090-all.html.
377 Vgl. Claus Hecking, Das politische System Belgiens, Opladen 2003, S. 42.
378 Johannes Koll, Geschichtlicher Überblick, in: ders. (Hrsg.), Belgien: Geschichte, Politik, Kultur, Wirtschaft, Münster 2007, S. 8 f.

379 Vgl. Robert Mnookin/Alain Verbeke, Persistent Nonviolent Conflict with No Reconciliation: The Flemish and Walloons in Belgium, in: Law and Contemporary Problems, Band 72, Nr. 15/2009, S. 158.
380 Marion Schmitz-Reiners, Die belgische Krise oder: Ein zerrissenes Land, in: Thema aus Brüssel, Friedrich-Ebert-Stiftung, Dezember 2007, S. 2.
381 Dirk Rochtus, Belgien vor dem Kollaps?, in: Aus Politik und Zeitgeschichte, 8/2008 (Benelux), S. 10.
382 C. Hecking (Anm. 377), S. 42.
383 D. Rochtus (Anm. 381), S. 11.
384 Vgl. Egbert Jahn, Föderalisierung - Eine Vorstufe zur Teilung Belgiens, Wiesbaden 2012. S. 101 f.
385 Vgl. ebenda.
386 Peter Kapern/Tassilo Forchheimer, Der Wunsch nach Unabhängigkeit in Flandern und Venetien, in: Deutschlandfunk online, 28. September 2017, www.deutschland funk.de/separatismus-in-belgien-und-italien-der-wunsch-nach.795.de.html?dram:article_id=396947.
387 Vgl. zur »Reformgeschichte« C. Hecking (Anm. 377), S. 43 ff.
388 Wichard Woyke, Das politische System Belgiens, in: Wolfgang Ismayr (Hrsg.), Die politischen Systeme Westeuropas, Wiesbaden 2009, S. 452.
389 Vgl. Frank Berge/Alexander Grasse, Föderalismus in Belgien – Vom Bundesstaat zum Staatenbund?, in: Auslandsinfo, 6/2004, Konrad-Adenauer-Stiftung, S. 86.
390 Für eine detaillierte Beschreibung der belgischen Parteien, ihrer Entwicklung und ihrer Standpunkte siehe W. Woyke (Anm. 388), S. 467 ff,. sowie C. Hecking (Anm. 377), S. 64 ff.
391 M. Schmitz-Reiners (Anm. 380), S. 1.
392 C. Hecking (Anm. 377), S. 63.
393 Jan Wouters, Leuven Centre for Global and Governance Studies, zitiert nach Burkhard Birke, Die Flamen und ihr Separatismus, in: Deutschlandfunk Kultur online, 23. Mai 2019, www.deutschlandfunkkultur.de/eu-wahl-in-belgien-die-flamen-und-ihr-separatismus.979.de.html?dram:article_id = 449417.
394 D. Rochtus (Anm. 381), S. 12.
395 Niklaus Nuspliger, Sprachenstreit im Land des Surrealismus, in: NZZ online, 15. September 2019, www.nzz.ch/international/belgien-der-sprachenstreit-im-land-des-surrealismus-ld.1503688.
396 Ebenda.
397 Th. Hanke u. a. (Anm. 376).
398 N. Nuspliger (Anm. 395).
399 Angela Ostlender, Nach der sechsten Staatsreform – Das föderale Belgien, in: Hanns-Seidel-Stiftung online, 15. Juni 2018, www.hss.de/news/detail/das-foederale-belgien-news3001/.
400 Ebenda.
401 Matthias Bieri, Putschdämon – Wie die Europäische Union, ohne es zu wollen, Separatismus befördert, in: Euractiv, 4. April 2018, www.euractiv.de/section/europa kompakt/opinion/putschdaemon-wie-die-europaeische-union-ohne-es-zu-wollen-

separatismus-befoerdert/.
402 Alexandra Kovanetz, Regionalismus in Europa zwischen transnationalem und subnationalem Regionalismus, Aachen 2015, S. 227.
403 Ronald G. Asch, Jeder Mensch sein eigenes Reich, in: FAZ online, 26. November 2017, www.faz.net/aktuell/feuilleton/debatten/separatismus-enthuellt-legitimations schwaechen-des-demokratischen-staates-15308382.html.
404 Dirk Rochtus, Die belgische »Nationalitätenfrage« als Herausforderung für Europa, Bonn 1998, S. 41.
405 Michael Ehrke, Die Widersprüche des Wohlstands-Separatismus, in: Internationale Politik und Gesellschaft, 7. Juli 2014, www.ipg-journal.de/schwerpunkt-des-monats/separatismus/artikel/detail/die-widersprueche-des-wohlstands-separatismus-501/.
406 M. Bieri (Anm. 401).
407 S. Padberg (Anm. 351), S. 17 f.
408 Sabine Riedel, Katalonien im Brennglas der EU-Krisen, in: Forschungshorizonte Politik & Kultur (FPK), 1/2018, S. 1.
409 Vgl. Christoph Schäfer, Zerfällt Belgien in zwei Staaten?, in: Deutschlandfunk online, 17. Juni 2019, www.deutschlandfunk.de/nach-der-parlamentswahl-zerfaellt-belgien-in-zwei-staaten.795.de.html?dram:article_id = 451520.
410 Peter Singer, Gibt es ein Recht auf Sezession?, in: Internationale Politik und Gesellschaft, 14. Juli 2014, www.ipg-journal.de/schwerpunkt-des-monats/separatismus/artikel/detail/gibt-es-ein-recht-auf-sezession-513/.
411 Karina Pallagst/H. Peter Dörrenbächer/Thomas Weith, Grenzüberschreitende Kooperation theoretisch: Erklärungsansätze aus europäischer Integration, Regionalismus und Governance, in: Karina Pallagst/Andrea Hartz/Beate Caesar (Hrsg.): Border Futures – Zukunft Grenze – Avenir frontière: Zukunftsfähigkeit grenzüberschreitender Zusammenarbeit, Akademie für Raumforschung und Landesplanung, Arbeitsberichte Nr. 20, Hannover 2018, S. 31.
412 Sabine Riedel, Unabhängigkeits-Bewegungen in der EU? Wie der Separatismus das Friedenskonzept Europa in Beschlag nimmt und gefährdet, in: Forschungshorizonte Politik & Kultur, 1/2019, 30. Januar 2019, S. 1.
413 Ch. Schweiger (Anm. 155), S. 8.
414 Holger Schmale, Europa der Regionen, in: Frankfurter Rundschau online, 3. November 2017, www.fr.de/meinung/europa-regionen-11005228.html.
415 Sven Afhüppe/Thomas Sigmund, Sanierungsfall Europa – Was jetzt zu tun ist, in: Handelsblatt online, 12. April 2019, www.handelsblatt. com/politik/international/europawahl/aufbruch-eines-kontinents-sanierungsfall-europa-was-jetzt-zu-tun-ist/24203766.html.
416 Timothy Garton Ash, Why we must not let Europe break apart, in: The Guardian online, 9. Mai 2019, www.theguardian.com/world/2019/may/09/why-we-must-not-let-europe-break-apart?.
417 Udo Di Fabio, United States of Europe – nur Zukunftsmusik oder schon auf der Tagesordnung?, in: NZZ online, 29. Juli 2019, www.nzz.ch/meinung/united-states-of-europe-zukunftsmusik-oder-schon-auf-der-tagesordnung-ld.1491154.
418 Peter Becker/Olaf Leiße, Die Zukunft Europas – Der Konvent zur Zukunft der

Europäischen Union, Wiesbaden 2005, S. 26.
419 J. Hillje (Anm. 134), S. 7.
420 Siehe hierzu Französische Botschaft in Berlin (Hrsg.), Rede von Staatspräsident Macron an der Sorbonne, »Initiative für Europa« vom 26. September 2017.
421 Europäische Kommission, Weißbuch zur Zukunft Europas, Die EU der 27 im Jahr 2025 – Überlegungen und Szenarien, Brüssel 2017, S. 15 ff.
422 Vgl. Markus Pausch, Keine Angst vor dem Schreckgespenst Euroskeptizismus, in: Euroactiv, 21. März 2014, www.euractiv.de/section/europawahlen/news/keine-angst-vor-dem-schreckgespenst-euroskeptizismus/.
423 Elmar Brok, Ein Europa der Vaterländer?, in: Bodo Hombach/Edmund Stoiber (Hrsg.), Europa in der Krise – Vom Traum zum Feindbild?, Marburg 2017, S. 149 f.
424 Joschka Fischer, Vom Staatenverbund zur Föderation – Gedanken über die Finalität der europäischen Integration, Rede an der Humboldt-Universität Berlin, 12. Mai 2000, Redemanuskript.
425 Wolfgang Wessels/Johannes Wolters, Chancen und Risiken von Aufbau- und Abbauflexibilisierung: der Europäische Rat vor einem Trilemma, in: Integration, 2/2017, S. 89.
426 Ebenda, S. 100.
427 Vgl. Europa-Union Deutschland, Beschluss des Bundeskongresses, 31. März 2019, S. 3, www.europa-union.de/fileadmin/files_eud/PDF-Dateien_EUD/EUD_Beschluesse/EUD_Beschluesse_2019/20190331_Buko_Beschluss_Europas_Zukunft_ist_der_Bundesstaat.pdf.
428 Dirk Koch, Die Brüsseler Republik, in: Der Spiegel, 52/1999, S. 136.
429 M. Vogtmann (Anm. 66).
430 Jan-Phillipp Loch, Die Unabhängigkeitsbestrebungen Kataloniens und Schottlands: Der Faktor Europa auf dem Weg zum eigenen Staat, Bachelor-Arbeit, Integrierte Europastudien, Wintersemester 2013/2014, Universität Bremen, S. 7.
431 Siehe Anm. 420.
432 Lutz Herden, Die Gunst der Stunde, in: Der Freitag 43/2019, 24. Oktober 2019, www.freitag.de/autoren/lutz-herden/die-gunst-der-stunde.
433 Dieter Grimm, Europa: Ja – aber welches?, in: Jürgen Rüttgers/Frank Decker (Hrsg)., Europas Ende, Europas Anfang: Neue Perspektiven für die Europäische Union, Frankfurt am Main 2017, S. 47.
434 Alexander Auf dem Keller, Die Finalität der Europäischen Union – rechtliche Rahmenbedingungen einer Weiterentwicklung der EU, Masterarbeit, FernUniversität in Hagen, Hagen 2017, S. 2.
435 H. A. Winkler (Anm. 11), S. 10.
436 A. Auf dem Keller (Anm. 434), S. 27.
437 U. Di Fabio (Anm. 417).
438 J. Fischer (Anm. 424).
439 Eric Gujer, Der andere Blick: Baut die EU zurück, lasst in Europa Raum für Unterschiede!, in: NZZ online, 5. April 2019, www.nzz.ch/international/deutschland/der-andere-blick-baut-die-eu-zurueck-lasst-in-europa-raum-fuer-unterschiede-ld.1473003.

440 U. Di Fabio (Anm. 417).

441 Zu den folgenden Ausführungen siehe auch Wolfgang Welz, Die bundesstaatliche Struktur, in: Wolfgang Jäger/Christoph M. Haas/Wolfgang Welz (Hrsg.), Regierungssystem der USA – Lehr- und Handbuch, München 2007, S. 69 ff., sowie Jörg Annaheim, Die Gliedstaaten im amerikanischen Bundesstaat: Institutionen und Prozesse gliedstaatlicher Interessenwahrung in den Vereinigten Staaten von Amerika, Berlin 1992.

442 Siehe hierzu Rede von Staatspräsident Macron Anm. 420

443 Michael Bräuninger/Henning Vöpe, Der Weg in eine europäische Fiskalunion, in: Hamburgisches WeltWirtschaftsInstitut, HWWI Update 2/2013, S. 1.

444 Jens Weidmann, Dauerbaustelle Währungsunion? Der Euroraum zwischen Maastricht-Rahmen und Fiskalunion, Rede, 21. RWI-Wirtschaftsgespräch, 29. November 2017, www.bundesbank.de/de/presse/reden/dauerbaustelle-waehrungsunion-der-euroraum-zwischen-maastricht-rahmen-und-fiskalunion-711084#tar-3.

445 Ebenda.

446 Katharina Gnath/Jörg Haas, Eine Fiskalunion für Europa: Baustein, kein Allheilmittel, in: ifo Schnelldienst 20/2015, 29. Oktober 2015, S. 7.

447 Philipp Engler, Die Fiskalunion ist mehr als eine Versicherung, in: Frankfurter Rundschau online, 30. Oktober 2017, www.fr.de/meinung/fiskalunion-mehr-eine-versicherung-11002989.html.

448 Vgl. Europäischer Rat, Erklärung der Staats- und Regierungschefs des Eurowährungsgebiets, 9. Dezember 2011, Brüssel.

449 EU-Kommission, Ein Konzept für eine vertiefte und echte Wirtschafts- und Währungsunion, 28. November 2012, Brüssel.

450 K. Gnath/J. Haas (Anm. 446).

451 Tobias Kaiser, Plötzlich lässt Brüssel gegenüber Italien Milde walten, in: Die Welt online, 20. November 2019, www.welt.de/wirtschaft/article203674986/Staatsverschuldung-Bruessel-laesst-gegenueber-Italien-Milde-walten.html.

452 Ruth Berschens, Das Ende des Sparens? EU-Kommission ist von acht Mitgliedstaaten enttäuscht, in: Handelsblatt online, 20. November 2019, www.handelsblatt.com/politik/international/haushaltskonsolidierung-das-ende-des-sparens-eu-kommission-ist-von-acht-mitgliedstaaten-enttaeuscht/25248652.html..

453 M. Bräuninger/H. Vöpe (Anm. 443), S. 2.

454 Vgl. Hubert Gabrisch, Währung ohne Souverän: Zur Ursache und Überwindung der Euro-Krise, in: Leviathan – Berliner Zeitschrift für Sozialwissenschaft, 1/2013, S. 121 ff.

455 Ebenda.

456 K. Gnath/J. Haas (Anm. 446).

457 Ph. Engler (Anm. 447).

458 Rhiannon Erdal, Europäische und nationale Identitäten – Wo ist der Unterschied?, in: treffpunkteuropa.de, Webmagazin der Jungen Europäischen Föderalisten, 25. November 2019, www.treffpunkteuropa.de/europäische-und-nationale-identitaten-wo-ist-der-unterschied.

459 Vgl. Henri Tajfel, Social Categorization, Social Identity and Social Comparison,

in: ders. (Hrsg.), Differentiation between Social Groups. Studies in the Social Psychology of Intergroup Relations, London 1978, S. 63.

460 Vgl. Henri Tajfel/John C. Turner, The Social Identity Theory of Intergroup Behaviour, in: Stephen Worchel/William G. Austin (Hrsg.), Psychology of Intergroup Relations, Chicago 1986, S. 15, sowie John C. Turner, Towards a cognitive redefinition of the social group, in: Henri Tajfel (Hrsg.), Social Identity and Intergroup Relations, Cambridge 1982, S. 15 f.

461 Vgl. Kai Sassenberg/Jennifer Fehr, Selbstregulation und soziale Diskriminierung, in: Lars-Eric Petersen/Bernd Six (Hrsg.), Stereotype, Vorurteile und soziale Diskriminierung – Theorien, Befunde und Interventionen, Basel 2008, S. 184 f.

462 Vgl. Hans-Werner Bierhoff, Sozialpsychologie: Ein Lehrbuch, 5. Aufl., Stuttgart 2000, S. 300 f.

463 R. Erdal (Anm. 458).

464 Ofer Waldman, Europa braucht einen Gründungsmythos!, in: Deutschlandfunk Kultur online, 12. Juli 2018, www.deutschlandfunkkultur.de/europaeische-identitaet-europa-braucht-einen.1005.de.html?dram:article_id=422648.

465 Ebenda.

466 Roman Guardini, Warum ich Europäer bin, Rede nach der Verleihung des Praemium Erasmianum zu Brüssel am 28. April 1962; abgedruckt in: Die Zeit online, 28. September 2018, www.zeit.de/2018/40/europaeische-identitaet-werte-europa-romano-guardini/komplettansicht.

467 Manuel Gath/Constantin Schäfer/Jule Könneke/Richard Steinberg/Susanne Zels, Eine europäische Identität?, Institut für Europäische Politik, Alternative Europa 3/2017, Berlin, S. 4.

468 Ebenda, S. 10 ff.

469 Anna Seibt, Länderübergreifende Listen für Europawahl 2019?, in: Deutschlandfunk online, 26. Januar 2018, www.deutschlandfunk.de/umstrittener-vorschlag-laenderuebergreifende-listen-fuer.795.de.html?dram:article_id=409291.

470 Steffen Dobbert, Macht Europa demokratischer, in: Die Zeit online, 28. Mai 2019, www.zeit.de/politik/ausland/2019-05/eu-wahl-europa-demokratie-chance-europawahl-europaeische-union.

471 Ebenda.

472 So die Vorschläge von Jo Leinen, Europaabgeordneter der SPD, in: A. Seibt (Anm. 469).

473 S. Dobbert (Anm. 470).

474 O. V., Jugendliche streiten vor Verfassungsgericht für Wahlrecht ab 16 bei Europawahlen, in: Die Zeit online, 23. Dezember 2019, https://www.welt.de/newsticker/news2/article204549510/Justiz-Jugendliche-streiten-vor-Verfassungsgericht-fuer-Wahlrecht-ab-16-bei-Europawahlen.html.

475 Dieter Grimm, Europa ja - aber welches? Zur Verfassung der europäischen Demokratie, München 2016, S. 18.

476 Andreas Ernst, Europa bricht nicht auseinander – Im Gegenteil, in: NZZ online, 17. Mai 2019, www.nzz.ch/meinung/im-streit-um-die-eu-kommen-sich-die-europaeer-naeher-ld.1481639.

477 Ebenda.
478 Niklaus Nuspliger, Wie die EU mit direkter Bürgerbeteiligung ihre demokratiepolitische Blockade lösen könnte, in: NZZ online, 15. Juli 2019, www.nzz.ch/international/auswege-aus-der-demokratischen-blockade-der-eu-ld.1494854.
479 Ebenda.
480 Ebenda.
481 Michael Hüther, Die EU braucht einen ehrlichen Neuanfang, in: Die Welt online, 16. Mai 2019, www.welt.de/debatte/kommentare/article193600981/Katalog-fuer-Reformen-Die-EU-braucht-einen-ehrlichen-Neuanfang.html.
482 Vgl. Zeljko Trkanjec, Warum EU-Erweiterung (aktuell) keine gute Idee ist, in: euractiv, 3. Dezember 2019, www.euractiv.de/section/eu-aussenpolitik/opinion/warum-eu-erweiterung-aktuell-keine-gute-idee-ist/.
483 Gerd Appenzeller, Zu nah an der Überdehnung der Macht, in: Tagesspiegel online, 26. November 2017, www.tagesspiegel.de/politik/die-eu-und-ihre-oestlichen-partner-zu-nah-an-der-ueberdehnung-der-macht/20633464.html.
484 Heinz Theisen, Begrenzung nach einer Überdehnung, in: NZZ online, 12. Juli 2016, www.nzz.ch/meinung/kommentare/die-zukunft-der-eu-begrenzung-nach-einer-ueberdehnung-ld.105126.
485 Herfried Münkler, Redebeitrag auf dem 24. Europäischen Abend: »Europas Zukunft – Aufbruch oder Abbruch?«, 12. April 2016, Europa-Union Deutschland, https://www.europa-union.de/eud/news/24-europaeischer-abend-europas-zukunft-aufbruch-oder-abbruch-1/.
486 Bernd Riegert, EU-Parlament will Beitrittsgespräche mit Balkanstaaten, in: Deutsche Welle online, 24. Oktober 2019, www.dw.com/de/eu-parlament-will-beitrittsgespräche-mit-balkanstaaten/a-50967896.
487 H. Münkler (Anm. 317).
488 Deutsche Bundesregierung, Ein neuer Aufbruch für Europa, 12. November 2019, Berlin, www.bundesregierung.de/breg-de/themen/bestandsaufnahme/ein-neuer-aufbruch-fuer-europa-1682366.
489 O.V., Wie Von der Leyen die europäische Klimapolitik revolutionieren will, in: Manager Magazin online, 11. Dezember 2019, www.manager-magazin.de/politik/europa/europaeische-union-ursula-von-der-leyen-will-klimarevolution-mit-green-new-deal-a-1300720.html.
490 Siehe hierzu z.B. Green New Deal for Europe – Internationale Kampagne, Ein echter »Green New Deal« für Europa (Offener Brief), in: Der Freitag online, 3. Dezember 2019, www.freitag.de/autoren/der-freitag/ein-echter-green-new-deal-fuer-europa.
491 Richard Herzinger, Der »Green Deal« der EU gleicht einer utopisch eingefärbten Übersprungshandlung, in: Die Welt online, 26. Dezember 2019, www.welt.de/debatte/kommentare/article204581226/Zukunft-Europas-Der-Green-Deal-der-EU-gleicht-einer-utopisch-eingefaerbten-Uebersprungshandlung.html.
492 Ebenda.
493 Vgl. Ulrike Liebert, Europa erneuern! - Eine realistische Vision für das 21. Jahrhundert, Bielefeld 2019, S. 12.

494 Ebenda, S. 13.

495 Dani Rodrik, Das Globalisierungs-Paradox: Die Demokratie und die Zukunft der Weltwirtschaft, München 2011.

496 Ebenda.

497 U. Liebert (Anm. 493), S. 13f.

498 Friedrich-Ebert-Stiftung, Europa nach der Wahl: Jetzt die Politische Union aktiv gestalten, Vision Europa, Nr. 11. Ausgabe, September 2019, Landesbüro Niedersachsen, Hannover, S. 4.

499 Holger Romann, Wann, wenn nicht jetzt?, in: Tagesschau.de, 26. September 2017, www.tagesschau.de/kommentar/macron-eu-kommentar-101.html.

500 S. Dobbert (Anm. 470).

501 A. Ernst (Anm. 476).